Basic

고교생을 위한 **사회 용어사전**

이상수 엮음

좋은 책 좋은 독자를 만드는 —
㈜신원문화사

 일 · 러 · 두 · 기

1. 이 책의 용어는 '한글 맞춤법 통일안' 을 기준으로 하였다.
2. 외국어 표기는 원칙적으로 '외래어 표기 용례집' (1987. 11. 17)을 따랐으며, 외국어와 우리말이 결합된 말들의
   표기는 국립 국어 연구원에서 발간한 《표준어 국어 대사전》을 참고하였다.
3. 의미의 혼동을 줄 우려가 있거나 용어의 이해를 높이기 위하여 괄호 안에 한자 또는 영어를 병기하였다.
4. 이 책의 내용 중 《 》는 서적을, 〈 〉는 논문을 나타낸다.
5. 이 책의 ■는 중요도를 의미한다.
6. 이 책의 용어는 가나다 순에 따라 배열하였다.

　대학 입학 시험이 다양화됨에 따라서 학생들이 공부해야 하는 분야
도 많아지고 있다. 수학 능력 시험뿐만 아니라 내신 성적의 반영 비율
도 높아지고 있으며, 수시 모집이 확대됨에 따라서 심층 면접이나 논술
에 대한 대비도 해야 한다. 이러한 경향에 맞추어 사회 탐구 영역의 비
중은 오히려 더 높아지고 있다.

　수학 능력 시험에서는 기본 개념이나 원리를 묻는 문제와 시사적인
내용을 통하여 자료를 분석하는 문제들이 많이 출제되고 있다. 따라서
사회 교과서의 내용뿐만 아니라 사회 현상과 관련된 시사적인 내용에
대한 기본적인 이해가 있어야 한다. 물론 사회 탐구 영역이 단순한 지
식의 암기가 아니라 종합적인 사고력이나 합리적 의사 결정과 관련되
는 문제 등이 출제되지만, 기본 개념의 이해가 없이는 이러한 문제를
해결하는 데 어려움이 있다. 특히 수시 모집의 심층 면접에서는 인문계
와 자연계 모두 시사적인 상식을 묻는 문제가 출제되고 있으며, 인문계
의 사회 과학 관련 학과에 진학하는 학생들은 전공과 관련된 분야에 대
한 지식과 함께 사회적 쟁점이 되는 문제나 시사적인 내용에 대한 정리
가 필요하다.

　이러한 최근의 대학 입시 경향에 맞추어 이 책에서는 고등학교 사회

교과서에 나오는 기본적인 개념에 대한 설명과 함께 최근 사회적으로 관심이 되는 시사적인 문제에 대한 설명과 자료를 제시하는 데 주안점을 두었다. 또한 최근 사회 탐구 영역이 교과간 통합 문제가 많이 출제되고 있으므로 사회 문화, 정치, 경제 교과에서 필수적으로 이해해야 하는 개념들을 함께 정리하였다. 따라서 이 책에 수록된 기본 개념과 자료들을 이해하고 평소에 사회적 쟁점이 되는 시사적인 문제를 신문과 인터넷 등을 통하여 스크랩해 정리한다면 수학 능력 시험과 내신 성적 향상뿐만 아니라 심층 면접이나 논술에서도 좋은 결과를 얻을 수 있으리라 확신한다.

　인생의 중요한 방향을 결정하는 대학 입학 시험에 이 책이 많은 도움이 되었으면 하는 바람이며, 입시뿐만 아니라 사회 과학을 공부하고자 하는 분들에게도 참고가 되기를 바란다.

2002년 1월
엮은이 씀

CONTENTS

차 례

Basic

고교생을 위한 사회 용어사전

❶

가격 기구 價格機構 ■■■

시장 경제 체제에서는 자유 경쟁을 기본 원리로 하여 재화나 용역의 가격이 수요와 공급이 균형을 이루는 곳에서 결정되고, 이 가격의 신호에 따라 소비자와 생산자가 경제 생활에 적응하는데, 이를 가격 기구라고 한다. 즉, 시장에 초과 수요가 발생하면 가격의 상승으로 수요가 감소하고 공급이 증가하며, 반대의 경우에는 가격의 하락으로 수요가 증가하고 공급이 감소하여 궁극적으로는 균형을 달성하고, 이에 따라 적정한 자원 배분이 이루어진다. 자본주의 경제에서는 이러한 가격 기구에 의하여 정부의 계획 내지 자원 배분이 원활하게 운영된다.

가공 무역 加工貿易 ■

외국에서 재료를 수입하여 국내에서 가공한 후 다시 수출하는 무역으로, 원재료나 반제품을 들여와 완제품으로 만든 다음 되파는 무역 방식이다. 우리 나라처럼 원료가 부족하고 시장이 협소한 경우 외국의 자원과 시장을 활용함으로써 국민 경제를 발전시키는 장점을 가진다.

가부장제 家父長制 ■

가장이 가족 구성원에게 절대적인 지배권을 가지는 부계(父系) 사회의 가족 제도이다. 가부장제에서는 가족 구성원들의 행동 방향을 가장이 결정하고 그것을 집행시키는 권위가 부계에 집중되어 있으므로 부권제(父權制)라고도 한다.

가상 현실 假想現實 ■

컴퓨터를 중심으로 한 시스템에서 현실과 상상의 경계를 자유롭게 초월하여 표현하는 최첨단 기술로, 컴퓨터 화면에 입체 형태의 컴퓨터 그래픽으로 표시된 3차원 물체를 데이터 글러브를 사용하여 현실에 가까운 감각으로 느낄 수 있다. 즉, 컴퓨터가 만든 인공의 세계에 사람이 직접 들어가 보고 듣고 만지는 등 실제와 같은 체험을 할 수 있도록 하는 것이다. 가상 현실은 실제와 똑같은 조건과 상황을 만들어 사람의 대응에 따라 서로 다른 다양한 결과를 진행하여 항공이나 군사 분야의 훈련, 수술 등을 실제 상황처럼 해볼 수 있는 공간이 된다.

가설 假說 ■

어떤 연구 문제에 대한 잠정적인 결론을 가설이라고 한다. 따라서 가설은 경험적인 검증의 과정을 거쳐 참과 거짓의 여부를 가린다. 이처럼 확인된 가설을 법칙 또는 이론이라고 한다. 가설의 검증을 위해서는 자료를 수집하고 분석하여 결론을 도출해 내는 과정을 거친다. 일반적으로 말하는 자연 과학적 법칙도 가설을 세워 실험과 증명의 과정을 통하여 만들어진다.

가족 家族 ■ ■

부부를 중심으로 혈연 관계에 있는 자들로 구성된 집단, 또는 그 구성원이다. 가족은 자녀의 출산과 양육, 가족 성원의 보호와 심리적 안정감 부여, 소비 공동체, 교육 기능, 노약자 보호 기능 등을 한다. 전통 가족과 현대 가족의 차이를 살펴보면 다음 페이지 표와 같다.

| 전통 가족과 현대 가족의 비교 |

구 분	전통 가족	현대 가족
결혼의 동기	가문 중심적 경향(자녀 출산)	우애 가족적 경향
결혼 결정 과정	부모 의사 존중(중매 결혼)	개인 의사 존중(연애 결혼)
가족 생활 중심	부계 친족 중심	부부 중심
부부 관계	위계 서열적 관계	평등 관계
부모 자녀 관계	권위적 지배 복종 관계	대화 중심의 민주적 관계
장 점	• 삶의 지혜와 인생의 경륜 전승 • 가정 교육을 통한 가풍·가치관 전승 • 안정된 가족 생활을 통한 심리적 안정감 향유	• 구성원 간의 민주적이고 평등한 관계 유지 • 구성원들의 개성과 창의성 중시 • 여성의 상대적 지위 향상
단 점	• 가부장의 권위주의 • 개인의 개성과 창의성 경시 • 가족을 위한 여성들의 희생	• 이혼율 증대 • 노인 소외 • 맞벌이 부부의 증가로 인한 자녀 양육 문제 발생

가족 해체 家族解體 ■ ■ ■ ■

가족 성원간의 가치와 규범이 달라, 각자의 역할이나 가족 전체의 기능이 잘 수행되지 못하는 상태를 흔히 가족 해체라고 한다. 본래 가족은 사회 구성의 기본 단위로서 사회 구성원의 충원 및 사회의 존속을 위한 핵심적인 기능을 수행한다. 그리고 가족의 전형적인 모습은 부부와 그 자녀 또는 3대 이상의 직계 가족이 함께 사는 모습이다. 그런데 이혼이나 배우자의 가출 등으로 보편적인 가족 형태가 유지되지 못하고 본래의 기능을 수행하지 못하는 현상이 발생하는데, 이를 가족 해체라고 한다. 가족 해체의 대표적인 형태는 이혼으로, 최근 우리 나라의 이혼율은 매년 급격한 증가 추세를 보여

1990년 1만 3,432건에서 1999년 2만 5,917건으로 두 배 가까이 늘어났다. 이혼의 사유에는 성격 차이, 경제적 파탄, 배우자의 외도, 신체적 폭력 등이 있으며, 가부장적 풍토와 관련하여 시댁 식구와의 갈등도 중요한 이유로 나타나고 있다. 이혼은 당사자들에게 심각한 정서적 불안을 가져오며, 자녀 양육이나 경제적인 면에서 상당한 어려움을 겪게 한다. 이들의 자녀 또한 정서적 불안과 가사 부담까지 가져야 됨으로써 청소년 문제의 원인이 되고 있다. IMF 구제 금융 이후에는 실업으로 인한 가출과 가정 파괴로 비롯된 가족 해체도 많다. 가족 해체와 같은 구조적인 문제는 겪지 않더라도 부부 관계 또는 부모와 자녀의 관계가 원만하지 못해 정서적 지지 기능, 사회화 기능, 보호 기능 등 가족의 기능이 제대로 수행되지 못하는 기능적인 결손 가정도 늘어나고 있다.

가치 문제 / 사실 문제 ■

실재 존재하는 대상이나 현상에 대하여 경험적으로 검증이 가능한 명제를 사실(事實)이라고 한다. 이러한 사실은 검증 결과를 다른 사람이 확인하여 객관화가 가능한 것이 특징이다. 반면에 가치는 선악(善惡)이나 정사(正邪) 등을 판단하는 기준으로 당위적 방향을 제시하는 명제를 말하며, 주관적 평가 의식이 개입되며 객관화가 곤란하고 검증이 불가능하다. 모든 사회적 쟁점에는 가치 문제와 사실 문제가 포함되어 있다. 이 두 가지는 서로 성격이 다르고, 해결 방법도 다르기 때문에 명백하게 구분하여야 한다. 일반적으로 가치 갈등의 해결은 사실의 증명보다 어렵다. 왜냐하면 사실의 증명은 경험적인 자료에 의하기 때문에 자료만 정확하면 의견의 일치에 이를 수 있지만, 가치 갈등의 문제는 눈에 보이지 않는 심리적인 문제이므로 그 해결도 추상적 논의에 의존하는 경우가 많기 때문이다.

가치 탐구 價値探究 ■■

가치 탐구는 대립되는 가치를 규명하여 자신의 입장을 분명히 하면서 당위성과 바람직한 방향을 추구하는 과정이다. '과외 수업은 허용하여야 하는가?', '자동차 10부제 운행은 실시되어야 하는가?' 등은 개인의 가치관이나 세계관, 신념에 따라 달라질 수 있다. 따라서 먼저 어떤 가치가 더 중요한가를 규명하여야 하며, 아울러 가치 탐구 과정을 거쳐야 한다. '어느 것이 더 중요한가?', '하여야 하는가 하지 말아야 하는가?' 와 같은 규범적 문제나 가치 판단의 문제는 가치 탐구가 필요하다. 다만, 과학적 지식에 근거하지 않은 가치 탐구는 맹목적이고 설득력이 적으며 비현실적이다.(→ 사회 탐구)

간접세 間接稅 ■

세금을 납부할 의무가 있는 사람(납세자)과 실제로 부담하는 사람(담세자)이 다른 세금으로, 상품에 부과되는 세금을 그 제조업자 또는 판매업자에게 부과하되, 실제로는 그 상품의 소비자가 부담하는 조세를 말한다. 우리 나라의 경우 부가 가치세, 특별 소비세, 주세(酒稅), 전화세 등이 여기에 속한다. 이 조세 제도는 실제로 세금을 부담하는 담세자(擔稅者)가 세금 부담 사실을 직접적으로 느끼지 못하기 때문에 조세 저항이 적어 징수가 용이하다. 하지만 누진세의 부과가 어렵고 다수 서민들이 많이 사용하는 제품에 부과되는 경우가 많으므로 빈부의 격차를 심화시키고 물가 상승을 초래할 우려가 많다.

갈등 葛藤 ■■

개인이나 집단 사이에 있어서 생각이나 태도 등이 충돌하는 것을 말한다. 상호 간에 이해 관계나 가치 척도 등이 다른 경우 발생한다.

갈등에는 몇 가지 유형이 있다. 먼저, 역사적 특수성에서 오는 가치
갈등으로 전통적 가치와 현대적 가치, 동양적 가치와 서양적 가치,
보수와 진보 또는 혁신 이데올로기 간의 갈등이 이에 속한다. 사회
사상의 갈등은 근대화 이론과 종속 이론, 균형론과 갈등론, 관념론
과 유물론, 개인주의와 집단주의간의 대립으로 생기는 갈등이 있다.
이러한 갈등은 아노미 현상과 문화적 정체감의 위기, 문화의 단절과
부적응, 갈등과의 대립 등을 유발하기도 한다. 갈등은 사회의 안정
을 해치는 나쁜 것이라는 인식이 보수주의자들에게 퍼져 있으나, 갈
등론자들에 의하면 갈등이 사회 발전에 좋은 기능을 수행한다고 한
다. 이들에 따르면 사회의 문제점을 드러내어 해결하고 다른 집단과
의 갈등은 집단 내부의 결속을 강화시킨다는 것이다.

| 기능론과 갈등론의 비교 |

기 능 론	갈 등 론
사회는 지속적이고 안정된 요소들의 구조이다.	모든 사회는 늘 변화한다.
모든 사회는 부분 요소들이 통합된 구조이다.	사회는 언제나 불합의와 갈등을 나타낸다.
사회 구조는 동의에 바탕을 두고 있다.	모든 사회는 강제에 바탕을 두고 있다.
사회의 모든 구성 요소는 어떤 기능을 수행한다. 즉, 사회가 체계로 유지되는 데 기여한다.	사회의 모든 부분 요소는 사회의 와해와 변동에 기여한다.

개방적 사고 開放的思考 ■

개방적 사고는 다른 사람의 입장에서 자기 주장의 타당성을 살피거
나, 다른 사람의 비판을 수용하려는 태도를 말한다. 개방적 사고는
다음과 같은 특성을 가지고 있다. ① 자신의 주장이 항상 절대적으

로 옳은 것은 아니다(상대주의). ② 다른 사람의 비판을 겸허하게 수용할 수 있다(관용성). ③ 상황이 바뀌거나 새로운 아이디어가 나오면 이를 수용한다(융통성). ④ 잘못되었다는 확실한 증거가 나올 때까지는 자신의 입장을 견지한다(적절한 신념).

개인주의 個人主義 ■ ■

국가나 사회에 대하여 개인을 우선하고 중시하는 입장이다. 즉 개인의 의의와 가치를 중시하여, 개인의 권리와 자유를 존중하는 사고 방식을 개인주의라고 한다. 프랑스의 사상가인 토크빌이 1840년에 최초로 사용한 이래 국가주의나 사회주의에 대칭되는 말로 사용되고 있다. 종교적으로는 프로테스탄티즘의 영향으로 개인주의가 구체화되기 시작하였고, 사상사적으로는 자연법 사상에 기초한 사회 계약설에서 주체적 개인을 강조함으로써 개인주의 발달에 공헌하였다. 또한 경제적으로 자본주의적 사유 재산 제도가 발생하면서 개인의 소유권과 경제 활동의 자유가 인정면서 개인주의 사상은 크게 발전하였고 정치적으로도 국가의 통제와 간섭을 적게 하는 사상이 발달하였다. 오늘날 개인주의는 '남이나 사회 일반을 돌아보지 않고 자기만의 이익이나 행복을 추구하는 사고 방식이나 태도'를 의미하는 이기주의와는 구별되는 개념으로 사용되고 있다.

게놈 프로젝트 genome project ■ ■

게놈(genome)이란 생물의 유전 물질인 디옥시리보 핵산(DNA)을 담고 있는 그릇에 해당하는 염색체 세트로, 유전 정보 전체를 의미한다고 할 수 있다. 이처럼 생명체의 모든 유전 정보를 가지고 있는 게놈을 해독하여 유전자 지도를 작성하고 유전자 배열을 분석하는 연구 작업을 게놈 프로젝트라고 한다. 이 프로젝트는 유전자(DNA)

의 비밀을 밝히기 위하여 1980년대 후반부터 미국 · 영국 · 일본 · 캐나다 · 스웨덴 등 여러 나라에서 착수한 연구 사업이다. 1999년 11월에 23개의 DNA 염색체 중에서 22번째 염색체 유전자 지도가 완성되어 백혈병 및 정신 질환을 정복할 수 있는 계기가 되었고, 나머지 염색체들의 염기 서열도 목표보다 더 빨리 완성할 수 있을 것으로 예상되고 있다. 이 연구가 완성되면 신비에 싸인 인간의 생명 현상을 원초적으로 규명할 수 있으며, 암 · 에이즈 등 난치병의 치료와 예방에 획기적인 진전이 있을 것으로 기대된다. 하지만 원자탄을 비롯한 과학의 역사에서 보듯이 과학자의 손을 떠난 과학 기술의 산물에 대하여 인간의 통제가 불가능하다는 사실은 유전자 지도의 미래에도 긍정적인 면만 존재하는 것은 아니라는 우려가 섞여 있다.

게리맨더링 gerrymandering ■

선거구를 임의로 변경하는 것을 말한다. 자기 정당이나 특정 후보에게 유리하게 하려고 선거구를 마음대로 획정하는 것으로, 1812년 미국 매사추세츠 주지사 게리가 선거구를 조작하였다. 자신이 속한 공화당의 지지율을 높이기 위하여 선거 구역을 분할한 것이다. 그 선거구 지역 모양이 도롱뇽 곧, 샐러맨더와 비슷하다고 하여 반대당에서 게리의 이름을 붙여 비난한 데서 비롯되었다. 이러한 게리맨더링을 방지하기 위하여 선거구 법정주의가 도입되었다.

경기 안정화 정책 景氣安定化政策 ■

정부가 국민 경제에서 일어나는 경기 변동의 파동을 조정하여 경제의 안정을 기하는 정책이다. 과도한 호황으로 인한 인플레이션을 막고, 반대로 공황 및 불황으로부터 경기를 탈출시키는 정책이 있다. 구체적으로 살펴보면, 경기가 과열되었다고 판단되면 정부는 재정 지출을 줄이고, 세율을 인상하며, 중앙 은행은 이자율을 높여 민간 투자와 소비를 억제함으로써 경기를 진정시키는 긴축 정책을 통하여 경기를 안정시킨다. 반면 불황일 때에는 정부의 투자 및 소비 지출을 늘리고, 금리와 세율을 인하하여 민간 투자와 소비의 증대를 유도한다. 이러한 안정화 정책은 경기 변동의 깊이와 폭을 줄이고, 나아가 국민 경제의 지속적이고도 안정적인 성장을 이루는 데 목적을 두고 있다.

경상 가격 經常價格 ■

한 시점의 화폐 단위로 표시한 재화의 가격으로, 실질적인 변화를 반영하지 못하는 단점이 있다. 경상 가격은 한 해의 경제 활동을 비교, 분석하는 데 주로 이용되지만, 서로 다른 시점의 경제 활동을 분석하는 데에는 부적합하다. 한편, 실질적인 경제 활동의 변화를 나타내기 위하여 물가 변동을 고려하여 경상 가격을 조정한 가격을 불변 가격 또는 실질 가격이라고 한다.

경상 수지 經常收支 ■

상품이나 용역을 사고 파는 일상적인 대외 거래로 벌어들인 외화와 지급한 외화의 차이를 이르는 말로, 한 국가의 대외 거래 상태를 나타내는 지표 중 하나이다. 경상 수지는 상품 · 서비스 수지, 소득 수지, 경상 이전 수지를 합한 것으로, 일반적으로 한 나라의 국제 수지가 적자 또는 흑자라고 말할 때에는 대개 경상 수지를 기준으로 한다. '경상 수지가 흑자' 라는 것은 외국에 우리 물건을 팔거나 서비스를 제공하여 벌어들인 외화가 외국 물건이나 서비스를 구입하기 위하여 지불한 금액보다 더 많다는 것을 의미한다.

경수로 輕水爐 ■

감속재와 냉각재로 경수(輕水)를 사용하는 원자로로, 처음에 미국
에서 잠수함 동력로로 개발되었다. 연료인 우라늄 235가 핵분열하
여 튀어나오는 고속 중성자의 속도를 감속재로 줄여 연쇄 반응을
제어하는 방식이다. 북한이 5MWe 실험용 원자로에서 1회에 걸쳐
소량의 플루토늄을 추출하였다고 신고하였으나, 사찰 결과 수 차례
에 걸쳐 보다 많은 양을 추출하였으며, 신고한 방사 화학 실험실은
대규모 재처리 시설로 판명됨에 따라 기존의 흑연 감속로 대신에
경수로 발전소를 국제 원자력 기구를 통하여 설치하는 일을 하고
있는데, 이를 대북 경수로 사업이라고 한다.

경제 개발 5개년 계획 經濟開發五個年計劃 ■

자원과 기술 부족, 외국 원조의 감축 등에 따른 국내 시장의 한계를
극복하기 위하여 1962년부터 정부가 경제 개발 5개년 계획을 수립
하여 추진하였다. 이는 결국 우리 나라가 정부가 민간 경제를 주도
하여 경제 개발을 시도한 것으로, 수정 자본주의의 한 형태라고 할
수 있다.

경제 객체 經濟客體 ■

경제 행위의 대상이 되는 것을 말한다. 경제 활동을 벌이는 개인,
기업, 정부 등이 경제 주체이다. 경제 객체는 경제 주체의 경제 활
동을 가능케 하는 대상으로서 크게 재화와 용역으로 구분된다. 재
화는 객관적 효용성을 가진 유형의 물체이며, 용역은 무형적 서비
스이다. 냉장고 · 책상 · 빵 등의 물질적인 생산물은 재화이고, 의사
의 진료 행위 · 교사의 수업 · 공무원의 공공 서비스 제공 활동 등은
비물질적인 것으로 용역에 해당한다. 하지만 이러한 구분은 형태상

의 구별이므로 실물 경제상으로는 무의미하다. 보통 재화라고 하면
용역을 포함하는 것으로 해석한다.

경제 발전 經濟發展 ■ ■ ■

양적인 측면에서 측정한 경제 성장만으로는 복지 · 환경 · 문화 및 교
육 등 국민 생활의 질적 수준의 개선 정도를 알 수 없으므로 국민 생
활의 질적인 면을 설명하는 개념으로 등장한 것이 경제 발전이다. 경
제 성장은 사람이 키가 크고 체중이 늘어나는 것을 측정한 것이라면,
경제 발전은 키가 크고 체중이 늘어날 뿐만 아니라 질병을 극복하는
저항력의 강화, 자율적인 생리 조절 기능의 향상, 환경 변화에 대한
적응 능력 향상 등과 같은 변화까지도 포함하는 개념이다.

경제 성장 經濟成長 ■

경제 규모가 양적으로 확대되는 것, 즉 재화 및 서비스의 생산이 지

| 우리 나라 경제 성장의 문제점 및 대책 방안 |

문 제 점	원 인	결 과	대 책
농업과 공업의 불균형	공업화에 역점한 성장 정책	농촌 부채 증가, 이농 현상 심화, 산업 및 문화 시설의 도시 집중	농어촌에 대한 지원 확대
계층간 소득 격차 심화	저임금, 저농산물 정책 추진	노동자와 농민의 희생	저소득층 복지 증진, 누진세 확대 실시 등
대기업과 중소 기업의 불균형	조립 가공 위주의 대기업에 혜택	부품 및 소재 생산하는 중소 기업의 하청 업체화	중소 기업에 대한 지원 확대
환경 오염 심화	공업화에 따른 대기 및 수질 오염	환경 문제 해결을 위한 사회적 비용 증가	환경 보호 활동 지속 가능한 개발 추진

속적으로 증가, 확대되는 것을 말한다. 이러한 경제 성장을 나타내는 지표로는 흔히 국내 총생산(GDP)이 사용된다. 즉, 국민 경제 능력의 양적인 증가를 말한다. 우리 나라는 1960년대 이후 불균형 성장 정책에 따라 대외 지향적인 공업화 전략을 택하여 성장 우선의 경제 정책을 추진하였다. 그 결과 외형적인 성장에 있어서는 괄목할 만한 성과를 거두었지만 많은 부작용이 초래되었다. 이러한 부작용의 내용과 그 대책에 대하여 정리해 보면 앞 페이지 표와 같다.

경제 성장론 經濟成長論 ■ ■ ■

경제 성장론자는 경제 성장은 인류의 생활을 풍요롭게 할 뿐만 아니라 좀더 분별 있게 경제 성장을 추구하면 지속적인 경제 성장이 가능하다고 본다. 이들은, 과거에는 인류가 경제 성장에만 혈안이 되어 자원 절감이나 환경 친화적 기술 개발 노력을 게을리 하였으나, 인류가 관심을 갖고 대처하는 정도에 따라 환경을 보전하면서 경제 성장을 해 나갈 수 있다고 주장한다(→ 환경 보호론).

경제 성장률 經濟成長率 ■

한 나라의 1년 간 국내 총생산(GDP)의 증가율로, 1년 동안 생산된 재화나 용역의 총량의 증가 속도를 나타낸다. 경상 가격을 그대로 적용한 명목 경제 성장률과 기준 연도의 불변 가격을 적용한 실질 경제 성장률이 있는데, 이 중 실질 경제 성장률이 경제 성장의 속도를 정확하게 반영한다고 볼 수 있다.

$$실질\ 경제\ 성장률 = \frac{금년도\ 실질\ GDP - 전년도\ 실질\ GDP}{전년도\ 실질\ GDP} \times 100$$

경제 안정화 정책 經濟安定化政策 ■

경제가 침체에 빠지거나 인플레이션이 발생할 때 통화량을 조절하는 금융 정책이나 정부의 재정 정책을 통하여 물가 안정과 경제 성장을 달성하려는 것을 말한다. 경제 안정화 정책의 구체적인 방법은 다음과 같다.

| 경제 안정화 정책 |

경기 침체 시 (확장 정책)	통화량↑, 정부 지출↑, 조세 수입↓ ⇒ 경기 활성화
경기 과열 시 (긴축 정책)	통화량↓, 정부 지출↓, 조세 수입↑ ⇒ 경기 안정화

경제 윤리 經濟倫理 ■

경제 행위에서의 사회 윤리적 규범이다. 경제 활동을 할 때 최소한의 도덕과 상식선을 지키고자 제시되는 가치 규범이다. 경제는 인간의 일상 생활에서 필수적인 인간의 의식주를 비롯한 재화와 용역의 생산 및 분배와 관련되는 것이므로 경제 행위에 있어서 사회적 규범에 벗어나면 다수의 사람들에게 피해를 주기 때문에 일정한 윤리 원칙을 지키는 행위가 필요하다.

경제재 經濟財 ■■

경제 활동의 대상이 되는 재화 중에서 희소성이 있어서 대가를 지불해야만 얻을 수 있는 것을 경제재라고 한다. 이에 반하여 공기의 경우처럼 대가 없이도 획득이 가능한 재화를 자유재(自由財)라고 한다. 물의 경우처럼 환경 오염 이전에 자유재로 언제든지 대가 없이 얻을 수 있던 것들이 환경 오염 등으로 희소성이 증가하여 경제재로 바뀌는 경우도 있다.

경제 정의 실천 시민 연합 經濟正義實踐市民聯合 ■

경실련이라고 줄여 부르는 경제 정의 실천 시민 연합은 급속한 경제 성장으로 빈부 격차 심화와 권력형 비리 및 부동산 투기 확대 등의 문제를 해결하고 경제 정의의 실현을 위하여 학계 · 종교계 · 법조계 · 문화 예술계 등 사회 각 분야의 시민들이 모여 만든 범 국민적인 개혁 운동 단체이다. 경제 정의 실천 시민 연합의 활동은 우리나라 시민 운동사에 커다란 획을 그었다. 경제 정의 실천 시민 연합의 발기 선언문은 다음과 같다. "부동산 투기, 정경 유착, 불로 소득과 탈세를 공인하는 금융 가명제, 극심한 소득 격차, 불공정한 노사 관계, 농촌과 중소 기업의 피폐 및 이 모든 것들의 결과인 부와 소득의 불공정한 분배, 대기업으로의 경쟁력 집중, 사치와 향락, 공해 등은 이 사회에 범람하고 있는 경제적 과제이다. 이에 대한 실천 없이는 경제 성장이나 산업 평화, 민주 복지 사회의 건설도 꿈에 불과하다. 사회의 발전은 저절로 주어지는 것이 아니며, 곤란을 극복하는 구성원들의 자주적인 실천을 통해서만 달성된다. 우리는 모든 계층의 국민들의 선한 의지와 힘을 모으고 조직화하여, 경제 정의를 실천하기 위한 비폭력적이며 평화적인 시민 운동을 힘차게 전개하여야 할 것이다. 우리는 경제 정의의 실현을 위한 정부와 국회의 노력은 적극 지원할 것이지만, 이를 방해하려는 움직임은 그 어떤 경우에도 단호히 거부하고 비판할 것이다. 탐욕을 억제하고 기쁨과 어려움을 이웃과 함께 하면서 경제 정의, 나아가 민주 복지 사회의 건설을 위하여 이 세대 이 땅을 살아가는 한 시민으로서의 사명을 다할 것을 굳게 다짐한다. 이제 우리 모두 과거의 안일한 이기주의를 떨쳐 버리고 함께 일어나 경제 정의의 실현을 위하여 발언하고 행동하자."

경제 주체 經濟主體 ■

가계 · 기업 · 정부 등 경제 활동을 주로 하는 사람을 이르는 말이다. 흔히 가계는 소비 주체라고 하고, 기업은 생산 주체, 정부는 생산 활동 및 소비 활동의 주체가 된다. 오늘날 그 중요성이 더해지고 있는 무역의 주체로서 외국(국가)도 하나의 경제 주체가 된다.

경제 협력 개발 기구 OECD ■■

세계의 경제 선진국들의 모임으로, 1996년에 우리 나라도 가입한 국제 기구이다. 본래 유럽 국가 중심으로 1948년에 설립되었으나 1961년에 미국이 가입하고 1964년에는 일본이 회원국이 됨으로써 명실상부하게 민주주의와 자유 시장 경제를 추구하는 선진국들의 모임이 되어 세계 경제 현안을 논의하게 되었다. 1990년대 이후에 회원국을 확대하여 현재는 세계 30여 개 국가가 회원국으로 참여하고 있다. 회원국들은 세계 경제가 나아갈 방향을 논의하고, 회원국 간의 관심 분야에 대하여 정부 차원의 협의를 하기 위한 정기적인 모임을 하고 있다. 최고 의결 기구는 회원국 경제 장관이나 외무 장관으로 구성된 각료 이사회이며, 1년에 한 번씩 모이고 일반적인 문제는 2주에 한 번씩 열리는 상주 대표 이사회에서 주로 결정한다. 주요한 의제의 결정은 회원 전원 동의로 하며, 최근에는 국제적인 통상 이슈를 많이 다루고 있다.

계급 생산 階級生産 ■

수단의 소유 여부에 따라 서열화된 위치를 구분하는 개념이다. 마르크스가 자본주의 사회는 생산 수단을 소유하고 있는지의 여부에 따라 부르주아 계급과 프롤레타리아 계급으로 나누어 지배와 피지배의 대립적 관계를 이루고 있다고 주장한 이래 사용되기 시작하였다.

계몽 사상 啓蒙思想 ■

18세기 유럽 사상의 주류를 이룬 사상으로, 이성에 의한 인간의 무한한 발전을 확신하며 봉건적 모순을 타파하려는 혁신적 사상이다. 계몽이란 인간에게 이성의 빛을 비추어 편견이나 어리석음에서 빠져나오게 한다는 뜻한다. 계몽 사상의 뿌리는 홉스, 로크를 비롯하여 17세기의 영국에서 시작된다. 이러한 계몽 사상은 각국에서 싹트기 시작한 시민 정신을 구체화시키는 역할을 하였고, 프랑스 혁명을 비롯한 시민 혁명에 원리를 제공하였다.

계층 階層 ■

다양한 사회적 희소 가치에 따라 다양하게 서열화되어 있는 개인과 집단의 위치를 구분하는 데 사용한 개념이다. 독일의 사회 과학자인 베버가 사회 계층의 기초로서 계급, 지위와 권력 등 세 가지를 고려하여야 한다고 주장하면서 사용되었다. 경제적 요소에 의해서만 결정되는 계급과는 달리, 계층은 직업 · 수입 · 교육 수준 · 사회적 영향력 · 명예 등 다양한 요소에 의하여 결정되며, 같은 계층간에도 특별한 동지 의식이 없고 다른 계층에 대한 적대 의식도 가지지 않는다.

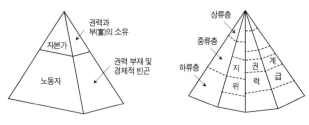

산업 사회의 사회 계층 비교

계층 구조 階層構造 ▪

사회 이동의 가능성과 조건에 따라 계층화된 사회 구조를 이르는 말
이다. 계층의 수직 이동 가능성이 적은 폐쇄적 계층 구조와 사회 이
동이 비교적 자유롭게 이루어지는 개방적 계층 구조로 나누기도 한
다. 엄격한 노예 제도나 카스트 제도는 전자에 해당하며, 개인의 능
력이나 노력이 사회 이동의 주요한 요소로
작용하는 사회에서는 개방적 계층 구조가
나타난다. 계층의 구성 비율에 따라 피라
미드 형 계층 구조와 다이아몬드 형 계층
구조로 구분하기도 한다. 피라미드 형 계
층 구조는 하류 계층의 구성원 비율이 상
류 계층에 비하여 높은 경우이고, 다이아
몬드 형 계층 구조는 중류 계층의 구성원
비율이 상류나 하류 계층에 비하여 많은
경우이다. 다이아몬드 형은 산업 사회에서
전문직 · 관료 · 사무직과 같은 직종이 크
게 늘어나면서 나타났으며, 다이아몬드 형
계층 구조를 가진 사회가 상대적으로 발전
적이며 안정적인 사회라고 할 수 있다.

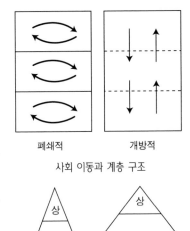

폐쇄적   개방적
사회 이동과 계층 구조

상
중
하
피라미드 형

상
중
하
다이아몬드 형

사회 계층 구조의 유형

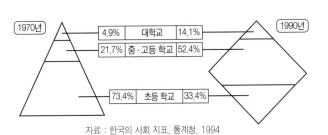

1970년			1990년
4.9%	대학교	14.1%	
21.7%	중·고등 학교	52.4%	
73.4%	초등 학교	33.4%	

자료 : 한국의 사회 지표, 통계청, 1994

우리 나라의 학력별 계층 구조의 변화

계획 경제 체제 計劃經濟體制 ■

중앙 정부의 계획과 명령에 의하여 모든 경제 활동이 이루어지는 경제 체제를 일컫는다. 따라서 계획 경제 체제에서는 생산 수단이 국유화되고 생산, 분배 및 소비 등의 모든 경제 활동이 중앙 정부의 통제를 받는다. 이러한 계획 경제는 분배의 형평성을 강조하지만 실제로는 생산의 효율성이 떨어져 오늘날 실패한 경제 체제가 되고 말았다.

고령화 사회 高齡化社會 ■ ■ ■

일반적으로 총인구 중 65세 이상의 인구의 비율이 7퍼센트 이상이면 고령화 사회 또는 노령화 사회라고 한다. 우리 나라는 2000년에 노령 인구가 7.1퍼센트로 이미 고령화 사회로 접어들었음을 알 수 있다. 이러한 고령화 사회는 평균 수명의 연장에 따라 노인 인구가 급격히 증가하였기 때문이며, 고령화 사회에서는 노동력은 부족한 데 비하여 부양하여야 할 노령 인구는 증가함에 따라 노인 부양에 대한 사회적 부담이 커지고 실버 산업이라고 불리는 노인 관련 사업이 번창할 것이다.

자료 : 추계 인구, 통계청, 1996

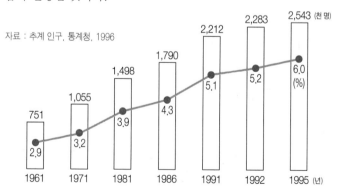

우리 나라 인구의 고령화 추세(65세 이상)

고립아 연구 孤立兒研究 ■■

우연한 사건으로 사회에서 고립되어 자란 사람들의 특성에 대하여 연구하는 것을 말한다. 고립아에 관한 연구는 생물학적 존재로 태어난 인간이 사회화 과정을 거쳐 사회적 인간으로 성장함을 알려주는 중요한 연구이다. 즉, 인간이 사회적 규범이나 언어 등을 습득하는 것은 생득적인 것이 아니고, 후천적으로 학습의 과정을 거쳐 사회화된 것임을 알 수 있는 중요한 단서가 된다. 대부분의 사례 연구를 보면, 주인공은 다른 사람들과 동떨어져 생활함으로써 인간으로서 지니는 기본적인 사회적 특성이나 인간에게 기대되는 사회적 역할 행동을 제대로 하지 못한다. 이것은 사람이 정상적인 사회화 과정을 거쳐야 참다운 인간으로 성장할 수 있음을 의미한다. 1800년 1월 9일에 남부 프랑스의 생세랑이라는 마을 근처의 숲 속에서 발견된 야생아(野生兒)는 11~12세 정도의 소년으로 판명되었음에도 불구하고 인간이라기보다는 동물에 더 가깝게 보였다. 후에 사람들은 그 소년을 파리로 옮겨 그를 야수에서 인간으로 변화시키고자 하는 체계적인 시도를 하였다. 그는 화장실 사용에 익숙해졌고, 옷 입는 것을 받아들였으며, 스스로 옷 입는 것도 배웠다. 하지만 그는 그 이상의 발전을 보이지 않다가 마흔 살 정도인 1828년에 죽었다.

고용 보험 雇用保險 ■

사업주와 근로자의 고용 안정, 재취업 촉진, 근로자 또는 사업주를 지원하기 위한 제도이다. 고용 보험의 가입 및 보험료의 신고와 납부는 근로 복지 공단에서, 고용 보험의 혜택 신청 및 지원금, 실업 급여의 지급은 노동부 고용 안정 센터에서 담당한다. 고용 보험 제도는 실직 근로자에게 실업 급여를 지급할 뿐 아니라, 근로자의 직업 능력을 개발하고, 노동 시장의 구조 조정 과정에서 실업을 예방하기 위하여 근로자는 물론 사업주에 대한 각종 지원 사업을 복합적으로 실시하는 사전적, 적극적인 고용 정책 수단이다. 이 제도는 1995년 7월 1일부터 상시 근로자 30인 이상 사업장에서 시작되어 1998년 1월 1일부터 상시 근로자 10인 이상 사업장으로 확대되었으며, 2000년도 10월 1일부터는 근로자가 한 사람이라도 있으면 고용 보험 및 산재 보험에 가입하도록 하였다.

고준위 방사성 폐기물 高準位放射性廢棄物 ■

방사선의 방출 강도가 높은 방사능 폐기물로, 사용 후의 핵연료에서 분리된 핵분열 생성물의 농축 폐액이나 플루토늄 등의 초우라늄 원소를 많이 포함한 폐기물이 이에 해당한다. 이에 비하여 원자력 발전소나 방사성 물질을 다루는 공장 · 연구실 등에서 나오는 것을 저준위 방사성 폐기물이라고 한다. 이러한 고준위 폐기물 중 알칼리성 폐기물은 연강제 탱크에 농축염 또는 염덩어리 형태로 저장하고 산성 폐기물은 스테인리스 강 탱크에 저장한다. 즉, 폐기물은 30~50년 동안 저장한 후에 바다에 묻거나 수백 미터 깊은 지층에 보관한다.

골드 칼라 gold collar ■

창의성과 정보 활용을 통하여 부가 가치를 생산하는 사람을 일컫는 말로, 고급 지식과 능력을 갖춘 전문직 계층을 말한다. 골드 칼라라는 용어는 1985년 카네기 멜론 대학의 로버트 켈리 교수가 처음 사용하였다. 기존의 단순 육체 노동자를 일컫는 블루 칼라와 정신 노동자인 화이트 칼라에 대비하여 새로운 정보화 사회를 이끌 정보 통신 · 문화 산업 · 금융 서비스 · 첨단 기술 관련 분야의 사람들로,

우리 나라에서는 최근에 신지식인이라는 말이 사용되는데, 이들이 이에 속한다고 볼 수 있다.

공공재 公共財 ■■

특정한 개인이 비용을 지불하지 않고도 여러 사람이 동시에 공동으로 이용할 수 있는 재화로, 사유재(私有財)의 상대되는 개념이다. 국방 · 치안 · 소방 · 공원 · 일기 예보 · 위생 · 도로 · 교육 · 가로 등 · 홍수 방지 시설 등이 이에 속한다. 공공재는 특정 개인을 소비에서 제외하기가 곤란하여 무임 승차가 가능하고, 다른 사람의 소비 행위를 방해하지 않고도 이익을 취할 수 있는 비경쟁성, 비선택성이라는 특징을 가지고 있다. 이러한 특징 때문에 공공재는 시장에서 민간 기업에게 공급을 맡기면 양이 부족하고 질이 떨어질 우려가 있다. 따라서 대부분의 공공재는 정부가 직접 생산하여 공급하는 것이 일반적이다.

공공 정책 公共定策 ■

공공의 이익을 위하여 정부가 수행하는 정책이다. 정책 수립은 정부가 하고, 입법 활동과 예산안의 심의 의결은 의회에서 담당한다. 그러나 대통령과 국회 의원이 국민의 직접 선거에 의하여 선출되므로 결국 정책의 주체는 국민이라고 할 수 있다. 공공 정책은 민간 경제의 비효율을 제거하여 가격 기구의 기능을 유지하는 자원의 최적 배분 정책과 빈부의 격차를 완화하여 사회 갈등을 줄이는 소득 재분배 정책 그리고 경제의 안정을 기하는 경기 안정화 정책 등이 있다. 공공 정책의 내용은 다음 페이지 표와 같다.

| 공공 정책의 내용 |

구 분	내 용
자원의 최적 배분 정책	민간의 비효율적 경제 현상 치유 (독자점 규제, 환경 오염 방지 등)
소득 재분배 정책	빈부 격차 완화 (사회 보장제, 누진세 제도, 최적 임금제 등)
경제 안정화 정책	인플레이션 — 긴축 재정, 통화량 축소 경기 침체시 — 적극 재정, 통화량 증대

공기업 公企業 ■■

국가 또는 지방 공공 단체가 직접 기업 활동을 하거나 정부가 출자
하여 지배하는 기업을 말한다. 보통 전기나 수도와 같이 민간 기업
에 맡기면 독점 기업의 형태가 되어 부당한 가격 인상이나 생산량
축소의 부작용이 초래될 우려가 있는 경우에 공기업으로 만든다.
우리 나라에서는 철도나 우편 사업과 같이 중앙 정부가 정부 예산
중에서 기업 특별 회계로 운영하는 곳이 있고, 상 · 하수도나 청소
사업처럼 지방 자치 단체가 담당하는 경우도 있으며, 정부가 많은
주식을 보유하고 자본을 투자한 공기업이 있다.

공기업 민영화 公企業民營化 ■

공기업은 기업의 사적인 이윤 추구보다는 국민들에게 꼭 필요한 재
화나 서비스를 적절한 가격에 안정적으로 공급하는 것을 목적으로
한다. 따라서 공기업은 원가 절감이나 사장 확보를 위한 노력보다
는 목표한 생산량을 달성할 것을 중요시하는 경우가 많다. 또한 대
부분의 공공 서비스 가격은 국민 생활의 안정을 위하여 원가보다
싸게 책정되는 경우가 많다. 이 때문에 국가 재정에 부담이 되고,
너무 낮은 가격으로 인하여 공공재의 사용에서 자원의 낭비를 초래

하는 부작용이 초래되기도 한다. 이러한 공기업의 문제를 해결하기 위한 가장 근본적인 방법은 공기업을 경쟁 시장에 노출시키는 것이다. 이것은 공공재의 공급 부족이나 서민 생활에 지나친 부담이 될 수 있다는 우려를 지니고 있다. 그런데 오늘날 민간 기업의 자본 동원 능력이나 경영 능력이 크게 향상되었고, 일반 국민의 생활 수준도 향상되어 공공 서비스에 대한 부담을 감당할 능력이 커지고 있어서, 공공재를 국가가 직접 공급하기보다는 민영화시켜야 더 효율적이라는 주장이 제기되고 있다. 이것이 공기업 민영화의 근거가 되고 있다.

공동체 의식 共同體意識 ▪

집단이 구성원 각자의 존엄성을 인정하여야 하듯이, 개인들도 집단의 이익과 조직의 권위를 존중하고, 공동체의 조화로운 발전을 염두에 두고 생각하고 행동하여야 하는데, 이러한 자세를 공동체 의식이라고 한다.

공산당 선언 共産黨宣言 ▪

1848년 마르크스와 엥겔스 공저로 발표한 마르크스주의 사상 문헌이다. 원래는 국제 노동자 조직인 공산주의자 동맹 제2차 대회(1847)의 선언문으로 채택된 문헌이었으나 1848년 2월, 런던에서 독일어로 발간된 이후 영어, 프랑스 어, 러시아 어로 번역되어 각국에 빠르게 전파되었다. 모두 4장으로 구성되어 있다. 제1장 '부르주아와 프롤레타리아'에서는 역사는 계급 투쟁의 과정이며 프롤레타리아 계급이 혁명 계급임을 설명하였다. 제2장 '프롤레타리아와 공산주의자'에서는 프롤레타리아의 다양한 해방 투쟁 과정과 공산주의자의 임무에 관하여 서술하였고, 제3장 '사회주의·공산주의 문헌'에서는 사회주의 사상의 여러 유파를 소개 및 비판하였다. 마지막 제4장 '여러 반대당에 대한 공산주의자의 입장'에서는 공산주의 이념을 실현하기 위해 기존 사회 체제를 수정해야 하는 당위성에 관한 내용을 담고 있다. 이 책은 마르크스주의 사상을 토대로 사회, 정치, 경제 이념을 새롭게 규정한, 최초의 공산주의 문전(文典)으로 평가받는다. "유럽에 공산주의라는 유령이 떠돌고 있다.", "만국의 노동자여 단결하라."라는 처음과 마지막 구절은 공산당선언을 상징하는 유명한 말로 지금껏 널리 회자되고 있다.

공약 公約 ■

선거 때 입후보자 혹은 정당이 유권자에게 하는 공적 약속으로 후보자의 정견이나 신념을 기초로 한다. 공약은 당선되면 가급적 지켜야 하며, 부득이한 사정으로 이행하지 못하게 된 경우에는 사과를 하고 이해를 구하여야 한다. 이와 관련하여 공약(空約)이라는 말이 사용되기도 한다. 이것은 당선만 되고 보자는 뜻으로, 내세우는 공약(公約)이 실천 가능성이 없는 정치꾼의 허황된 약속을 이르는 말이다.

공업화 工業化 ■

기계에 의한 대량 생산 체제로 변해 가는 것으로, 기계가 발명되면서 대량 생산이 가능해졌고, 공장이 많이 들어선 도시로 인구가 집중하는 현상이 나타났으며, 인구 폭증도 이루어졌다.

공적 부조 公的扶助 ■

우리 나라의 사회 보장 제도 중 사회 보험의 혜택을 받을 수 없는 생활 무능력자에게 국가가 기초 생활을 보장해 주는 제도로, 공공

부조(公共扶助)라고도 한다. 기초 생활 보장법에 의하여 일정 수준의 소득을 보장해 주고 의료 보호를 해 주며 그 비용은 전적으로 국가가 부담한다. 이 제도는 고소득층의 소득을 저소득층에 이전시키는 소득 재분배의 효과가 큰 반면 정부의 재정 부담이 크고 자칫 저소득층이 정부에 의존하는 성향을 가져올 우려가 있다.

공적 자금 公的資金 ■

금융 기관의 구조 조정을 지원하기 위하여 정부가 지출하는 자금이다. 금융 기관이 기업 여신 회수 불능으로 자금난에 처하였을 때 정부가 투입하는 자금을 말한다. 예컨대, 기업이 부도를 내면 은행은 회수하지 못 하는 부실 채권을 떠안게 된다. 이러한 부실 채권을 정부가 공적 자금을 내어 싼 값에 사 주고, 출자하여 자본금을 늘려, 은행 자금 사정을 원활하게 해 주는 것이다. 이 자금은 정부 예산에서 직접 지원하지 않는 특징이 있다. 정부 예산 대신 예금 보험 공사와 자산 관리 공사(성업 공사)가 채권을 발행하여 자금을 조달한다.

공정 거래법 公正去來法 ■

독과점 기업의 횡포를 막고 부당한 경제 행위를 규제하기 위하여 만든 법이다. '독점 규제 및 공정 거래에 관한 법률'이 공식 명칭이다. 이 법은 시장에서의 경쟁 질서 확립을 통하여 기업의 체질을 개선하고 경쟁력을 강화시켜 경제의 효율성을 높이고, 소비자를 보호하여 건전한 국민 경제 발전을 꾀하고자 시행하고 있다.

과소비 過消費 ■

소득에 비하여 소비가 지나치게 많은 경우를 말한다. 소득의 범위를 넘어서는 절대적 과소비뿐만 아니라 소비가 소득을 넘어서지는 않는다고 할지라도 소득에 비하여 소비가 지나치게 많은 경우도 과소비에 해당한다. 이러한 과소비는 가계나 자신의 경제 생활을 불안정하게 할 뿐만 아니라 국민 경제 전체적으로도 인플레이션을 유발할 우려가 있다. 특히, 외제 상품에 대한 지나친 소비는 경상 수지 적자의 주요한 원인이 되기도 한다.

관료제 官僚制 ∎

대규모 조직의 많은 업무를 신속하고 효율적으로 수행하기 위하여 미리 정해진 규정과 절차에 의하여 처리하는 서열화되어 있는 권위 구조를 관료제라고 한다. 관료제는 업무의 전문화, 권한과 책임의 서열화, 일의 절차와 규칙의 문서화, 연공 서열의 중시 등을 특징으로 한다. 이러한 특징을 가지는 관

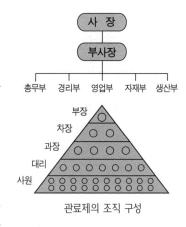

관료제의 조직 구성

료제는 대규모의 대량 업무를 효율적으로 처리할 수 있고, 미리 정해진 규정에 의하여 신속하게 업무를 마칠 수 있으며, 직무의 안정과 전문화를 가져올 수 있는 장점이 있다. 반면, 형식에 얽매여 수단과 목적이 뒤바뀌는 목적 전치 현상이 나타나고, 권력이 상부에 집중되어 의사 결정이 권위적이고 개성이 무시되는 인간 소외 현상이 나타날 우려가 있다. 다음 페이지의 표는 관료제에 대한 독일의 사회 과학자 베버의 모델이다.

| 관료제에 대한 베버의 모델 |

특 징	부정적 측면	긍정적 측면
노동의 전문화	동일한 일을 반복함으로써 둔감해지고 지루해진다.	대규모의 생산을 위해서는 효율적이다.
위계 서열	개개인은 그들에게 영향을 미치는 결정들에 종종 참여하지 못한다.	상사와 부하 직원들 사이의 불화가 줄어든다.
규칙과 규제	문제 해결에 있어서 경직성이 늘어나고 상상력이 결핍된다.	직원들은 그들에게 기대되는 것이 무엇인지 잘 알고 있다.
공평성	때때로 소외를 일으킨다. 사람들은 그들이 서로 대체될 수 있다고 느낀다.	편애와 편견이 줄어들고 직무 수행 능력이 강조된다.
기술적 경쟁	불리한 점들을 갖고 있는 사람들은 받아들여지지 않는다.	객관성과 정확성을 보증한다.

관세 關稅 ■

국경선을 통과할 때 부과하는 세금을 일컫는다. 즉, 외국에서 물건을 수입하거나 외국으로 수출할 때 내는 세금이다. 관세는 많은 세금을 확보하기 위한 목적으로 부과할 뿐만 아니라 외국 상품의 무차별한 수입을 막아 자국 산업을 보호하기 위하여 부과함으로써 대표적인 무역 장벽의 하나로 인식되고 있다. 높은 수입 관세의 부과가 대표적인 예로, 자유 무역을 지향하는 최근의 국제 경향으로 많은 나라에서 수입 관세를 낮추거나 없애는 경우가 많아지고 있다.

관세 및 무역에 관한 일반 협정 GATT ■

1948년, 미국의 주도로 국제 무역의 확대와 자유 무역 질서를 마련하기 위하여 만든 국제 협정이다. GATT는 관세 및 비관세 장벽을 다각적인 교섭을 통하여 제거하는 것을 목적으로 하고 있다. 세계 자유 무역 실현의 대표적인 기구로 활동해 온 GATT는 지금까지 자유 무역에 관한 여러 협약을 만들고 실천에 옮기지 않는 국가에 대해서는 제재를 가하여 국제 교역에 있어서 입법 기관과 국제 경찰로서의 활동을 해 왔다. GATT는 그동안 관세를 폐지하고 자유 무역을 실현하기 위한 여러 차례의 협상을 진행해 왔으며, 그 협상의 일환으로 이루어진 여덟 번째의 다자간 협상인 우루과이 라운드(UR) 타결 이후 자유 무역 질서를 더욱 확고히 정착시키고 위반 행위를 효과적으로 감시할 수 있도록 하기 위하여 보다 강력한 제재력을 가진 WTO(세계 무역 기구)로 확대 개편되었다. 우리 나라는 1977년 4월에 73번째 회원으로 가입하였다.

관습 慣習 ■

일상 생활이나 기본적인 사회 생활에 있어서 오랫동안 반복되어 온 행위 준칙으로 관혼상제, 식사 및 인사 예절 등이 이에 속한다. 일반적으로 관습은 사회의 유대를 강화하고 동료 의식을 심어 주며, 환경에 적응하는 데 도움이 되지만, 보수적이기 때문에 변화에 저항하는 경향이 있다.

관용 정신 寬容精神 ■

관용(寬容)이란 원래 '너그럽게 받아들이거나 용서함'을 나타내는 말로, 다양성이 보장되는 민주 사회에서 자기와 다른 사람의 이질성을 받아들이고 용인하는 능동적이고 개방적인 자세를 관용 정신이라고 한다. 따라서 관용 정신을 지닌 사람은 자신의 신념을 절대적인 것으로 여기지 않고, 이익만을 추구하는 행위를 하지 않으며, 다른 사람의 이해 관계나 가치를 인정하는 태도를 지닌다.

광우병 狂牛病 ■

스펀지 모양의 뇌염이 정확한 이름이며, 뇌에 스펀지 모양의 구멍이 뚫리는 병이다. 이는 이미 300년 전부터 양에게서 발견된 병으로, 이 병에 걸린 양들은 등을 미친 듯이 긁으므로 '긁는 병'이라고 불린다. 같은 병이 1984년, 영국에서 처음으로 소에게서도 발견되었다. 소의 발육을 촉진하기 위하여 양의 고기와 뼈를 사료로 써 왔는데, '긁는 병'에 걸린 양의 고기를 먹은 소들이 감염된 것으로 추정된다. 1996년 3월 20일, 영국 복지부 장관인 스티븐 도렐이 영국에 열 명의 환자가 광우병에 걸린 소에게 노출되어 스펀지 모양 뇌염(크로이츠펠트 야코프 병)에 감염되었다고 발표하면서 인간 광우병이 알려졌다. 인간 광우병은 100만 명당 한 명 꼴로 발생하는 뇌 신경계 이상 질환이다. 주로 50, 60대에 증세가 나타나는데, 심한 우울증으로 행동이 느려지고 기억력이 가물가물해지다가 갑자기 경련을 일으키고 팔다리가 마비되어 숨지는 증상이 나타난다.

교섭 단체 交涉團體 ■

국회에서 의사 진행에 관한 중요한 안건을 협의하기 위하여 국회 의원들로 구성된 단체를 교섭 단체라고 한다. 우리 나라는 현재 20인 이상의 국회 의원들이 있는 정당이나 정치 단체만이 교섭 단체를 구성할 수 있다.

교토 의정서 Kyoto議定書 ■

지구 온난화의 주범인 이산화탄소·메탄 등 온실 가스 배출을 줄이기 위한 기후 변화 협약의 실천을 위하여 10년 동안의 국제적 논의 끝에 1997년 12월, 일본 교토에서 유엔 기후 변화 협약 제3차 당사국 총회를 개최한 데에서 붙은 이름이다. 미국·일본·유럽 연합(EU) 등 선진국들은 의무 감축 국가로 지정되어 2012년까지 각각 6~8퍼센트로 지정된 의무 삭감량을 지켜야 하며, 초과 배출분에 대해서는 온실 가스 배출권을 사고 파는 거래를 통하여 할당량을 충족시킬 수 있다. 우리 나라는 의무 감축 국가로 지정되지 않았다.

구성의 모순 ■ ■ ■

개별적으로 타당한 이야기가 전체적으로는 틀리는 현상을 구성(構成)의 모순 또는 구성의 오류라고 말한다. 즉 한 개인의 입장에서 보면 옳다고 생각한 행동이 구성원 전체 입장에서는 옳지 않은 행동이 되는 현상을 일컫는다. 예를 들면, 운동 경기장에서 앞줄에 앉아 있는 사람이 경기 상황을 더 잘 관람하기 위하여 일어선다면 뒷줄에 앉아 있던 관람자들이 모두 일어서게 되며, 결국 제대로 관람하지 못하는 현상과 마찬가지라고 할 수 있다. 케인즈는 '절약의 역설'을 강조하여, 대공황의 탈피를 위하여 수요를 진작시키는 정책을 취할 것을 주장하였다. 그에 의하면, 개인이 저축을 많이 하면 미래의 소득이 늘어나 바람직하지만, 모든 국민이 소비하지 않고 저축한다면 오히려 물건이 팔리지 않아 재고가 쌓이는 등 국민 소득이 감소하는 현상이 나타날 수 있다.

구속 적부 심사제 拘束適否審査制 ■

"체포, 구속을 당한 때에는 적부의 심사를 법원에 청구할 수 있다"는 헌법 제12조 제6항의 규정에 의하여 체포나 구금을 당한 때에 그 적절성 여부에 대하여 법원에 심사를 청구할 수 있는 제도를 구속 적부 심사제라고 한다. 이는 구속이나 체포의 정당성에 대하여 인정하지 못하는 사람이 법관이 발부한 영장에 대하여 재심을 청구하는 것으로, 국민의 기본권 보장을 위한 중요한 제도 중 하나이다.

구제도의 모순 ■■

프랑스 혁명 전의 프랑스의 신분제 사회에서 나타난 신분적 차별을 비롯한 사회적 문제점을 총칭하여 구제도의 모순이라고 한다. 당시 프랑스에서는 제1신분인 성직자와 제2신분인 귀족은 많은 특권을 누리고 있었다. 하지만 인구의 다수를 차지하고 있는 제3신분인 평민은 국가 재정의 대부분을 부담하면서도 정치에 참여할 수가 없었으므로 큰 불만을 가지고 있었다. 특히, 계몽 사상과 미국 혁명의 영향을 받은 시민 계급은 구제도의 모순을 날카롭게 비판하면서 사회 개혁을 요구하였다. 상인이나 제조업자 · 은행가 · 법률가 등은 자신들의 재산이 아무리 많아도 여전히 정치적 특권이 박탈되어 있었다. 이들은 궁정에 아무런 영향력도 행사할 수 없었고 고위 관직에도 앉을 수 없었다. 그러나 점차 재산을 모으고 자부심이 생기면서 경제적 지위에 상응하는 정치 권력을 요구하기 시작하였다.

| 구제도의 모순 |

신 분	내 용
제1신분	성직자, 전체 인구의 4%, 전 국토의 1/10 차지, 봉건 지대와 십일조 징수
제2신분	귀족, 전체 인구의 1.5%, 전 국토의 1/5 차지, 면세, 면역
제3신분	국민 대다수, 시민 계급에서 농민까지 다양, 각종 세금 부담, 참정권 없음.

구조 조정 構造調整 ■■

기업이 경제 및 산업 여건의 변화에 대응하여 사업체 조직 구조를 새롭게 개편하는 작업을 말한다. 사회 경제적 상황이나 산업 시스템 등의 변화에 따라 기업을 보다 효율적으로 운용하기 위하여 시행한다. 미래 수익성이 보장되지 않는 사업 분야의 축소 및 폐지, 중복 사업체 통폐합, 부동산 등 소유 자산의 매각 처리 등이 그 예이다. 또한 기업 간에 협력하여 조정을 꾀하기도 한다. 이는 국내외 기업 간에 제휴를 맺고 기술을 개발하거나 다른 사업 분야에 전략적 공동 사업을 꾀하는 경우이다. 외환 위기를 전후하여 우리 나라에서도 방만한 기업 운영이나 조직을 축소하여 조직의 효율성을 높이고, 사양 산업을 대신할 고부가 가치 산업을 육성하고, 신속한 의사 결정을 위한 팀제 도입이나 결재 과정의 축소 또는 새로운 해외 파트너의 선정 등 다양한 활동을 벌이고 있다.

국가 경쟁력 國家競爭力 ■

국가 경쟁력이란 '기업의 경쟁력을 높이는 국가의 총체적인 능력'을 의미한다. 즉, 기업이 다른 나라의 기업들과 세계 시장에서 경쟁할 때 효율적인 사회 구조, 제도 및 정책을 제공함으로써 경쟁에서 승리할 수 있게 하는 국가의 총체적인 능력을 뜻한다. 따라서 기업의 경쟁력과 관련된 요인은 모두 국가와 경쟁하면서 국가 경쟁력은 곧 기업의 국제 경쟁력으로 인식되어 왔다. 그러나 최근 개별 국가, 산업, 지역이 직면하고 있는 문제점들을 진단하고 평가하는 유용한 틀로 경쟁력이라는 개념을 확대 적용하여 활용하는 사례가 많아지고 있다. 국가 경쟁력이 높은 국가는 세계적인 경쟁력을 갖춘 기업과 산업을 보유하고 있다는 것이다. 세계적인 기업이 되기 위해서는 해당 국가의 전반적인 투자 환경이 매우 중요하다는 점을 감안할 때, 국가 경쟁력과 기업 경쟁력은 별개의 개념이기는 하지만 상호 보완적인 성격도 지니고 있음을 알 수 있다.

국가주의 국가관 國家主義國家觀 ▪

국가주의 국가관에 따르면 개인과 국가의 관계를 유기적 관점에서 파악하면서 국가는 모든 국민들의 목적 실현을 위한 도덕 공동체로 본다. 따라서 국가는 그 자체가 고유한 보편적 의지를 지니고 있으며, 개인의 자유는 국가 속에서만 실현될 수 있다고 본다.

국민 연금 國民年金 ▪

가입자가 퇴직 등으로 소득원을 잃을 경우 일정한 소득을 보장하는 제도로, 1988년 1월 1일부터 실시되었다. 연금은 20년 이상 가입하여 60세 이상이 되어야 혜택을 받는 것이 기본이며, 종류는 노령 연금, 장해 연금, 유족 연금, 반환 일시금 등 네 가지가 있다. 연금액은 하후 상박 구조로 되어 있어 소득이 많은 사람의 연금액 백분율이 소득이 적은 사람보다 낮으며, 평균액은 20년 가입 기준 최종 보수의 약 40퍼센트 수준이다.

국민 총생산 GNP / 국내 총생산 GDP ▪ ▪ ▪

GNP는 일정 기간 동안 한 나라의 국민이 국내외에서 새롭게 생산한 재화와 용역의 부가 가치 또는 최종재의 값을 화폐 단위로 합산한 것이다. 1934년 경제학자인 쿠즈네츠에 의하여 처음 제시된 이후 전 세계에서 국민 소득 수준을 나타내는 대표적인 경제 지표로 사용되고 있다. 이에 비하여 GDP는 일정 기간 동안 한 나라 안에서 생산되어 최종적으로 사용되는 모든 생산물(재화와 용역)의 가치를 합하여 화폐 단위로 나타낸 것이다. GNP가 사람, 즉 국민을 기준으로 한 통계라면, GDP는 나라, 즉 영토와 국경을 기준으로 경제 활동을 파악한 것이다. 이에 따라 외국인이나 외국 기업이 한국에서 생산한 것은 GDP에 포함되지만 GNP에는 포함되지 않는다. 반대로 한국인(기업)이 외국에서 생산 활동을 하면 한국의 GNP에는 포함되지만 GDP에는 포함되지 않는다. 최근 국민 총생산보다 국내 총생산을 중심 지표로 이용하는 나라들이 늘어나고 있다. 이는 세계화 현상과 더불어 국가간의 교류가 활발해짐에 따라 인적 자원과 자본의 국제 이동이 활발하여, 경제 주체의 국적보다는 한 나라 안에서 생산해 낸 총 산출물이 경제 활동을 더 정확하게 반영하기 때문이다. 이에 따라 세계 은행(IBRD)이나 경제 협력 개발 기구(OECD)의 통계 조사도 GDP를 채용하고 있으며, 우리 나라의 한국 은행도 그동안 GNP로 발표해 오던 것을 1994년부터 GDP로 기준을 바꾸어 통계를 내고 있다. 한 나라 국민들의 생활 수준을 나타낸 지표로 일반적으로 GNP와 GDP가 사용된다. 이 때문에 GNP나 GDP가 높을수록 생활 수준이 높은 국가라고 생각하는 경향이 있다. 하지만 이러한 국민 소득의 개념은 국민의 후생 수준을 정확하게 나타내지는 못한다. 그 이유는, 첫째 GDP이 행복한 삶을 구현하는 데 필요한 모든 요소를 포함하고 있지는 못하기 때문이다. 예컨대 여가는 행복을 위하여 중요하기 때문이다. 둘째로, GDP에는 환경 문제 같은 외부 효과를 반영하지 못한다. 사실 자본주의 발달 과정에서 보면 경제 성장이 클수록 쾌적한 환경을 해치는 경우가 더 많았다. 따라서 GDP의 증가가 오히려 국민의 후생 수준을 낮출 수도 있다는 점을 간과하고 있다. 이 밖에 GDP 속에는 주부의 가사 노동 같은 시장 밖의 경제 행위에 대해서는 정확하게 반영하지 못하고 있다.

국정 감사 國政監査 ■

국정 감사권은 국회가 국정 전반에 관하여 감사할 수 있는 권한으로, 소관 상임 위원회별로 매년 정기 국회 다음날부터 20일간 시행한다. 국가 기관과 각 시 도, 정부 투자 기관 등이 그 대상 기관이다.

국정 조사 國政調査 ■

국정 조사는 국회가 특정한 국정 사안에 관한 조사를 할 수 있는 권한으로, 국회 의원 3분의 1 이상의 요구가 있으면 국회는 조사 사안에 대한 특별 위원회를 구성하거나 해당 상임 위원회에서 조사 위원회를 구성하며, 조사 위원회 의결로 국회 폐회중에도 활동할 수 있다.

국제 노동 기구 ILO ■

전 세계적으로 노동 문제를 다루는 국제 연합(UN)의 전문 기구로 스위스 제네바에 본부가 있다. ILO(International Labour Organization)는 각국의 노동 입법 수준을 발전, 향상시켜 노동 조건과 생활 수준을 보장하고 개선하는 역할을 하며, 사회 정책과 행정, 인력 자원 훈련 및 활용에 대한 기술 지원을 하거나 협동 조직과 농촌 공장 설립을 촉진한다. 또한 노동 통계 자료를 모으고 국제 경쟁, 실업과 불완전 고용, 노사 관계, 경제 발전, 자동화를 비롯한 기술 변화 문제에 관한 연구를 진행한다. 국제적인 계절 노동자를 보호하고, 노조의 권리와 인권을 보장하는 한편 사회 경제 정책 결정에서 노동자를 고려하도록 하는 사업도 벌이고 있다. 이 밖에도 전 세계 정부, 노동자, 사용자 대표들 및 ILO 자체 요원들이 끊임없이 의견 교환을 하도록 촉구하는 활동을 하고 있다. 총회는 각 회원국으로부터 대표 4명(정부 2, 노동자 1, 사용자 1)이 출석하는 특이한 3자 구성을 취하고 있으며, 연 1회 개최한다. 1919년 창설되었으며, 우리 나라는 1991년 12월 9일 가입하였다.

국제 사면 위원회 AI ■

언론과 종교의 자유에 대한 탄압과 각국의 반체제 인사들에 대한 투옥 및 고문 행위 등을 세계 여론에 고발하고, 정치범의 석방과 그 가족들의 구제를 위하여 노력하는 국제 기구이다. 국제 사면 위원회(Amnesty International)는 헝가리·남아프리카 공화국·에스파냐 등에서 정치범들의 변호를 맡았고, 인권 신장을 위한 국제 기관 창설에 힘쓴 피터 베넨슨 변호사의 노력으로 1961년에 런던에서 설립되었다. 해당 국가의 사회 체제와 관계없이 정부에 서신을 보내는 등의 방법으로 운동을 계속하여 지금까지 약 2만 여 명의 정치범을 석방시켰다. 이러한 공로가 인정되어 1977년에 노벨 평화상, 1978년에 유엔 인권상을 수상하였다.

국제 통화 기금 IMF ■■

국제 수지 적자 누적으로 인한 외화 부족이나 신용 추락으로 외화를 차입할 수 없는 국가에 대하여 단기 자금을 제공하여 세계 경제를 안정시키고, 나아가 국제 무역을 증진시키기 위하여 설립된 국제 경제 기구이다. 회원국들이 출자를 통하여 운영하는 상호 부조 기금이다. 1944년 7월, 미국 뉴햄프셔 주의 브레튼우즈에서 열린 연합국(44개국) 통화 금융 회의에서 탄생한 국제 금융 기구로, 세계 은행(IBRD)과 함께 브레턴우즈 기구라고 칭하기도 한다. 이러한 국제 통화 기금(International Monetary Fund)의 역할에 대하여 주채권 국가인 선진국들이 채무국의 채무 불이행을 막아서 채권국의 피해를 줄이는 기능을 하고 있다는 비판을 받기도 하며, 특히 구제 금융을 받는 나라들에 대하여 초긴축 재정을 비롯한 경제에 대한 지나친 간섭을 하고 있어 이에 대한 비판도 커지고 있다. 우리 나라도 1997년 말에 단기적인 외환 위기를 타개하기 위하여 IMF로부터 긴급 자금을 빌려 오는 구제 금융을 받았고, 그 대가로 IMF가 요구하는 우리 나라의 경제 구조와 제도의 조정을 받아

들였으며, 그 약속을 실행하기 위하여 여러 가지 조치를 취할 수밖
에 없었다.

권리 의식 權利意識 ■

헌법이 보장하는 자신의 권리를 공권력 등으로부터 침해당하지 않
고 향유하려는 자세를 말한다. 국가 권력에 대항하여 시민들이 자
신의 권리를 보장받기 위해서는 제도의 마련도 중요하지만, 자신의
권리를 지키겠다는 굳은 의지, 즉 권리 의식이 투철하여야 한다.

권리 장전 權利章典 ■■■

1689년 12월에 영국에서 제정된 법률이다. 헌법에 따라 정치를 하
려는 의지를 표명한 최초의 의회 제정법으로, 영국 헌정사에서 중
요한 의미를 갖는다. 이 권리 장전이 채택되면서 영국에서는 입헌
군주제가 실시되었다. 또한 미국의 독립 선언, 버지니아 권리 장전
등에도 영향을 주었고, 이들을 통하여 프랑스 인권 선언에도 영향
을 끼쳤다. 권리 장전의 내용은 다음과 같다. ① 의회의 승인 없이
법을 제정하거나 법의 효력을 정지시킬 수 없다. ② 의회의 승인 없
이 과세할 수 없다. ③ 의회의 승인 없이 상비군을 유지할 수 없다.
④ 의회의 선거는 자유로워야 한다. ⑤ 의회 내에서의 토론은 자유
로워야 한다. ⑥ 의회는 자주 소집되어야 한다. ⑦ 법은 공정하고
적절하게 운영되어야 한다.

귀속 지위 歸屬地位 ■

태어나면서부터 자연적으로 가지게 된 지위로 양반·장남 등이 이
에 속한다. 이에 반해 성취 지위는 개인의 노력에 의하여 획득한 지
위를 말한다(→ 성취 지위).

규모의 경제 ■

생산 설비를 확대하여 생산량을 증가시키면 어느 한도까지는 재화를 하지만 생산하는 데 평균적으로 들어가는 비용이 감소하게 되는데, 이를 규모의 경제라고 한다. 다시 말해 생산량의 증가에 따라 단위당 생산비가 감소하는 현상을 일컫는다. 규모의 경제가 나타나는 이유는 대규모 설비의 경제성, 대량 구입에 따른 운임이나 원료비의 감축, 분업에 의한 생산 요소의 전문화 등을 들 수 있다. 그러나 어느 선을 넘어서 설비 규모를 확대해 가면 평균 비용이 오히려 증가하는데, 이를 규모의 비경제라고 한다.

그레샴의 법칙 ■

영국의 경제학자인 그레샴이 "악화(惡貨)는 양화(良貨)를 구축한다"라고 주장하면서 생겨난 말이다. 그레샴의 법칙은 귀금속으로서 실질적인 가치가 서로 상이한 두 가지 이상의 화폐(금화와 은화)가 같은 명목 가치로서 유통되는 경우 귀금속으로서의 가치가 큰 금화, 즉 양화는 녹여 지금(地金)으로 하거나 해외로 유출되어 시장에서 자취를 감추는 반면에 귀금속으로서의 가치가 낮은 은화, 즉 악화만이 유통하게 된다는 법칙이다. 오늘날처럼 신용 화폐가 주류를 이룬 시대에 있어서는 이 법칙은 경제 현실에서는 나타나지 않지만 다른 사회 현상을 설명하는 데 많이 사용된다. 예컨대 정보화 사회에서 엄청나게 많은, 그러나 질이 떨어지는 정보들이 사이버 공간에 나타나 실제로 양질의 정보가 구축되는 경우에도 이 말이 통용된다.

그린 라운드 GR ■

지구를 파괴해 가는 심각한 환경 문제를 교역과 결부시킨 새로운 다자간 국제 무역 질서를 말한다. 이 협상에 의하면 환경 보호 문제를 다자간 협상에 올려 국제적으로 합의된 환경 기준을 만든 다음 이 기준에 미달하는 국가나 기업이 상품에 대하여는 관세 부과 등의 각종 제재 조치를 가하고 국제 환경 협약을 이행하지 않았을 경우에도 무역 제재를 가할 것 등을 규정하자는 것이다. 따라서 그린 라운드(Green Round)는 기존의 무역 질서를 재편성할 것으로 보인다. 최근 지구 환경 위기를 막는 것을 내용으로 하는 국제 협약들이 많이 등장하는데, 그 내용 속에는 국제 경쟁력이나 비교 우위를 잃어 가는 자국의 산업을 보호하려는 선진국의 의도가 담긴 경우가 많다. 이는 선진국들이 환경을 이유로 외국 상품에 대한 수입 규제 조치를 강화함으로써 일종의 보호 무역을 통한 국내 산업을 보호하려는 정책이다. 즉, 선진국들이 세계화, 개방화라는 명분 아래 세계 모든 국가의 상품 시장과 서비스 시장을 개방시킨 다음 환경을 이유로 자국의 이익을 보호하려고 한다는 것이다. 후진국의 입장에서는 환경 기준 미달을 이유로 선진국에 상품을 수출할 때 높은 관세나 수입 규제 등의 불리를 감수하여야 하므로 결국 그린 라운드는 선진국의 이해가 강하게 반영된 국제 협상이라고 볼 수 있다. 이 라운드가 본격적으로 시작된다면 환경 문제가 새로운 무역 장벽으로 부각될 것이다. 결국 국제적인 환경 기준을 준수할 수 있을 정도의 기술 개발이 이루어지지 않으면 수출 경쟁력이 큰 타격을 입게 될 것이며, 특히 우리 나라를 비롯한 신흥 공업 국가의 타격은 더욱 클 것이다.

그린벨트 green belt ■

도시의 무질서한 확산을 막고, 환경을 보전하여 도시민의 건강에 필요한 녹지(綠地)를 제공하기 위하여 녹지 지대로 설정한 지역으로, 개발 제한 구역이라고도 한다. 그린벨트 내에서는 건축 및 토지 관리 등에 제한이 따른다. 즉, 건축물의 신축이나 증축·용도 변경·토지의 형질 변경·토지 분할 등을 임의로 할 수 없게 된다. 최근에 재산권 침해와 관련된 민원이 많아 점차 해소하고 있다.

그린피스 Green Peace ■

국제적인 자연 보호 단체로, 남태평양 폴리네시아에서의 프랑스의 핵실험에 항의하기 위한 선박을 출항시킨 운동을 계기로 1970년 조직되었다. 본부는 네덜란드의 암스테르담에 있으며, 유럽 각국 외에 미국·캐나다·오스트레일리아·뉴질랜드 등이 중심이 되고 있다. 멸종 위기에 처한 야생 동물의 보호와 핵무기와 원자력 발전의 반대, 핵폐기물 처리 관계 등에 걸쳐 폭넓은 활동을 벌이고 있다.

글로벌 스탠더드 global standard ■

정보 통신의 발달은 기존의 시간과 공간 개념을 축약시키고 있으며, 이에 따라 세계는 하나의 생활권 안에 놓이게 되었고, 개인이나 기업은 국제적인 경쟁력을 갖출 것이 강조되고 있다. 따라서 세계적인 생활 기준을 몸에 익히는 것도 필요 충분 조건의 하나가 되었다. 이처럼 국가와 기업의 시스템이 세계적으로 통일된 기준에 부합하여야 하는 상황이 나타나게 되었는데, 이를 글로벌 스탠더드라고 한다. 개인이나 기업은 물론 국가의 법이나 제도도 세계적인 기준과 통일성을 기해야 하고, 문화적으로도 세계적인 보편성이 강조되는 것이 글로벌 스탠더드 사회의 모습이다. 이러한 사회에서 무작정 국제적인 요구나 조건에 따라가기보다는 국제 경쟁력을 갖추어 우리의 것이 세계적 기준이 되도록 노력하여야 한다.

금고 禁錮 ▪

자유형의 하나로 교도소에 감금만 하고 노역(勞役)은 과하지 않는 형벌을 말한다. 수형자의 신체적인 자유를 박탈하는 형벌인 자유형(自由刑)에는 징역, 금고, 구류가 있다. 징역은 일정한 정역(定役)에 복무하게 하지만, 금고형은 일정한 작업을 시키지 않는 형벌이다. 금고형은 노동을 천시하던 구시대에 과실범 등 파렴치범이 아닌 범죄자들에게 다소 우대한다는 의미에서 징역형과 차이를 두었던 것인데, 작업을 부과하는 것은 죄에 대한 응보로써 고통을 주는 것이 아니고 그를 교육 개선하여 사회에 복귀시키기 위한 것이므로 금고형을 선고받아 확정되었다고 할지라도 수형자의 신청에 의하여 작업을 과(課)할 수 있다(형법 제41, 42, 68조. 행형법 제38조).

금융 감독 위원회 金融監督委員會 ▪

1997년 6월 16일, 정부가 발표한 '중앙 은행 제도 및 금융 감독 체계 개편안'에 따라 재정 경제원과 한국 은행이 나누어 맡고 있던 금융 통화 정책과 금융 감독 업무를 금융 감독 위원회, 재경원(현 재경부), 중앙 은행이 3각 체제로 수행하기로 하였는데, 그 중 가장 핵심 역할을 맡은 기구이다. 정부 조직은 아니지만 특별법에 의하여 행정권을 부여받아 감독 관련 규정의 개정, 금융 기관의 검사 및 제재, 증권 및 선물 시장의 감시 기능 등 형식상 금융 기관 감독에 대한 가장 중요한 역할을 담당하며, 현행 은행, 증권, 보험 감독원을 통합하는 금융 감독원은 무자본 특수 법인 형태의 민간 기구로 설립되었지만 2000년 1월 1일자로 정부 기구로 전환되었다.

금융 소득 종합 과세 金融所得綜合課稅 ■

이자 배당 등 금융 거래에서 벌어들인 소득을 사업 소득 등과 합산
해서 총소득을 산정한 뒤 누진 세율에 따라 세금을 매기는 과세 방
식이다. 1993년 8월에 전격 실시된 금융 실명제에 의하여 도입되
었다. 금융 소득에 누진세가 적용됨에 따라 그동안 분리 과세하던
것보다 높은 세율이 적용되어 소득 재분배의 효과가 나타나게 될
것으로 기대된다. 현행 시행 법규에 의하면 부부 합산 연간 금융 소
득(이자+배당)이 4,000만 원을 초과할 경우 4,000만 원을 초과하
는 금융 소득을 근로 · 사업 · 부동산 임대 소득 등 다른 종합 소득
과 합산하여 10~40퍼센트(주민세 포함 11~44퍼센트)의 종합 소
득 세율로 과세하도록 되어 있다. 이 제도는 금융 실명제 실시에 따
른 후속 조치로 1996년부터 실시되었으나 시행 2년 만에 전면 유
보되었다가 2001년부터 다시 부활하여 시행하고 있다.

금융 실명제 金融實名制 ■

개인 또는 법인 등이 모든 금융 기관과의 거래에서 본인의 실명을
사용하도록 하는 제도로, 우리 나라에서는 1993년 8월 13일부터
'금융 실명제 실시에 관한 대통령 긴급 재정 경제 명령'으로 전격적
으로 실시되었다. 투명한 금융 거래를 꾀하여 건전한 국민 경제를
발전시키고, 경제 정의를 실현하고자 시행되었다. 이에 따라 금융
실명제가 실시되면서 음성적인 금융 거래에 따른 부정 부패와 탈세
를 막을 수 있게 되었으며, 부정 부패로 사용되던 기업의 비자금 등
이 사라짐에 따라 기업의 기술 개발 투자가 활성화될 수 있는 계기
를 마련하기도 하였다. 또한 금융 소득 종합 과세 제도가 함께 실시
됨으로써 공평 과세를 통한 소득 재분배 효과도 얻을 수 있다.

금융 정책 金融政策 ■

통화량 조절을 통하여 경제의 안정과 성장을 이루려는 정책으로, 주로 각국의 중앙 은행이 주체가 된다. 주요한 금융 정책 수단으로 는 금리(金利)를 조절하거나, 공개 시장 조작 및 지불 준비 예금 제 도의 활용 등이 있다. 인플레이션이 심화될 경우에 중앙 은행은 이 자율의 인상을 통하여 통화량을 줄이거나, 시장에 유가 증권을 매 각하여 통화량을 흡수하는 정책을 쓸 수 있으며, 시중 은행이 중앙 은행에 강제적으로 예입하는 지불 준비율을 인상하는 정책을 쓸 수 있다. 우리 나라의 경우 한국 은행의 금융 통화 운영 위원회에서 주 요한 금융 정책을 결정하고 한국 은행이 이를 시행한다.

기능론 機能論 ■

사회 문화 현상을 보는 관점에는 기능론과 갈등론적 관점이 있다. 기능론은 사회 구성 요소들이 상호 의존적 관계에서 사회 전체의 유지와 통합에 기여한다고 보면서 사회 문화 현상을 구성 요소간의 기능적 관계로 파악하는 관점이다. 이러한 기능론은 사회의 안정과 균형을 강조하지만, 기존 질서나 권력 관계의 유지에 이론적 기반 을 제공하고, 사회 변동을 소홀히 할 우려가 있다. 갈등론은 기본적 으로 사회의 구성 요소들은 서로 갈등 관계에 있으며, 이러한 갈등 이 사회 변동에 기여한다고 보는 관점이다. 이러한 갈등론은 사회 갈등의 역동성과 다양성 강조하지만, 협동과 조화를 경시하고 사회 의 존속과 통합을 소홀히 할 우려가 있다.

기본권 基本權 ■

헌법이 보장하는 국민의 기본적인 권리를 기본권이라고 한다. 우리 나라 헌법은 제10조에서부터 국민의 기본권을 보장하고 있는데, 내용에 따라 분류해 보면 아래 표와 같다.

| 기본권의 분류 |

구 분	내 용	특 징
기본권의 일반 규정	인간의 존엄과 가치, 행복 추구권	기본권의 이념 규정
평등권	법 앞의 평등, 기회의 균등	불합리한 차별을 받지 않을 권리
자유권	신체의 자유(가장 기본적인 자유권), 주거 및 사생활의 자유, 언론 · 출판 · 집회 · 결사의 자유 등	포괄적이며 소극적인 권리, 적법 절차의 원리 중요
사회권	인간다운 생활을 할 권리, 교육받을 권리, 환경권, 근로의 권리	적극적이고 현대적인 권리, 복지 국가에서 중요
청구권	국가에 대하여 일정한 청구를 할 수 있는 권리(청원권, 국가 배상 청구권 등)	기본권 보장을 위한 기본권, 열거적, 적극적 권리
참정권	정치에 참여할 권리(선거권, 공무 담임권, 국민 투표권)	능동적 권리

기본적 가치 / 보편적 가치 ■

기본적 가치는 인간의 존엄성 보장처럼 대부분의 사람들이 바람직하다고 생각하며 근본적인 것으로 보는 가치로서, 가치 충돌 시 선택의 1차적 기준이 된다. 보편적 가치는 여러 사람들이 지속적으로 바람직하다고 생각하는 가치이다. 생명 · 자유 · 정직 · 신뢰 · 평화가 육체적 쾌락 · 개인적 즐거움 · 금전적 욕구보다 보편적이다. 아울러 인간의 존엄성 · 자유 · 평화 등과 같이 대부분의 사람이 의견을 같이 하고 바람직하다고 생각하는 가치를 기본적이고 보편적인 가치라고 한다. 이러한 가치는 금전적 욕구 · 육체적 쾌락 · 개인의 즐거움 등과 같은 한시적인 가치보다 우선적으로 선택할 필요가 있다.

기술 라운드 TR ■

선진국들이 개발 도상국들의 기술 개발을 막기 위하여 다른 국가의 기술 사용 시 대가를 지불하게 하려는 다자간 협상이다. 후진 국가는 선진국과의 기술 격차를 따라잡기 위하여 기술 개발 정책을 강화한다. 이에 따라 선진국은 후진국 정부의 기술 개발 지원이 공정한 경쟁을 막기 때문에 이를 규제하려는 것이다. 이러한 기술 라운드(Technology Round) 협상이 진전을 보이면 우리 나라는 큰 타격을 받을 것으로 우려된다.

기업가 정신 企業家精神 ■

새로운 사업에서 야기될 수 있는 위험을 부담하고 어려운 환경을 헤쳐 나가면서 기업을 키우려는 뚜렷한 의지를 말한다. 미국의 경제학자인 슘페터가 강조한 것으로, 미래의 불확실성 속에서도 장래를 정확하게 예측하고 변화를 모색하는 것이 기업가의 주요 임무이며, 이를 기업가 정신이라고 하였다. 그는 기업 이윤의 원천을 기업가의 혁신, 즉 기업가 정신을 통한 기업 이윤 추구에 있다고 보았다. 따라서 기업가는 혁신 창조적 파괴, 새로운 결합, 남다른 발상, 남다른 눈을 지니고 있어야 하며, 새로운 생산 기술과 창조적 파괴를 통하여 혁신을 일으킬 줄 아는 사람이어야 한다고 주장하였다. 아울러 혁신의 요소로 새로운 시장의 개척, 새로운 생산 방식의 도입, 새로운 제품의 개발, 새로운 원료 공급원의 개발 내지 확보, 새로운 산업 조직의 창출을 등을 강조하였다. 최근 우리 나라 기업들 사이에 이루어지고 있는 후진국으로의 생산 시설의 이동, 새로운 신흥 수출 시장의 개척 등도 이러한 혁신에 속한다고 볼 수 있다. 이러한 기업가 정신은 기업의 정당한 이윤 추구와 사회적 책임의 완수라는 의의를 지니고 있다.

기업 결합 企業結合 ■

복수(複數)의 기업이 경쟁을 제한하거나 배제하여 시장의 지배를 강화함으로써 독점적 이익을 추구하거나 경영을 합리화함으로써 기업을 유지, 발전시키기 위하여 몇 개의 기업이 모여 더욱 큰 경제 단위로 결합하는 것을 말한다. 기업 결합은 시장 지배나 기업 내부의 합리화 등을 통하여 기업 이윤을 극대화하는 것을 목적으로 한다. 기업 결합의 유형으로는 기업 연합(카르텔), 기업 합동(트러스트), 기업 제휴(콘체른) 등이 있으며, 최근에는 기업 집중에 대한 규제가 강화됨에 따라 그 결합 형태도 다각화되어 기업 집단이라는 새로운 기업 집중 현상이 나타나고 있다.

기업 윤리 企業倫理 ■

기업의 경영자와 구성원들이 조직 내부에서 지켜야 할 행동의 기준이며, 혁신을 추구하는 기업가 정신을 바탕으로 정당한 방법을 통하여 기업을 올바르게 운영하는 기준을 말한다. 동시에 기업 윤리는 다른 경제 주체와 상호 의존하는 경제 사회의 한 구성원으로서 가져야 하는 기업의 도덕적 책임도 포함되는 것으로, 기업의 도덕성 · 경영 방식 및 경영 정책의 평가 기준이 된다.

기업의 사회적 책임 ■

기업이 성장, 발전하는 것은 기업 혼자만의 힘에 의한 것은 아니다. 기업의 성장 과정에서는 주주 · 경영자 · 종업원 · 소비자 · 지역 사회 등 많은 사람이나 사회 조직과 관계를 맺는다. 따라서 기업의 목적이 최대 이윤의 획득이라고 할지라도 기업이 지니는 사회적 영향력을 고려하여 독선적인 경영이나 일방적인 이익 추구를 해서는 안 되며, 사회에 대하여도 일정한 책임을 가져야 한다. 예컨대 유해 식품 또는 위험 상품의 거래 및 매점 매석 행위를 하는 것은 효율적인 자원 배분이나 생산의 효율성에 위배하는 행위이며, 허위·과대 광고나 독과점을 통한 부당 이윤의 추구 등은 기업이 사회적 책임을 망각한 행위이다. 보다 적극적인 기업의 사회적 책임으로는 사회 복지 사업 등을 통한 기업 이윤의 사회 환원도 해당된다고 할 수 있다.

기회 비용 機會費用 ■

어떤 생산물을 얻기 위하여 소요되는 생산 요소만큼 비례하여, 다른 생산물의 생산 기회를 포기하게 되는 것을 말한다. 이 경우 포기된 생산물을 생산하였을 때의 이익은 선택되어 생산된 생산물을 얻기 위해 쓰인 비용으로 여긴다. 이처럼 경제 활동에서 여러 가지 선택 가능한 것 중에서 하나를 선택할 때 포기하는 것의 가치를 기회 비용이라고 한다. 모든 경제 문제는 희소성의 원칙에서 발생하므로, 경제 활동은 곧 선택의 과정이 되고 따라서 필연적으로 기회 비용이 발생하게 된다.

기후 변화 협약 氣候變化協約 ■

이산화탄소·이산화질소 등의 온실 가스 배출 증가로 인한 지구 온난화 현상을 막기 위하여 1992년의 브라질 리우 회의(환경과 개발에 관한 유엔 회의)에서 채택된 국제 협약이다. 협약은 개발 도상국과 선진국 모두에게 공통적으로 적용되는 일반 의무 사항과 선진국에만 적용되는 특별 의무 사항 등을 담고 있다. 일반 의무 사항은 이 협약에 가입한 모든 국가가 온실 가스 배출과 흡수에 관한 보고서를 작성하여 선진국은 협약 발효 후 6개월 이내에, 개발 도상국은 3년 이내에 제출하여야 한다는 것이다. 기후 변화 협약은 각국의 비준을 거쳐 1994년 3월 정식으로 발효되었으며, 현재 가입 국가는

186개국에 달한다. 미국 · 영국 · 일본 등 OECD(경제 협력 개발 기구) 회원국을 포함한 38개국은 교토 당사국 총회에서 선언적 의미의 기후 변화 협약의 내용에서 한 걸음 더 나아가 오는 2012년까지 온실 가스 배출량을 1990년 기준 대비 평균 5.2퍼센트 감축하기로 하는 교토 의정서에 합의하였다.

긴축 재정 緊縮財政 ■

정부가 재정 지출보다 수입을 더 많이 하는 정책으로, 흑자 재정이라고도 한다. 일반적으로 민간 경제가 과열에 있어서 인플레이션이 우려되는 경우에 정부가 세금을 많이 거두고, 지출을 줄여 경기를 안정화시키려는 경우에 사용한다.

남북 문제 南北問題 ■

선진 공업 국가와 개발 도상국을 비롯한 후진 국가 간의 격차 문제를 남북 문제라고 한다. 이 말은 1959년, 영국의 로이드 은행 회장인 프랭크스가 처음 사용하였다. 일반적으로 개발 도상국들은 생산성이 낮은 1차 산업 중심의 산업 구조를 가지고 있어서 경제가 발전해 갈수록 선진국과의 격차는 더욱 심해지는 구조적 결함을 지니고 있다. 1964년, 스위스의 제네바에서 열린 제1회 유엔 무역 개발 회의(UNCTAD)에서 개발 도상국들의 결속을 강화하여 선진국에 대항하면서 남북 문제가 국제 문제로 비화되었다. 최근 세계적으로 나타나고 있는 반세계화 원인도 이러한 남북 문제에 기초하고 있다.

내집단 內集團 / 외집단 外集團 ■

구성원들이 가지는 소속감에 따른 구분이다. 한 개인이 그 집단에 소속한다는 느낌을 가지며, 구성원간에 우리라는 공동체 의식이 강

| 내집단과 외집단의 비교 |

내집단(우리 집단)	외집단(타인 집단)
• 강한 소속감을 가짐. • 우리라는 공동체 의식이 강함. • 자신을 인정, 자아 정체감 획득, 판단과 행동의 기준을 습득	• 내가 소속한 집단이 아님. • 이질감과 적대감을 가짐. • 집단의 성격 비교가 가능하고, 내집단 결속의 필요성 인식, 판단과 행동의 다양성을 인지함.

한 집단을 내집단 또는 우리 집단이라고 한다 반면에 이질감이나 적대 의식을 가지는 집단을 외집단 또는 타인 집단이라고 한다.

냉전 冷戰 ■ ■

1940년대 이후 미국을 중심으로 하는 자유 민주주의를 지향하는 국가들과 소련을 중심으로 하는 사회주의 국가들 간의 이념과 체제의 대립으로 긴장감이 조성된 상태를 이르는 말이다. 미국의 기자이자 정치평론가인 리프먼의 저서 〈냉전(The Cold War)〉(1974)에서 비롯된 말이다. 이후 대통령의 고문인 버나드 바루크가 1947년 의회에서 처음 이 용어를 사용하였다. 흔히 실제 전쟁을 의미하는 말로 열전(熱戰)이 쓰이는 데 반해 냉전은 실제 전쟁의 상태가 아닌 긴장 관계를 의미한다. 1980년대 후반에 소련이 붕괴하고 독일의 통일을 인정되면서 동 · 서 냉전 체제는 사실상 막을 내렸다.

네티즌 netizen ■

네트워크 시민(network citizens)이라는 의미로, 네트워크로 이루어진 가상 사회의 구성원을 말한다. 통신망상에서 유통되는 정치 · 경제 · 문화 · 비즈니스 · 생활 등 다양한 정보를 컴퓨터를 통하여 자유 자재로 이용하고 가상 세계를 만들어 두고 그곳에 접속하려는 사람들로, '전자 통신망 안의 주민'이라고 한다. 전자 통신망 세계의 특징은 현실 세계보다 주민(netizen)이 더 큰 정보를 생산하거나 발신 능력을 가지고 있으며, 공간적, 시간적인 제한이 거의 없다. 이에 따라 산업 사회에서 시민 혁명을 주도한 시티즌에 비하여 네티즌들은 정보화 사회의 혁명을 이끌 새로운 계층으로 떠오르고 있다.

노동 3권 勞動三權 ∎

근로자의 인간다운 생활을 보장하기 위하여 헌법이 보장하고 있는 세 가지 중요한 권리로, 노동 조합을 결성할 수 있는 단결권, 근로자 단체가 사용자와 교섭을 할 수 있는 권리인 단체 교섭권, 근로자의 의사가 관철되지 않을 경우에 쟁의 행위를 할 수 있는 권리인 단체 행동권이 있다. 우리 나라 헌법 제29조에는 "근로자는 근로 조건의 향상을 위하여 자주적인 단결권, 단체 교섭권 및 단체 행동권을 가진다"라고 규정하고 있다.

노사정 위원회 勞使政委員會 ∎

위원장, 간사 위원 각 1인과 근로자, 사용자, 정부를 대표하는 15인 이내의 위원으로 구성된 협의체로서, 대통령 자문 기구로서의 위상을 가진다. IMF 사태 이후 경제 위기 극복을 위한 국민적 합의를 이끌어 내기 위하여 노동 단체, 사용자 단체, 정치권과 정부가 위원회 구성에 전격 합의함에 따라 1998년 1월 15일에 제1기 노사정 위원회가 정식으로 발족되었다. 노사정 위원회는 매월 정기 회의를 갖고 수시로 임시 회의를 개최하여 고용 안정ㆍ노사 협력ㆍ경제 위기 극복 등 현안 문제 해결 방안을 심의, 의결한다. 또한 위원회는 노ㆍ사ㆍ정의 동등한 참여와 협력, 국난 극복을 위한 개혁 과제 논의, 경제 회생과 고용 안정의 병행 추진, 노ㆍ사ㆍ정 고통 분담의 기본틀 마련, 독립적이고 중립적인 운영을 통한 국민 화합의 장으로의 발전 등 다섯 개 항목을 목표로 한다.

노인 문제 老人問題 ∎

사회 변화에 따라 발생하는 사회 문제 중에서, 특히 노인과 관련하여 생기는 다양한 문제들을 말한다. 산업화와 더불어 평균 연령은 증가하여 노인의 수는 증가하고 있다. 하지만 이에 반하여 핵가족화 현상이 심화되고, 산업 구조의 변화에 따른 노인의 사회적, 경제적 지위가 저하되며, 대가족 제도의 붕괴로 인한 노인의 권위가 상실됨에 따라 노인 문제가 커다란 사회 문제로 등장하고 있다. 이러한 노인 문제에 대한 대책으로는 우선 신체적, 경제적, 정서적으로 노인 스스로 노후를 대비하여야 하며, 새로운 경로 효친 사상의 고취, 공동체 의식의 함양, 복지 시설의 확충, 자원 봉사의 활성화, 사회 보장 제도의 확대 등이 있어야 한다.

뇌사 腦死 ■

뇌 기능이 멈추어 정상적인 원래 기능을 완전히 잃게 되는 상태를 뜻한다. 구체적으로는 대뇌를 비롯한 대부분의 뇌 기능이 상실되었으나 인공 호흡 장치에 의하여 심장이 아직 뛰고 있는 상태이다. 인간의 죽음이 어떤 상태를 의미하는가에 대하여는 여러 견해가 있으나, 일반적으로 심장과 폐 기능이 영원히 멈춘 것으로 정의되는데, 최근에는 뇌사를 사망으로 인정하려는 견해가 강하게 대두되고 있다. 오늘날 발달한 의학 덕분에 폐와 심장이 제 기능을 하지 못해도 인공 호흡기와 같은 기계나 약물로 심장이 뛰고 숨을 쉬는 뇌사 상태를 유지할 수 있다. 이에 대하여 뇌사는 1개월 정도 지나면 인공 상태조차 유지할 수 없는 것이 일반적이다. 따라서 죽는 과정을 늘일 뿐 결국 사망할 것이므로 뇌사도 개체의 죽음에 포함하여 진단하자는 주장이 제기되었다. 뇌사 인정을 주장하는 사람들은 불필요한 의료로 가족이나 사회에 경제적인 부담과 정신적인 고통을 줄이자며, 기능이 가능한 장기를 다른 환자에게 이식하여 다른 생명을 구하자고 주장한다. 하지만 이에 대하여 사회 통념상 위배되고 도의적, 종교적으로 인정할 수 없으며, 극히 드물게 회복된 예도 있으므로 정확하게 판정하기는 불가능하다는 등의 이유로 신중론을 제기하는 사람들도 있다. 최근에는 국제적으로 뇌사를 많이 인정하는 방향으로 나가고 있다.

누진 세제 累進稅制 ■

소득 금액이 커질수록 높은 세율을 적용하도록 정한 세금 제도이다. 소득뿐만 아니라 과세의 대상이 되는 것의 양이 증가함에 따라 점차 높은 세율이 적용되는 조세를 말한다. 누진세의 목적은 소득의 불평등을 해소하여 분배의 형평성을 이루려는 것이다. 하지만 너무 높은 누진세는 근로 의욕을 상실하게 할 우려도 있다.

뉴딜 정책 New Deal政策 ■

미국 대통령인 루즈벨트가 경제 대공황을 극복하기 위하여 1933년부터 실시한 경제ㆍ사회 정책을 총칭해서 뉴딜 정책이라고 한다. 이 정책은 국가가 시장 경제에 적극 개입하여 자유주의 경제 활동을 조정하였다는 점에서 큰 의의가 있다. 1933년, 루즈벨트 정부는 금본위제를 폐지하고, 정부의 신용으로 화폐를 발행한 다음 이를 바탕으로 금융 개혁을 이룩하고, 농산물의 생산 제한을 통하여 가격 하락을 방지하며, 생산 제한과 가격 협정을 통하여 기업의 적정 이윤을 확보하였다. 한편, 노동 3권의 제도화를 바탕으로 노동자들의 고용과 임금을 보장하였다. 이와 함께 테네시 강 유역을 개발하는 정부 주도의 대규모 공공 사업을 전개하였다. 이처럼 루즈벨트 정부는 뉴딜 정책을 실시하여 과잉 생산을 방지하고, 노동자와 농민의 소득을 향상시킴으로써 유효 수요를 창출하였다. 이 과정에서 노동자들의 권리가 신장되고, 사회 보장 제도가 확충되었으며, 정부가 중요한 경제 주체로 등장하기 시작하였다. 뉴딜 정책은 원래 카드 놀이의 말로 '트럼프 카드를 다시 돌린다' 는 뜻이며, 이는 '새로 출발한다', '새로운 정책' 의 뜻으로도 사용된다.

뉴 라운드 New Round ■

1993년에 타결된 우루과이 라운드에 이어 21세기 교역 질서를 규정할 새로운 다자간 무역 협상을 일컫는 말로, 1996년 호주가 전반적인 공산품 관세 인하 협상을 제안하면서 시작되었다. 우루과이 라운드에서 해결하지 못한 농산물 · 서비스 분야뿐 아니라 무역과 관련된 경제 정책 · 외국인 투자 · 환경 · 정부 조달의 투명성 · 전자 상거래 등에 관한 것으로, 국내 문제와 직결되는 새로운 무역 규범으로 등장할 전망이다.

님비 현상 ■ ■ ■

님비(NIMBY)란 최근 사회적으로 문제가 되고 있는 화장터나 쓰레기 소각장 등의 '혐오 시설이 필요하기는 하지만 자기 지역에는 설치할 수 없다' 는 지역 이기주의 현상을 이르는 말로, 'Not In My Backyard' 의 약자이다. 개인주의가 보편화되고 경제적 이익에 대한 관심이 증대하면서 자기 지역에 혐오 시설이 들어서면 부동산 가격이 하락하고 생활 환경이 악화된다는 이유로 장례식장 · 장애우 시설 등의 사회 복지 시설에서 핵폐기물 처리장에 이르기까지 많은 사회적 갈등의 원인이 되고 있다. 이와 유사한 것으로 핌피(Please In My Frontyard) 현상이 있는데, 이는 이익이 되는 시설을 자기 지역에 적극 유치하려는 현상으로 지역 이기주의의 또 다른 면을 나타낸다.

다국적 기업 多國籍企業 ■

세계 기업이라고도 하며, 일반적으로 여러 국가에 걸쳐 영업 내지 제조 거점을 두고 세계적인 범위와 규모로 영업을 하는 기업을 말한다. 다국적 기업은 국내 활동과 해외 활동의 구별이 없으며, 이익 획득을 위한 장소와 기회만 있으면 어디로든 진출할 수 있다. 한 기업이 다국적 기업화하는 것은 해외 시장 확대, 외국의 값싼 노동력 활용, 무역 마찰을 피하려는 이유 때문이다. 세계 기업의 각 거점은 모두 독립적인 이익 관리 단위로서의 성격을 가지며, 이익은 각 거점의 경영 충실화를 위하여 재투자된다.

다수결의 원칙 ■■

다수결의 원칙은 민주 사회의 의사 결정 방식으로, 의사 결정의 가장 이상적 방법은 전원 일치이지만, 이것이 현실적으로 불가능하여 다수결의 원칙을 적용한다. 다수결의 원칙은 소수의 판단보다는 다수의 판단이 더 합리적일 것이라는 가정에서 출발하므로, 다수결이 항상 옳은 것은 아니다. 다수결을 수량적 측면으로만 생각하면 올바른 소수 의견이 배척 당하는 경우가 생겨 중우 정치(衆愚政治)나 다수의 횡포로 전락할 우려가 있으므로 많은 사람이 승복할 수 있는 합리적 절차가 필요하다. 즉 소수 의견을 존중하고 소수와 동등한 입장에서 대화와 타협의 과정을 거치는 것이 바람직하다. 효과적인 다수결의 원칙이 이루어지기 위해서는 몇 가지 전제 조건이 필요하다. 첫째, 과학적인 인식이나 이데올로기(이념, 신념 체계)의 대립에 대해서는 적용될 수 없다. 왜냐하면 과학적인 지식이나 신념은 다수결에 의하여 통일될 수 없기 때문이다. 둘째, 성원의 평등성을 전제로 한다. 모든 개인은 동등한 인격과 가치를 지니고 있다. 따라서 모든 개인의 의견도 동등한 권리를 가진다. 셋째, 성원의 자율성이 요구된다. 구성원들이 자유 의사에 따라 토론을 하고, 그 결정에 참여하여야 한다. 강요나 협박, 공포 분위기 속에서의 다수결이란 의미가 없다. 넷째, 각 의견의 상대성을 전제로 한다. 어떤 가치에 대한 어느 한 개인의 판단이 절대적으로 옳을 수는 없다. 즉, 가치 판단은 사람에 따라 다를 수 있다. 따라서 다수결은 모든 사람들의 의견을 존중하여야 한다는 상대주의에 입각하고 있다.

다원주의 多元主義 ■■■

사회를 구성하고 있는 개인이나 각 분야의 독자적인 가치를 인정하고 각각의 독립성과 자율성을 보장하는 것을 다원주의라고 하며, 민주 사회는 다원주의에 기초한 사회이다. 급속한 산업화와 사회 조직의 다양화, 많은 직업의 발생으로 부문들간의 경쟁을 가져와 사회 갈등이 일어나자 이를 합리적으로 해결하기 위하여 획일주의를 배격하고 각 분야의 자율성을 인정하는 다원주의적 사고가 생겨나게 되었다.

다자간 무역 협상 多者間貿易協定 ■

GATT의 무역 협상 방법을 일컬어 다자간 무역 협상이라고 한다. 시간이 많이 걸리더라도 회원국들 다수가 동의하여 일괄되게 협상을 추진할 수 있을 때까지 계속하여 협상하는 방식이다. 그동안 케네디 라운드, 도쿄 라운드를 비롯한 여러 차례의 다자간 협상을 통하여 자유 무역을 위한 진전을 이루었다. 그 중에서 우루과이 라운드는 최종적이며 가장 광범위한 것이다. 이러한 다자간 협상은 수많은 쟁점을 극복하고 참가국들에게 이익을 모색하고 보장하게 해주며, 개발 도상국과 약소국들은 주요 무역 국가와의 양자 관계에서의 위압당하는 상황에서 벗어나 다자간 무역 체제에서 영향력을 미침으로써 유리한 기회를 가질 수도 있다. 우루과이 라운드 이후 GATT를 대신하여 새로 들어선 WTO도 의사 결정에 있어 부득이한 경우를 제외하고는 투표가 아닌 의견 일치 방식을 택하고 있다. WTO는 이를 통하여 회원국들의 이해가 반영되도록 보장하고 있다. 물론 의견 일치가 불가능할 경우 WTO 협상은 투표에 의한 의사 결정을 허용하고 있는데, 이 경우 투표권자의 다수에 의하여 결정되며, 1국가 1표 원칙이 적용된다.

담합 談合 ■

소수의 기업들이 이윤을 증대시키기 위하여 명시적 또는 묵시적인 합의에 의하여 경쟁을 제한하고, 가격이나 생산량을 조절하는 행위를 이르는 말이다. 정유 회사들이 국제 원유가의 하락에도 불구하고 휘발유의 소비자가를 계속 유지하고 있는 것, 학생복 회사들이 서로 짜고 학생복 값을 비싸게 형성시킨 것 등이 이에 해당한다. 담합이 이루어지면 소비자들이 일방적으로 손해를 보게 되므로 정부는 공정 거래법을 통하여 이를 규제하고 공정 거래 위원회가 구체적인 담합 행위를 조사하여 시정 명령을 내리거나 과징금을 부과하고 심하면 형사 고발을 하기도 한다.

대공황 大恐慌 ■

1929년 10월 24일, 뉴욕 월 가(街)의 뉴욕 주식 거래소에서 주가가 대폭락하면서 시작된 경제 공황을 이르는 말로, 그 영향은 미국

뿐 아니라 유럽을 비롯한 전 자본주의 국가에까지 미쳤다. 경제 이론적으로 보면 공황은 자본주의 경제의 경기 변동의 한 단계로, 갑자기 경기가 악화되어 발생하는 극도의 경제 혼란 상태로, 생산한 상품이 팔리지 않고 재고가 쌓여 물가가 떨어지고 지급 불능이 되어 부도나는 회사가 속출하고 그 여파로 금융 기관도 문을 닫게 되는 현상이다. 대공황 당시 미국에서도 기업 도산이 속출하여 1933년에는 전 근로자의 약 30퍼센트에 해당하는 1,500만 명 이상의 실업자가 발생하였다. 공황의 발생으로 아담 스미스의 자유 방임주의적 경제관은 종말을 고하고, 케인즈 경제학이 도입되어 제2차 세계 대전 이후 경제 이론에 있어 새로운 틀이 형성되었으며, 정치적으로는 이탈리아와 독일을 비롯한 전체주의 국가들의 등장 배경을 제공하였다.

대의 정치 代議政治 ■

대표를 뽑아 정치를 대신하는 간접 민주 정치를 이르는 말로, 오늘날 대부분의 국가가 대의 정치를 하고 있다. 다만, 대표에 의한 국민의 의사 전달이 제대로 이루어지지 못한다는 비난을 받고 있다.

대중 大衆 / 대중 사회 大衆社會 ■

군집을 이루어 살고, 개인간의 유대가 단절되어 있으며, 동질화 · 평준화된 행동 경향을 보이는 집단 구성원을 총칭한다. 즉 지위나 계층을 초월하여 현대 사회를 구성하는 불특정 다수의 사람들이다. 어떠한 조직된 집단이나 계급으로 통합되어 있지 않은 많은 수의 사람들을 의미하는 대중은 수는 많지만 미분화되어 있고 조직화되지 않은 집합체이며, 동일한 외부의 자극에 대하여 동일한 방법으로 반응을 보인다. 대중은 엘리트와 대비되는 개념으로 사용되며, 대중 서로간에 상호 작용이 없고 물리적인 근접성이 결여되어 있기 때문에 군중과도 구별되는 개념이다. 그러나 대중은 조직화되어 있지 않고 또한 사람들간의 인간적인 의사 소통 대신에 대중 매체에 의한 의사 소통에 의존하기 때문에 상호 고립되어 있으며 몰개성적이고 평균적인 특성을 지니게 된다. 이러한 대중이 중심 역할을 하는 현대 사회를 대중 사회라고 한다. 대중 사회는 익명과 무조직성을 특징으로 하는 대중이 주류를 이루고 있는 사회이다. 대중 사회는 또한 정치적으로 민주주의를 추구하고, 경제적으로 대량 생산 능력을 갖추고 있으며, 문화적으로는 대중을 문화의 주체로 여기는 사회이다. 그러나 대중들이 원자화되고 고립되어 비합리적이고 격정적인 행동을 하게 되면 대중 사회의 가치 기준은 유행에 따라 움직이는 획일적인 것이 되기 쉽고, 자기 중심적인 동시에 자기 소외적인 것이 되기 쉽다. 따라서 대중 사회에서는 평균적인 인간만이 존재하게 되어 독창적인 개성이 상실되고 만다.

대중 매체 大衆媒體 ■

불특정 다수에게 일방적으로 많은 사회 정보와 사상(事象)을 전달하는 신문 · 텔레비전 · 라디오 · 영화 · 잡지 등이 대표적이다. 대중 매체는 크게 인쇄 매체와 전자 매체로 나눌 수 있다. 인쇄 매체로는 서적 · 잡지 · 신문이 있고, 전자 매체로는 음반 · 영화 · 라디오 · 텔레비전 · 각종 뉴미디어가 있다. 대중 매체는 대중으로 하여금 손쉽게 많은 정보를 얻을 수 있게 해 주고, 여론을 형성하며, 대중 문화를 발전시킴과 동시에 그 자체가 하나의 산업으로 고용을 창출하며 광고를 통하여 생산과 소비를 연결하는 역할을 하기도 한다. 하지만 사기업 형태로 운영되는 것이 대부분이기 때문에 지나친 상업성

으로 저속화될 우려가 있으며, 권위주의 국가에서는 대중 조작의
수단으로 이용되기도 한다.

대중 문화 大衆文化 ■■

대중이 중심이 되는 사회에서 대중 매체에 의하여 일방적으로 제공
되고 사회 전체 구성원들이 공유하게 되는 문화가 나타나는데, 이
처럼 대중 사회를 기반으로 성립되는 문화를 대중 문화라고 한다.
대중 문화의 발달은 기존의 지배 계층만이 누리던 고급 문화를 일
반 대중에게 보급시켜 문화의 계층적 벽을 허물고 대중도 문화적
혜택을 누릴 수 있게 해 주었다. 하지만 대중 문화가 보편화되면서
문화가 비창조적이고 획일화되며, 지나친 상업성으로 인하여 문화
의 저질화를 가져오고, 엘리트에 의한 대중 조작이 가능해지는 문
제를 낳기도 한다.

대통령제 大統領制 ■

국민에 의하여 선출된 대통령이 정치적 실권을 쥐고 행정부를 구성
하는 정부 형태로, 대통령은 국가의 원수이며 동시에 행정부의 수
반이 된다. 대통령제는 엄격한 권력 분립을 지키기 때문에 정부는
법률안 제안권이 없고 대통령의 법률안 거부권도 인정되지 않는다.
대통령제는 임기 동안 효율적이고 안정적인 정국 운영이 가능하고
정책의 계속성 보장된다는 장점이 있지만, 책임 정치가 곤란하고
독재 정치의 가능성이 크다는 단점이 있다. 우리 나라는 국회의원
의 각료 겸직, 정부의 법률안 제안권, 국무 총리제도 등이 있어서
순수한 대통령제와는 달리 의원 내각제가 가미된 대통령제라고 할
수 있다.

도시화 都市化 ■

인구가 도시 지역으로 집중되는 과정으로, 도시적 생활 양식으로의
변화를 말한다. 인구가 지역 사회의 경제적 이익으로 인하여 일정
지역에 집중되는 상태에 도달되어, 그 지역이 확대되고 인구 밀도
가 높아진다. 따라서 국가 전체 인구 중 도시 지역에 집중되는 인구
의 비율이 증가되는 과정을 의미한다. 도시화 초기 단계인 농업 사
회는 도시화율이 낮은 반면 가속화
단계에서는 도시화, 공업화되면서
상업적, 공업적 기능이나 인구가
도시로 몰려 도시화가 급진전된다.
이어 종착 단계에서는 도시가 너무
비대해져 도시에서 다른 도시로 인
구나 기능이 분산되고, 도시의 공
간 개발이 균형적으로 이루어진다.
이러한 도시화의 단계는 S자형의
도시화 곡선으로 나타난다.

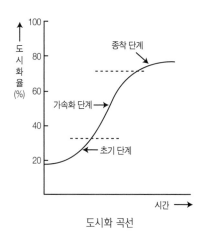

도시화 곡선

독과점 獨寡占 ■

어떤 상품의 공급에 있어서 경쟁자가 하나도 없는 경우(또는 한 회사
가 시장 점유율을 50퍼센트 이상 차지하는 경우)인 독점과, 경쟁자가
있기는 하지만 소수인 경우(또는 셋 이하의 회사가 시장 점유율의 75
퍼센트를 차지하는 경우)의 과점을 합친 용어로서, 경쟁이 결여된 시
장 형태를 말한다. 일반적으로 독점이나 과점일 경우에는 완전 경쟁
상태보다 가격이 높아지는데, 이것은 시장의 수요 공급상의 결과가
아니라 독과점 기업의 의도적인 폭리 추구 때문으로, 시장의 기능이
제대로 작동하지 않는 대표적인 사례라고 할 수 있다.

독립 협회 獨立協會 ■

1896년, 서재필·이상재 등을 비롯한 진보적 지식인이 중심이 되고 광범위한 시민층이 참여하여 만든 최초의 시민 단체이다. 민중 계몽을 위한 만민 공동회 및 각종 강연회 개최, 독립 신문 발간 및 독립문 건립 등의 활동을 하였다. 아울러 관민 공동회를 통한 헌의 6조의 건의로 국정 개혁을 요구하고, 자유 민권 운동으로 국민의 기본권 보장 및 의회식 중추원 관제를 반포하였고, 열강의 이권 침탈을 강력히 규탄하는 자주 국권 수호 운동을 벌이기도 하였다. 그러나 보수 세력들이 군주국을 폐지하려고 한다는 누명을 씌워 독립 협회를 해산하고 말았다.

독점 규제 및 공정 거래에 관한 법률 ■

1990년에 제정된 경제법이다. 기업의 시장 독점과 횡포를 막고, 부당 공동 행위 및 불공정 거래를 규제하기 위하여 만들어졌다. 공정하고 자유로운 경쟁을 촉진하여 창의적 기업 활동을 조장하고 소비자를 보호하는 동시에 국민 경제의 균형 있는 발전을 도모하는 데 목적을 두고 있다. 우리 나라는 물가 관리를 위하여 1961년에 '물가 조절에 관한 임시 조치법', 시장 질서의 확립을 통한 물가 대책으로 1973년 3월에 '물가 안정에 관한 법률'을 제정하였다. 이어 공정하고 자유로운 경쟁 질서를 기하기 위하여 1975년 12월에 '물가 안정 및 공정 거래에 관한 법률'을 공포하고, 독과점의 폐단을 적절히 규제, 조정하기 위하여 1980년 12월에 '독점 규제 및 공정 거래에 관한 법률'을 제정하였다. 현행 법률은 이 법을 보완하여 1990년 1월에 전면 개정한 것으로, 그 내용은 독과점화 규제, 불공정 거래 규제, 경쟁 제한 행위의 규제 등이다.

동남 아시아 국가 연합 ASEAN ▪

1967년 8월 8일 설립된 동남 아시아 지역 협력 기구이다. 동남 아시아 국가의 사회·경제적 발전과 국민 생활 수준 향상을 목적으로 설립되었다. 방콕 선언을 기초로 출범하였으며, 초기 회원국은 필리핀·말레이시아·싱가포르·인도네시아·타이 등 5개국이었으나 현재는 브루나이·베트남·미얀마·라오스·캄보디아 등 10개국이다. 동남 아시아 국가 연합은 2003년 본 연합을 단일 시장으로 합하는 자유 무역 협정인 AFTA(동남아 국가 연합 자유 무역 지대)를 창설하였다. 이 협정을 통하여 지역 내 거래에서 공산품 등 관세 인하 대상 상품 관세율을 평균 5% 이하로 낮추었다. 아울러 2020년까지 모든 관세를 면제하는 ASEAN 비전 2020 또한 출범시켜 구체적인 실천 방안을 마련하였다. 매년 보고서를 펴내고 월 2회 《ASEAN newsletter》를 발간한다. 기구 사무국은 인도네시아의 자카르타에 있다.

동학 농민 운동 東學農民運動 ▪

1894년, 신분제 사회 아래에서 정부와 탐관오리의 수탈과 억압에 시달리며, 일제의 경제적 수탈에 허덕이던 민중들이 봉건 제도의 탈피와 외세 침략에 저항하여 일으킨 민중 운동이다. 고부 군수 조병갑의 수탈에 항거하여 시작되었으나, 점차 반봉건, 반제국주의 투쟁으로 확대되었고, 집강소를 통한 직접적인 개혁이 시도되기도 하였다. 하지만 외세와 결탁한 집권층의 폭압으로 실패하였다. 동학 농민 운동은 이후 갑오 개혁과 항일 의병으로 그 정신이 이어졌다. 다음의 전봉준의 격문은 동학 농민 운동의 성격을 잘 보여준다. "우리가 의(義)를 들어 이에 이름은 그 본의가 전연 다른 데 있지 아니하고 창생(蒼生)을 도탄 중에서 건지고 국가를 반석 위에다 두

고자 함이라. 안으로는 탐학한 관리의 머리를 베고 밖으로는 횡포
한 강적의 무리를 쫓아 내몰고자 함이라. 양반과 부호의 앞에 고통
을 받는 민중들과 방백과 수령의 밑에서 굴욕을 받는 소리(小吏)들
은 우리와 같이 원한이 깊은 자이라. 조금도 주저하지 말고 이 시각
으로 일어서라. 만일 기회를 잃으면 후회하여도 미치지 못하리라."

두 마리의 토끼 이론 ■ ■ ■

경제가 성장 가도를 달리는데 물가가 올라 고민할 때 자주 쓰이는
말이다. 경제가 오랜 동안 성장을 지속하면 돈이 늘어나기 마련인
데, 중앙 은행이 돈을 거두어들인다고 하더라도 돈의 돌아가는 속
도(화폐 유통 속도)가 빠르기 때문에 결국에는 돈이 늘어나는 것과
같은 상황에 부딪히게 된다. 돈이 늘어나면 당연히 돈의 가치가 떨
어지고 물건값이 올라가게 된다. 물가 상승은 경제 성장을 추구하
는 과정에서 자연스럽게 발생하는 문제이기 때문에 경제 성장과 물
가 안정을 적절하게 조화시키는 것이 중요하다.

디플레이션 deflation ■

통화량이 축소되어 물가가 하락하고 경제 활동이 부진한 현상을 뜻
한다. 인플레이션과는 반대되는 현상으로, 디플레이션은 초과 공급
이 존재할 경우 나타나며, 주식이나 부동산 등의 자산 가격이 떨어
지고, 경제가 전반적으로 위축되어 돈이 돌지 않게 된다.

람사 협약 Ramsar協約 ■

정식 명칭은 '물새 서식지로서 특히 국제적으로 중요한 습지에 관한 협약'으로서, 1971년 2월 2일, 이란의 람사에서 채택되었다. 이 람사 협약은 자연 자원과 서식지의 보전 및 현명한 이용에 관한 최초의 국제 협약으로, 습지 자원의 이용과 보전에 대한 기본 방향을 제시하고 있다. 갯벌·호수·하천·양식장·해안 등도 습지에 포함되며, 이 협약에 가입한 국가는 한 개 이상의 자국 습지를 람사 습지로 지정하여 그 보전 계획을 수립하고 시행하여야 한다.

LAN ■

같은 건물 내 또는 학교나 회사와 같은 한정된 지역이나 밀집된 지역의 소규모 빌딩들에 분산 설치되어 있는 각종 컴퓨터 및 기타 장치를 통신선으로 연결하여 음성 데이터 영상 등 종합적인 정보를 교환할 수 있도록 한 소단위 고도 정보 통신망이다. 이 통신망은 동축(東軸) 케이블이나 광(光)섬유 등으로 형성, 많은 정보량을 전송할 수 있도록 하여 전화는 물론 컴퓨터·팩시밀리·워드프로세서 등을 연결, 필요한 정보를 교환하게 된다. 근거리 통신망이라고도 하며, 한 기업의 관할하에 기업 내부에서 운용되는 망이라는 의미에서 기업 내 정보 통신망이라고도 한다. LAN에 연결되는 장치로는 서버·워크스테이션·개인용 컴퓨터(PC) 등 각종 컴퓨터는 물론 레이저 인쇄기나 대형 하드 디스크 등 공유 자원도 포함된다.

로마 클럽 Club of Rome ■■

이탈리아의 실업가인 아우렐리오 페체가 환경 오염 문제에 대한 연구의 시급함을 절감하고 1968년에 결성한 민간 단체이다. 서유럽의 과학자 · 경제학자 · 교육자 · 경영자들로 구성되어 있다. 지구의 유한성에 대하여 문제 의식을 갖고, 특히 천연 자원의 고갈 · 공해에 의한 환경 오염 · 개발 도상국의 폭발적인 인구 증가 · 군사 기술의 진보에 의한 대규모 파괴력의 위협 등 인류의 위기에 대하여 각성하고 그에 대응할 수 있는 길을 모색할 것을 조언하는 활동을 한다. 로마 클럽이라는 이름은 1968년 4월에 로마에서 첫 회의를 가졌기 때문에 붙은 것으로, 클럽의 본부는 로마에 있으며 제네바와 헤이그에 연구소를 두고 있다. 로마 클럽은 1972년, 경제 성장이 환경에 미치는 부정적 영향을 다룬 보고서인 《성장의 한계》가 베스트 셀러가 되면서 국제적인 명성을 얻기 시작하였다.

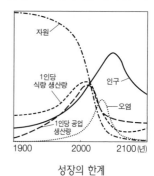

성장의 한계

로열티 royalty ■

특허권, 저작권 또는 산업 재산권의 사용 계약이나 기술 도입을 위하여 원래 소유권자에게 지불되는 사용료를 말한다. 흔히 외국으로부터 선진 기술에 관한 권리를 도입한 후 그 권리 사용에 따른 대가로 지불되는 로열티는 기술 개발 촉진에 따라 외국으로부터 선진 기술 도입이 확대되고 상표 도입 등이 늘어나면서 중요성이 커지고 있다. 로열티는 지적 재산권 · 창작물 · 문학 작품 · 발명뿐만 아니라 광업 리스 · 운송 등에도 이용되고 있다.

레임 덕 lame duck ■

원래는 기우뚱거리는 절름발이 오리를 말하는데, 일반적으로 임기 만료를 앞둔 공직자의 권력 누수 현상을 빗대어 표현하는 말이다. 특히 미국에서 대통령의 임기 만기를 앞두고 선거에서 지거나 2기째의 대통령이 중간 선거에서 여당을 승리로 이끌지 못할 경우 지도력에 혼선이 오는 것을 레임 덕이라고 한다. 우리 나라의 경우에도 대통령의 임기가 끝나갈 무렵 대통령의 명령이 아래에서 제대로 이루어지지 않는 레임 덕 현상이 나타나곤 한다.

리우 회의 Rio會議 ■■

1992년 6월, 지구 온난화·산업 폐기물 등 지구 환경 문제를 논의하기 위하여 브라질의 리우데자네이루에서 각국 대표와 민간 단체들이 지구 환경 보전을 위하여 실시한 회의이다. 이 회의에서는 지구 환경 보전의 원칙을 천명한 리우 환경 선언을 채택하였다. 이 선언에서는 지구 환경과 개발 체제의 통합을 목표로 세계가 협력한다는 취지 아래 환경 파괴에 대한 책임 부여, 지구 생태계의 보존, 환경 훼손 방지에 대한 연구, 환경 분쟁의 평화적 해결 등의 원칙을 담고 있다. 또한 기후 변화 협약, 생물 다양성 협약 등이 이 회의에서 채택되었다.

리콜 제도 recall制度 ■

제품의 결함으로 인하여 소비자가 생명, 신체상의 위해를 입거나 입을 우려가 있을 경우 제품의 제조자(수입자), 유통업자 등이 스스로 또는 정부에 의하여 결함 제품의 위해성을 소비자에게 알리고 결함 제품 전체를 대상으로 적절한 시정 조치(수리, 교환, 환불 등)를 취하는 소비자 보호 제도를 의미한다. A/S 제도는 전혀 예기하지 못하는 개별적인 결함에 대하여 소비자의 요청으로 보상하는 것이라면, 리콜 제도는 제조 회사에서 발견한 후 생산 일련 번호를 추적하여 모든 생산품을 회수하여 해당 부품을 점검, 교환, 수리해 주는 제도를 말한다. 리콜이 실시되면 사업자들은 하자가 발생한 제품에 관한 정보를 언론 · 매스컴 등에 공개하여야 하며, 의무적으로 관련 제품을 수리 및 보상하여야 한다. 리콜 제도는 OECD(경제 협력 개발 기구) 회원들에게는 보편화되어 있는 제도로서, 우리 나라도 자동차를 비롯한 공산품뿐만 아니라 최근에는 소비재 및 용역에 리콜 제도가 확대되고 있다.

매점 매석 買占賣惜 ■

특정한 상품의 가격이 오르거나 내릴 것을 예상하여 그 상품을 한
꺼번에 많이 사 두고 되도록 팔지 않으려는 것을 말한다. 이는 독점
을 목적으로 물자(상품)를 대량으로 사들였다가, 그 물자가 부족하
여 가격이 올랐을 때 매각하여 폭리를 취하는 것을 의미한다. 정부
에서는 물가 안정 및 공정 거래에 관한 법률로써 이러한 폭리를 목
적으로 물품을 매점하거나 판매를 기피하는 행위를 규제하고 있다.

멀티미디어 multimedia ■

컴퓨터를 매개로 하여 영상 · 문자 · 음성 등에 의한 정보를 각 개인
이 자유롭게 얻고 보낼 수 있는 미래의 정보 통신 장치이다. 가상
현실 · 전자 출판 · 화상 회의 · 방송 · 교육 · 의료 · 엔터테인먼트 등
사회 전 분야에 응용되므로 관련 소프트웨어 발전이 병행되는 분야
이다.

모라토리엄 moratorium ■

모라토리엄이란 통상적으로 외채를 지불할 수 없는 상황을 맞은 국
가가 상환 의사는 있지만 일시적으로 채무 상환을 연기하는 방침을
대외적으로 알리는 것을 말한다. 모라토리엄은 전쟁 · 폭동 · 천재
등으로 신용 기구의 전면적 붕괴가 나타나거나, 짧은 기간에 외채
상환 요구가 급증하여 더 이상 외채 상환 부담을 감당할 수 없을 때
취하는 응급 조치이다. 모라토리엄은 외채 원리금의 상환 만기일이

도래하였음에도 불구하고 이를 갚지 못하는 채무 불이행 상태의 지급 거절(repudiation)과는 차이가 있다. 지급 거절은 곧 국가 부도(default) 상태를 말하지만, 모라토리엄은 일시적으로 채무 상환을 유예하는 것이다. 하지만 단기적으로는 모두 한 국가의 지불 능력이 없음을 나타내는 것이어서 사실상 국가 부도를 뜻한다. 일반적으로 국가 차원에서 국가 부도가 예상될 경우 모라토리엄을 선언하는 경우가 대부분이다. 모라토리엄을 선언한 국가는 특정 기간에 요구받는 외채 상환을 유예받는 대신 국제 금융 시장에서 신용 불량 국가로 낙인찍히게 된다. 국내적으로도 모라토리엄 기간에는 마이너스 성장이 불가피하고 물가가 급등하는 이른바 스태그플레이션 현상이 나타난다. 물론 수출입을 포함한 모든 대외 결제가 일정 기간 정지되며 현금으로만 거래할 수 있다. 우리 나라 경우처럼 무역 규모 등 대외 의존도가 높은 나라의 경우 모라토리엄이 선언되면 대외 무역이 불가능해지기 때문에 석유 수입 등이 전면 중단되어 심한 타격을 받게 된다.

모럴 헤저드 moral hazard ■ ■ ■

윤리적으로나 법적으로 자신이 하여야 할 최선의 의무를 다하지 않거나 일부러 게을리 하는 행위를 이르는 말로, 도덕적 해이(道德的 解弛)라고도 한다. 외환 위기 이후 공적 자금이 투입된 회사의 사주들이 회사 돈을 해외로 빼돌려 국민의 혈세를 가로채는 행위 등이 이에 해당한다. 우리 경제는 성장 과정에서 외형을 중시함으로써 빚으로 회사를 키우고 잘못되면 정부가 책임지면 된다는 사고가 보편화되어 도덕적 해이 현상이 널리 퍼지게 되었다.

무역외 수지 貿易外收支 ■

상품 이외의 서비스의 수 · 출입 및 증여에 따른 수지 서비스로, 주
요 무역외 수지는 은행 보험 · 항공기 · 선박 등의 서비스 대금, 대
외 투자의 이윤 · 이자, 주식 배당, 해외 여행 경비, 특허료, 배상 등
이 있다.

문화 文化 ■■

보다 편리한 것이나 교양과 세련미를 나타내는 문화는 흔히 좁은
의미의 문화라고 한다. 넓은 의미로는 인류의 지식 · 신념 · 행위의
총체를 뜻하며 자연에 인공적인 힘을 가한 모든 것이 포함된다. 영
국의 인류학자인 타일러가 "문화란 지식 · 신앙 · 예술 · 도덕 · 법
률 · 관습 기타 사회 성원으로서의 인간에 의하여 획득된 모든 능력
이나 습성의 복합적 전제이다"라고 정의한 것은 넓은 의미의 문화
로, 사회학에서의 문화는 넓은 의미의 문화에 해당한다. 이러한 문
화는 아래 표와 같은 속성을 지닌다.

| 문화의 속성 |

공유성	한 사회 구성원들에게는 공통적으로 나타나는 행동 및 사고 방식이다.
학습성	문화적 특성은 선천적인 것이 아니라, 후천적으로 학습을 통하여 생성된다.
축적성	언어 · 문자 등을 통하여 다음 세대로 전승되면서 축적된다.
전체성(총체성)	문화의 각 요소는 서로 긴밀한 관계를 유지하면서 전체적 체계를 이룬다
변동성	문화는 고정 불변의 것이 아니라 시간이 지남에 따라 변화한다.
다양성	인간이 환경에 적응하는 수단으로서의 문화는 다양한 방식으로 나타난다.

문화의 보편성 ■

어느 시대, 어느 사회에나 문화에는 공통적인 특성이 있다는 것으

로, 인간의 제1성에 기초하여 생겨난다. '한국 사람은 누구나 김치를 먹는다', '어느 사회에나 구성원들이 지켜야 할 규범이 있다' 등은 문화의 보편성의 예에 해당한다.

문화의 총체성 ■■■

문화의 총체성이란 문화를 이루는 각 요소들이 서로 떨어져서 별개의 것으로 존재하는 것이 아니라, 전체로서 하나의 체계를 이루고 있다는 것을 의미한다. 이러한 문화의 총체성으로 인하여 문화의 한 부분에 변동이 생기면 사회의 한 단면의 변화에 그치는 것이 아니라, 사회의 여러 부분에 연쇄적으로 변화를 가져온다. 따라서 문화를 이해할 때에는 문화의 총체성을 고려한 체계적인 사고가 요구된다. '피임약의 발명이 인구 조절뿐 아니라 남녀 평등 사상에도 영향을 미쳐 여성 해방 운동과 성 혁명을 이끌어 내고 가족 제도의 변화도 가져왔다', '아라비아 숫자는 계산의 편리함만을 주는 것이 아니라 만국의 공통어로서 사람들의 과학적 사고의 근원이 된다', '인쇄술의 발달은 그 자체로 뿐만 아니라 특권층이 소유하던 지식을 널리 보급시켜 인권과 평등 사상의 보급 및 민주주의 발달에 공헌하였다' 등은 문화의 총체성을 나타내는 한 사례이다.

문화의 특수성 ■

문화는 시대와 사회에 따라 독특한 특성을 가진다는 것으로, 문화가 인간이 자연 환경에 적응하는 과정에서 생겨난 것임을 알 수 있게 한다. '벼농사 지역에서는 초가집이 일반적이고 울릉도에는 너와집이 많다' 라는 것은 문화의 특수성의 한 예이다.

문화 이해 文化理解 ■ ■ ■

한 집단이나 사회, 국가의 문화를 이해하는 태도는 문화 절대주의와 문화 상대주의로 분류된다. 먼저, 문화 절대주의는 자문화 중심주의와 문화적 사대주의로 나뉜다. 다른 문화를 자기 문화의 관점에서 일방적으로 판단하고 평가하는 태도인 자문화 중심주의는 다른 문화에 대한 올바른 이해를 가로막는다. 이러한 관점은 제국주의적 침략을 정당화하는 데 이용될 위험성이 있다. 문화적 사대주의는 타문화를 동경, 숭상하여 타문화는 무조건 좋고 자기 문화는 무조건 나쁘다는 식으로 보는 태도이다. 이것은 자기 문화의 장점을 바로 볼 수 없으며, 타문화의 장·단점을 올바로 파악하여 창조적으로 수용하는 것을 어렵게 한다. 이에 반하여 문화 상대주의는 문화의 상대성을 인정하고 어떤 사회의 문화를 그 사회의 맥락에서 이해하고 평가하려는 태도를 말한다. 다만, 극단적인 문화 상대주의는 보편적 가치를 무시하는 경향이 있다.

문화 지체 文化遲滯 ■ ■

사회학자인 오그번이 '물질 문명의 변화에 비하여 비물질적, 정신적 문화 요소의 변동 속도가 느리기 때문에 나타나는 혼란'을 문화 지체라고 칭하면서 사용된 개념이다. 일반적으로 문화 지체는 종교·가치관 및 사회 제도와 같은 비물질적인 문화는 물질 문화의 변동 속도보다 느리게 나타나는 부작용을 일컫는 말이다. 컴퓨터와 인터넷 기술은 증가하는데 그와 연관된 윤리가 확립되지 못하여 나타나는 문제나 의학의 발달로 노인 인구는 증가하지만 노인 복지 대책이 미흡한 경우 등이 이에 해당한다.

물가 지수 物價指數 ■

수많은 개별 상품 가격의 변동을 숫자로 나타낸 지표로서, 어떤 기준 시점의 물가를 100으로 하여 비교되는 다른 시점의 물가를 지수로 나타내어 그 변동을 파악한다. 한국 은행은 생산자 물가 지수를 산출하고, 통계청이 소비자 물가 지수를 조사한다. 이 중 소비자 물가 지수는 시장에서의 거래액이나 소비 지출액을 중심으로 선정된 중요 품목을 대상으로 그 가격을 조사하고 생활에서 차지하는 상품의 중요도에 따라 가중값을 고려하여 기준 연도와 대비하여 계산, 이를 산술 평균한 것이다. 따라서 소비자 물가 지수는 평균적인 의미에서의 가격 변동을 지칭한다. 예를 들어, 생활에 커다란 영향을 끼치는 쌀이나 배추 · 무 등은 그 비중을 높게 하고 그렇지 않은 고급 오디오나 오락 기계 등은 그 가중값을 낮게 하여 산정한다. 하지만 정부가 발표하는 지수 물가와 소비자들이 시장에서 느끼는 피부 물가 사이에는 많은 차이가 있다. 이것은 정부가 발표하는 지수 물가를 산정할 때, 시장에서 거래되는 일부 품목(500여 종목)을 조사 대상으로 하며, 조사 기간도 장기간(보통 5년)을 산정하는 데 비하여, 피부 물가는 생활 필수품이 주류를 이루고 단기간의 물가 변화에도 민감하기 때문에 주로 발생한다. 여기에 소비자들은 가격이 내린 품목은 생각하지 않고 가격이 오른 품목을 더 많이 기억하기 때문에 피부 물가가 많이 오른 것으로 생각한다.

뮤추얼 펀드 mutual fund ■

유가 증권 투자를 목적으로 설립된 법인 기금이다. 주식을 발행하고 투자자를 모집하여 모인 자산을 운용 기업에서 관리하게 하여, 수익을 투자자에게 돌려주는 투자 회사이다. 즉 투자가가 수익자이자 주주가 되는 형식이다. 다시 말해 마음이 맞는 사람끼리 돈을 모아 투자 회사를 차린 것이라고 할 수 있다. 주식 투자는 잘하는 사람을 찾아서 맡기고 펀드 참여자들은 해당 펀드의 주식을 나누어 갖는다. 만약 새로 새운 뮤츄얼 펀드가 주식 투자를 잘하면 주가가 올라가고, 펀드 참여자는 주식을 다른 사람에게 팔아서 돈을 버는 형태이다.

미국의 독립 선언문 ■

1776년에 작성된 미국의 독립 선언문은 미국의 독립은 절대 왕정에 반대하는 민주주의적 혁명의 성격을 가지며 자유, 평등과 인민 주권의 확립을 이루려는 시도였다. 그 결과물인 미국 독립 선언문은 천부 인권을 천명하고 로크의 사회 계약설의 영향을 받아 인민 주권과 저항권을 명시하고 있다. 선언문의 내용은 다음과 같다. "우리는 다음과 같은 것을 자명한 진리라고 생각한다. 즉, 모든 사람은 평등하게 태어났고, 조물주는 몇 개의 양도할 수 없는 권리를 부여하였으며, 그 권리 중에는 생명과 자유와 행복의 추구가 있다. 이 권리를 확보하기 위하여 인류는 정부를 조직하였으며, 이 정부의 정당한 권력은 인민의 동의로부터 유래하고 있는 것이다. 또 어떠한 형태의 정부이든 이러한 목적을 파괴할 때에는 언제든지 정부를 변혁 내지 폐지하여 인민의 안전과 행복을 가장 효과적으로 가져올 수 있는, 그러한 원칙에 기초를 두고 그러한 형태로 기구를 갖춘 새로운 정부를 조직하는 것은 인민의 권리이다."

미란다 원칙 miranda原則 ■ ■ ■

경찰이 범죄 용의자 연행 시 용의자에게 연행 사유, 변호인 도움 요청 권리, 진술 거부권 등이 있음을 미리 고지해야 한다는 원칙이다. 이는 신체의 자유와 관련하여 범죄 용의자의 심문 과정에서 경찰의 강압과 부당 행위를 막아 기본권을 보장하려는 것이 목적이다. 즉 공권력 행사가 적법한 절차를 거쳐 이루어지도록 하려는 의도이다. 1966년, 미국 연방 대법원에 의하여 확립된 원칙으로, 1963년 3월, 미국 경찰이 납치 및 강간 혐의로 체포한 피의자 미란다로부터 변호사도 선임하지 않은 상태에서 범행 자백을 받아 냈으나 재판에서 자백을 번복하자 연방 법원은 피의자가 진술 거부권 및 변호인 선임권 등의 권리를 고지받지 못하였다는 이유로 유죄를 선고한 원심을 파기하였다. 여기에서 유래한 적법 절차의 원리 중 하나가 미란다 원칙이다. 우리 나라 법 상의 미란다의 원칙과 관련된 규정은 다음과 같다. ① 누구든지 체포 또는 구속의 이유와 변호인의 조력을 받을 권리가 있음을 고지받지 아니하고는 체포 또는 구속을 당하지 아니한다. 체포 또는 구속을 당한 자의 가족 등 법률이 정하는 자에게는 그 이유와 일시, 장소가 지체 없이 통지되어야 한다(헌법 제12조 제5항). ② 피고인에 대하여 범죄 사실의 요지, 구속의 이유와 변호인을 선임할 수 있음을 말하고 변명할 기회를 준 후가 아니면 구속할 수 없다(형사 소송법 제72조 구속과 이유의 고지).

미래관 未來觀 ■

미래를 바라보는 관점에는 결정론적 미래관과 구성론적 미래관이 있다. 결정론적 미래관은 미래는 어떤 초자연적인 힘에 의하여 이미 정해진 방향으로 나아가도록 되어 있다고 믿는 것을 말한다. 구성론적 미래관은 인간이 원하는 방향으로 미래를 구성해 갈 수 있다는 가능성을 믿는 관점이다. 이러한 미래관 중 후자가 더 현실성 있고 인간의 주체성을 인정하는 사고이다.

미래 예측 未來豫測 ■ ■

미래 예측 방법에는 전문가 합의법, 추세 외삽법, 시나리오 법이 있다. 먼저, 전문가 합의법은 해당 분야 전문가들의 의견이나 판단을 종합하며 미래를 예측하는 기법으로, 흔히 델파이 기법이라고 한다. 이 방법은 처음에 여러 사람이 한 자리에 모여 토론하는 데에서 오는 비효율성을 줄이고, 영향력 있는 소수에 의하여 의사 결정이 이루어지는 것을 방지하며, 동료들의 의견에 반대하기 어려운 폐단을 극복하기 위하여 고안되었다. 추세 외삽법은 과거의 모습과 형태 및 그때 작용하였던 힘들이 미래에도 다시 나타나고 작용할 것이라는 가정하에 과거부터 현재까지의 추세를 분석하고 이 추세를 미래까지 연장 적용함으로써 미래의 변화를 예측하는 방법이다. 현재 이용 가능한 정보에 근거하여 미래를 예측한다는 점에서는 델파이 기법과 같지만, 추세 외삽법은 통계적 자료를 사용한다. 시나리오 법은 미래에 발생할 가능성 있는 일에 대한 대안들의 전개 과정을 추정하여 미래를 예측하는 방법이다.

미사일 방어 체제 MD ■

미국에 적대적인 국가들이 미국 본토를 향하여 미사일을 발사할 때 이 미사일을 공중에서 요격한다는 개념의 방어망인 국가 미사일 방어(NMD)와 외국에 주둔하고 있는 미군과 우방을 보호하기 위한 전역 미사일 방어(TMD) 체제를 모두 포함하고 있는 미국의 미사일 방어 전략을 이른다. MD(Missile Defence)는 레이건 행정부 시절에 추진된 스타워즈에 바탕을 두고 있지만 우주 공간에 레이저 미사일 요격 장치를 설치하는 스타워즈 대신 육상·해상·상공에서의 미사일 요격에 초점을 맞추는 전략이다.

민족 문화 民族文化 ■

오랜 세월을 거쳐오는 동안 한 민족이 같이 생활하면서 축적하여 온 경험과 지식의 총체를 민족 문화라고 한다. 즉, 민족 문화는 민족 내부의 어느 특정 계층이나 어느 시기의 문화에 국한된 것이 아니라, 전체로서의 민족이 공유하고 있는, 오랜 시간에 걸쳐 발전되어 온 생활 양식이다.

민족주의 民族主義 ■

국가 공동체 형성에 있어서 민족 중심의 결집을 최우선적으로 중요하게 여기고, 이러한 민족 정신을 이념화한 것을 말한다. 결국 민족에 기반을 둔 국가의 형성을 추구하는 이데올로기나 운동을 말한다. 민족주의를 뜻하는 nationalism은 민족주의, 국민주의, 국가주의라는 여러 가지 뜻으로 번역되는데, 이 중 민족주의는 다분히 다의적이며 정서적인 개념이므로 일률적인 판단 개념으로는 접근하기 어렵다. 민족주의는 그 역사적 상황과 조건에 따라 자유와 독립을 뜻하는 긍정적인 의미와 억압과 침략을 뜻하는 부정적인 의미를 동시에 갖는다.

민주주의 民主主義 ■■

민주주의를 의미하는 democracy는 고대 그리스 어의 민중을 뜻하는 demos와 지배 또는 권력을 뜻하는 kratos의 합성어로서, 민주주의란 곧 '민중에 의한 지배'를 말한다. 즉, 국가의 주권이 국민에게 있고 국민을 위하여 정치를 행하는 제도 또는 그러한 정치를 지향하는 사상을 말한다. 민주주의는 정치 이념이나 체제를 의미할 뿐만 아니라 생활 원리이기도 하다. 즉, 타인을 신뢰하고 타인의 인격과 의사를 존중하면서 사회 문제를 해결하는 생활 방식인 동시에, 인간 상호간에 불평등이나 차별 없이 모든 사람이 인간답게 살 수 있는 상태를 의미하는 삶의 원리이다. 민주주의는 국민 주권의 원리, 권력 분립의 원칙, 법치주의 등을 기본적인 원리로 하며, 국민의 보통 선거권과 복수 정당제, 언론·출판·결사의 자유를 보장하고, 국민의 복지 증진을 목표로 하며, 평화적 정권 교체가 이루어질 수 있어야 한다. 아울러 민주주의 사회는 사회의 구성원이 주인이 되는 사회이다. 즉, 사회의 모든 일은 구성원들의 의사에 따라 결정되고, 구성원의 적극적인 참여가 중요한 의미를 지닌다.

바나나 현상 ■

지역 이기주의 현상을 일컫는 말로, 님비 현상과 비슷한 개념이다. 'Build Absolutely Nothing Anywhere Near Anybody(어디에 든 아무 것도 짓지 마라)' 라는 구절의 각 단어 머리글자를 따서 만든 신조어이다. 바나나 현상은 쓰레기 매립지나 핵폐기물 처리장 등 각종 오염 시설물 등은 자기 지역권 내에는 절대 설치 불가라는 지역 이기주의의 한 현상이다.

바스티유 감옥 Bastille監獄 ■

루이 14세 때 정치범을 가두었던 감옥으로 과거 프랑스 전제 정치를 상징하는 건물이기도 하다. 본래는 1370년대 샤를 5세의 명령으로 파리의 생탕트완 교외에 지어진 요새였다. 1789년 7월 14일, 파리 시민들은 바스티유 감옥을 습격, 점령하여 프랑스 혁명의 도화선이 되었는데, 정치범들을 수용하는 절대주의의 상징물이었던 데 비하여 혁명이 일어날 당시 이 곳에 수감되어 있는 사람은 고작 7명으로 죄명도 화폐 위조범, 정신병자 등이었다. 그 뒤 감옥은 혁명 정부의 명령으로 철거되었고 오늘날 그 자리에는 바스티유 광장이 위치하고 있다. 광장 중앙에는 52미터의 7월 혁명 기념탑이 있고 이 탑 밑에는 1830년 7월 혁명 때 희생된 사람들의 유해가 묻혀 있으며, 청동 기둥에 그 이름들이 새겨져 있다. 238 계단을 올라가 정상 부근의 전망대에 서면 에펠 탑, 상젤리제 거리 등 파리 시내를 한눈에 내려다 볼 수 있다.

방법론적 일원론 / 방법론적 이원론 ■

사회 문화 현상에도 자연 현상과 같은 인과 법칙이 존재하기 때문에 사회 문화 현상의 탐구에도 자연 과학과 같은 방법론이 적용될 수 있다고 보는 것이 방법론적 일원론이다. 반면, 사회 문화 현상에는 인간의 의식과 의지가 포함되어 있기 때문에 자연 현상과 다르며, 따라서 자연 과학과 같은 방법론이 적용될 수 없다는 관점을 방법론적 이원론이라고 한다.

배당 配當 ■

회사 운영의 결과로 이익금이 발생하면 주주는 소유한 주식 수에 비례하여 이익금의 일부를 받는데, 이를 배당금이라고 한다.

배심 제도 陪審制度 ■

형사 사건에 있어서 법률 전문가가 아닌 시민들 중에서 선택된 배심원들이 심리 또는 기소에 참여하는 제도이다. 여기에는 형사 사건에 있어서 피고인의 유·무죄 여부를 판단하는 소배심 제도와 형사 피의자의 기소 여부를 판단하는 대배심 제도가 있다. 미국의 경우 배심원들은 주로 그 주(州)의 납세자 명부나 선거인 명부에 실린 사람 중에서 무작위로 선택하는데, 다음의 자격 조건을 갖춘 사람이 배심원이 될 수 있다. 우선 미국 시민이어야 하고, 재판이 열리는 법원의 관할 구역 내에 살아야 하며, 영어로 읽고 쓰고 이야기할 능력이 있어야 하며, 중죄로 유죄 판결을 받지 않은 사람이어야 한다. 다만, 군인·선거직 공무원·법관·신부·의사·변호사 등은 배심의 의무에서 면제를 받는다. 배심원으로 뽑히면 재판이 끝날 때까지 개인적인 일은 할 수 없으므로, 어떤 사람은 배심의 의무를 회피하기 위하여 선거인 명부에서 본인의 이름을 빼는 경우도 있다. 우리 나라에서도 최근에 배심원 제도를 도입하여야 한다는 의견이 많이 나오고 있다.

법률 불소급의 원칙 ■

법은 효력이 발생하기 이전의 행위에 대하여는 사후 입법(事後立法)으로 소급해서 적용할 수 없다는 원칙으로, 법적 생활의 안정과 기득권 보장을 목적으로 한다. 헌법 제13조에서 "① 모든 국민은 행위시의 법률에 의하여 범죄를 구성하지 아니하는 행위로 소추되지 아니하며…… ② 모든 국민은 소급 입법에 의하여 참정권의 제한 또는 재산권의 박탈을 받지 아니한다"라고 하고 있다. 또한 형법 제1조 제1항에도 "범죄의 성립과 처벌은 행위시의 법률에 의한다"라고 정하고 있다. 이는 법률 불소급의 원칙을 형법상의 기본 원칙으로 규정하고자 한 것이다. 법률 불소급의 원칙은 평소에는 엄정히 적용하지만, 전쟁이나 혁명 같은 비상시에는 예외적으로 원칙 외의 소급 입법을 시행하기도 한다. 해방 후, 친일파 처벌이나 4·19혁명 후의 3·15 부정 선거 관련자 처벌을 위해 특별법을 만들어 소급 처벌한 일 등이 그 예이다. 현재 우리 헌법은 소급 입법을 금지하고 있으므로 시행하려면 헌법을 개정해야 한다.

법의 상대성 ■■

법이 시간과 공간의 제약을 받는 특성이 있음을 이르는 말이다. 즉, 법이 추구하는 가치나 내용 또는 형식이 역사적 조건이나 사회적 상황에 따라 달라질 수 있다는 것이다. 프랑스의 사상가인 파스칼은 법의 상대성에 대하여 다음과 같이 말하였다. "위도 3도의 차이가 온갖 법률을 뒤엎으며 한 자오선이 진리를 결정한다. 수립된 지

몇 해 만에 기본법이 바뀐다. 한 줄기의 강이 가로막는 가소로운 정의여! 피레네 산맥 이쪽에서는 진리, 저편에서는 오류." 이는 피레네 산맥의 이쪽에서의 진리는 저쪽에서의 오류라고 개탄한 내용의 이 말은 법의 제정이나 적용에 있어서 당시의 시대적 배경이나 장소에 따라 크게 달라질 수 있음을 의미하는 것으로, 법의 상대성을 표현한 것이다.

법의 이념 ■

법이 추구하는 근본 사명을 법의 이념 또는 법의 목적이라고 하며, 정의, 합목적성, 법적 안정성 등이 이에 속한다. 정의는 시대와 사회적 상황에 따라 개념이 달라지기도 하지만, 대체로 각자에게 각자의 몫을 주는 것을 의미하며, 법은 이러한 정의를 실현하는 것을 이념으로 한다. 합목적성은 법이 해당 국가와 사회가 추구하는 이상적인 어떤 가치를 예상하고 그것에 맞추어 집행해 가는 것을 말한다. 법적 안정성은 법의 규정이 명확하고 잦은 변경이 없도록 하여 국민들이 법에 따라 안심하고 생활할 수 있도록 하여야 한다는 의미이다. 결국 법은 개인의 자유와 권리를 공공 복리와 조화롭게 추구하려는 합목적성과 안정된 법률 생활로써 사회 질서와 안전을 유지하고자 하는 법적 안정성을 통하여 사회 정의를 실현시키려는 이념을 가지고 있다.

법정 관리 法定管理 ■

자금 악화 등으로 부도 위기에 몰리거나 부도를 낸 회사가 회생 가능성이 있는 경우에 법원이 주주와 채권자 등 이해 관계자 의견을 조정하여 재기 기회를 주는 제도이다. 회사 정리법에 따르면 법정 관리 신청이 들어오면 법원은 2주 안에 재산 보전 처분 여부에 대한 결정을 내리도록 하고 있다. 법정 관리와 달리 은행 관리는 법원이 지정한 제3자가 아닌 주거래 은행에서 직원을 파견하여 자금을 관리하는 제도이다.

법치주의 法治主義 ■ ■

법치주의는 근대 국가의 통치 원리 가운데 하나이지만 각국의 역사적 상황에 따라 그 내용이 조금씩 다르다. 법치주의라고 할 때 그것은 '사람의 지배'가 아닌 '법의 지배'를 의미하며, 국가 권력은 국민의 의사를 대표하는 의회가 제정한 법률에 따라 발동되어야 한다는 원리로 이해되고 있다. 따라서 법치주의란 국가가 국민의 자유와 권리를 제한하거나 국민에게 새로운 의무를 부과하려고 할 때에는 반드시 의회가 제정한 법률에 의하거나 그에 근거가 있어야 한다는 원리라고 할 수 있다. 법치주의의 목적은 국민의 자유와 권리의 보장으로, 그 기초는 권력 분립이며, 그 내용은 법률의 우위, 법률에 의한 행정, 법률에 의한 재판이다. 즉, 국민의 자유와 권리를 제한하거나 국민에게 새로운 의무를 부과할 때에는 의회가 제정한 법률로 하여야 하고, 행정은 이러한 법률의 존재를 전제로 행해져야 하며, 사법도 법률의 존재를 전제로 법률에 따라 행해져야 한다는 것이다.

벤처 기업 venture企業 ■

고도의 전문 지식·새로운 기술·노하우 등 신기술과 새로운 아이디어를 가지고 창조적, 모험적 경영을 하는 기업을 포괄적으로 벤처 기업이라고 한다. 벤처 기업은 전자·정보 산업, 디자인 등 지식 집약적 산업이나 유통업 등의 분야에 많이 진출하고 있다. 소수 인원으로 기존의 관료제와는 다른 조직 형태를 통하여 사회 변화에 민감하게 대처하고, 다양한 품목 개발을 통하여 빠르게 변화하는 시장 수용에 대응하는 등 대기업이 갖지 못한 장점을 갖고 있다. 우리 나라의 경우 대개 대기업이나 대학 연구소에서 연구하던 연구진이나 기술자들이 벤처 기업을 운영하여 신기술과 새로운 발명품을 만들어 내고 있다. 정보화 사회의 진전에 따라 기술 개발의 속도가 빨라지고, 신기술에 대한 수요가 증가하여 벤처 기업의 숫자도 기하 급수적으로 늘어나고 있다. 벤처 기업은 그 발전 가능성에 비하여 연구자와 기술자 중심의 새로운 창업 회사들이 많아서 자금력이 부족한 경우가 많다. 이에 따라 최근에는 코스닥 시장이 활성화되면서 벤처 기업의 자금 지원이 원활하게 이루어지는 편이고, 금융 기관들도 벤처 캐피털을 통하여 금융 지원을 하고 있다.

벤처 캐피털 venture capital ■

기술력과 발전 가능성이 큼에도 불구하고 자본과 경영 기반이 취약한 벤처 기업을 대상으로 전문적인 투자를 하는 창업 투자 회사를 이르는 말이다. 보통 투자 조합을 결성하여 재원을 마련한 후 벤처 기업에 창업 자본을 제공한다. 새로운 기술과 연구를 통하여 신제품을 개발하고 새로운 기업을 창립하는 데 필요한 자금을 투자나 융자의 형태로 지원하고 그 기업이 성공하면 투자 자금을 회수하여 높은 수익을 올리는 만큼 위험 부담도 큰 것이 특징이다.

벤치마킹 benchmarking ■

기업들이 특정 분야에서 우수한 상품이나 기술을 본받아 자기 회사의 생산 방식에 합법적으로 응용하는 것을 일컫는다. 미국의 종합 경제지인 《포춘》이 '쉽게 아이디어를 얻어 신상품 개발로 연결시키는 기법'을 벤치마킹이라고 칭하면서 생겨난 개념이다. 단순한 모방과는 달리 벤치마킹은 다른 우수한 상품들의 기술을 배운 후 이를 자사의 제품 생산에 응용하여 새로운 생산 방식을 재창조한다는 의미이다.

보이지 않는 손 ■ ■ ■

영국의 고전파 경제학자인 아담 스미스가 《국부론》(1776)에서 쓴 말로, 모든 현상은 자체적으로 조화를 이룬다는 그의 사상을 함축적으로 상징한 어구이다. 즉, 이기적인 개인이나 개별 경제 주체들이 자신의 이익을 위하여 합리적으로 경제 활동을 수행하고, 정부는 외적의 방어, 사회 질서의 유지, 공공 시설을 건설하고 유지하는 일 등의 자유 방임 정책을 수행하면 경제는 가격의 자동 조절 기능인 '보이지 않는 손'에 의하여 조화를 이루면서 발전한다는 것이다. 본래 이 용어는 스미스가 1758년 이전부터 사용하였으나, 그가 죽은 후에 출판된 《철학논문집》의 〈천문학사〉편에 쓰여 널리 알려졌다. 책에는 '주피터의 보이지 않는 손(the invisible hand of Jupiter)'으로 표현되었다. 이는 모든 것을 시장에 맡기면 시장이 가장 효율적인 길을 찾아간다는 것을 설명하면서 도입한 개념으로, 자본주의 시장 경제에 있어서의 가격의 자동 조절 기능, 가격의 매개 변수적 기능을 말한다. 아담 스미스는 모든 사람이 자기의 처지를 개선하려고 하는 자연적인 노력인 이기심에 따라 행동하면 '보이지 않는 손'에 의하여 모든 경제 활동이 조정되고 개인과 사회의 예정 조화(豫定調和)가 실현된다고 하는 낙관론을 주장하였다.

보통 선거 普通選擧 ∎

제한 선거의 반대 개념으로, 성·인종·종교·연령·교육·신분·
재산의 소유 정도에 관계없이 일정 연령 이상의 사람에게는 누구에
게나 선거권이 주어지는 것을 말한다. 역사적으로 보면 고대 그리
스의 도시 국가인 아테네의 시민들은 자유민만이 투표권을 가졌고,
시민 혁명 이후에도 일정 정도의 재산을 소유한 부르주아들에게 투
표권이 보장되었다. 프랑스에서는 대혁명 이후 '최소 3일치 노임에
해당하는 직접세를 내는 사람' 만이 능동적 시민의 요건이 되고 이
들에게만 선거권이 주어졌다. 오늘날과 같은 보통 선거가 실시될
수 있었던 것은 영국의 차티스트 운동과 같은 피나는 노력을 한 결
과로, 한 세기 가까운 시간이 걸려서야 성인 남자의 선거권이 완전
하게 보장되었다. 한편, 여성이 참정권은 1928년에 획득하였다.

보호 무역주의 保護貿易主義 ∎

자국 산업의 보호와 발전을 위하여 국가가 무역 활동에 적극 개입
하여 수입 금지·보호 관세 부과 등을 통하여 외국 상품의 국내 수
입을 억제하는 것을 말한다. 후진국의 입장에서 자유 무역은 국내
산업을 고사시킬 우려가 있고, 산업이나 기업의 비교 우위는 경제
발전이나 경제적 상황의 변화에 따라 달라질 수 있다. 따라서 비록
현재는 비교 열위에 있더라도 미래에 비교 우위로 바뀔 가능성이
있는 산업을 보호, 육성하여야 하며, 이를 위해서는 외국 산업이나
상품의 무분별한 수입을 규제하여야 한다. 즉, 자국 산업이 국제 경
쟁력을 갖출 때까지 국가가 국내 산업을 보호, 육성하면서 무역에
대한 통제를 가하여야 한다는 것이다. 이는 자유 무역주의의 반대
적인 성격이다. 보호 무역주의의 목적은 국내 저발전 산업 보호·
국내 산업 유지·고용 증진·경상 수지 흑자 유지 등을 통한 국내

경제의 안정에 있으며, 구체적 방법으로는 관세 부과 · 수입 금지 ·
수입량 할당 · 국내 산업에 대한 보조금 지급 등이 있다.

복지 국가 福祉國家 ■ ■

사회 구성원 모두가 빈곤 · 질병 · 위험 등에서 벗어나 기본적인 인
권과 사회 생활상의 기본적 수요를 평등하게 보장받을 수 있는 국
가(사회)를 뜻한다. 오늘날 대부분의 국가에서는 시장 경제 질서를
바탕으로 하면서도, 사회 구성원들의 복지 증진을 위하여 노력하는
복지 국가의 형태를 띄고 있다. 하지만 이러한 복지 국가에도 문제
점은 없지 않다. 서구의 선진 국가들은 지위와 계급에 관계없이 모
든 국민들이 인간다운 삶을 살 수 있는 정교하고 안정적인 복지 정
책을 실시하여 경제도 안정적으로 성장하고 시민의 사회적 권리의
보장도 잘 되는 사회를 이루었다. 그러나 1970년대 중반을 지나면
서 사회 복지 비용에 대한 과다한 지출로 재정 적자가 발생하고, 국
민들의 근로 의욕 상실로 생산성이 떨어지는 등의 부작용이 나타났

| 복지 국가 옹호론과 비판론 |

옹 호 론	비 판 론
• 전체 사회의 빈곤율을 축소시켜 절대적 빈곤을 없앤다. • 소득 재분배를 통한 평등 사회를 실현한다. • 노동자와 자본가의 계급 대립을 완화시킨다. • 국가가 경제에 적절하게 개입하여 경기 조절과 공공 서비스의 공급을 원활하게 한다. • 국민의 최저 생활을 보장하여 인간다운 삶을 살게 한다.	• 복지 국가를 지향하는 나라에서도 여전히 빈부차는 존재한다. • 정부 개입에 의한 완전 고용의 달성은 허구에 불과하다. • 복지 국가에서도 계층간 대립은 지속되고 있다. • 복지 정책은 의존적인 시민을 양성하여 삶의 활기를 잃게 한다. • 과다한 복지 비용은 정부 재정의 불균형을 초래한다.

다. 이러한 때에 오일 쇼크가 발생하고 유럽 경제가 장기적인 침체에 빠지자 신자유주의자들이 복지 국가의 축소나 심지어 해체까지 주장하기에 이르렀다. 이에 따라 복지 예산을 축소하고 시장의 기능을 강화하는 방향의 정책이 마련되기 시작하였다. 우리 나라는 이러한 경향에 맞추어 생산적 복지의 개념을 도입하였다. 생산적 복지는 저소득층에 대한 사회 보장을 실시하면서도, 기술 습득과 취업의 기회를 제공하여 그들이 스스로 자활 의지를 가지고 생활할 수 있도록 투자 의욕을 불러일으키자는 것이다.

부가 가치 附加價値 ■■

개별 경제 주체들이 생산 과정에서 새로이 추가시키거나 만들어 낸 가치를 말한다. 즉 어떤 기업이 생산해 낸 최종 생산물의 가치에서 여기에 투여된 원자재나 중간재의 가치를 제하고 남은 것이 부가 가치가 된다. 기업은 이러한 부가 가치에 의하여 근로자의 임금이나 기업가의 이윤을 지급한다.

부가 가치세 附加價値稅 ■

과세 표준으로서 부가 가치를 채용하여, 제품의 생산이나 유통 과정에서 가치가 부과된 것을 거래가 될 때마다 부과, 징수하는 과세하는 소비세의 일종이다. 일반적으로 납세자는 기업인 반면 담세자는 상품의 소비자이므로 간접세의 일종이다.

부가 가치 통신망 VAN ■

일반적으로 전신·전화와 같은 전통적인 기본 통신 서비스에 덧붙여 정보 검색 등 고도화된 통신 서비스를 제공하기 위한 통신망이다. 공중 전기 통신 사업(전기 통신 공사)으로부터 통신 회선을 차용하여 독자적인 네트워크를 형성하는 것으로, 각종 정보를 부호 · 화 상 · 음성 등에 의하여 교환하거나 정보를 축적 또는 복수로 해서 전송하는 등 부가 가치가 높은 서비스를 한다. 이 네트워크는 컴퓨터와 연결되어 있어 거래 기업 상호간의 데이터 통신 서비스를 한다. 부가 가치 통신망(Value Added Network)은 주로 정보 검색, 처리 및 전자 사서함, 예약 정보 시스템 등에 이용된다.

부당 내부 거래 不當內部去來 ■

기업들이 계열 회사나 특수 관계에 있는 다른 회사에 대하여 자금이나 부동산 등 자산 인력을 무상으로 제공하거나 현저히 유리한 조건으로 부당하게 지원하는 행위를 말한다. 기업들이 가격 수량 등 거래 조건을 지역별 또는 상대방별로 다르게 취급, 거래하는 행위도 부당 내부 거래에 해당된다. 부당 내부 거래의 유형으로는 제품 가격 · 거래 조건 등 계열사에 유리하게 하는 차별 거래, 임직원에게 자사 제품을 사거나 팔도록 강요하는 사매 판매 강요, 납품 업체에 자기 회사 제품 사도록 떠맡기는 거래 강제, 정당한 이유 없이 비계열 회사와의 거래를 기피하는 거래 거절 등이 있다. 우리 나라의 경우 대기업들이 계열사에 지나치게 싼 이자로 돈을 빌려 주거나 물건을 싸게 파는 것 등이 이에 해당한다. 정부는 공정 거래법과 공정 거래 위원회 등을 통하여 대기업들이 부당 내부 거래를 통하여 공정한 경쟁 질서를 파괴하는 것을 막기 위한 규제를 하고 있다.

부르주아 bourgeois ■

원래는 성(城)에 둘러싸인 중세 도시 국가의 주민을 이르는 말이었으나, 근대에 와서 절대 왕정의 중상주의 경제 정책으로 부를 축적한 유산 계급으로 시민 혁명의 주체가 된 사람을 칭하였다. 시민 혁명 이전의 시기에는 상당한 부를 소유하였음에도 왕과 귀족의 지배를 받는 피지배 계급으로 존재하였다. 하지만 구제도의 모순을 깨뜨리려는 시민 혁명을 주도한 이후 사회의 주체 세력으로 등장하였다.

부메랑 효과 boomerang效果 ■

부메랑은 오스트레일리아의 원주민인 아보리진의 사냥 도구로서, 목표물을 향하여 던지면 되돌아오는 특성을 지니고 있다. 경제적으로는 개발 도상국이 선진국의 원조를 받아 제품을 생산하여 국내 수요를 충족하고도 제품이 남을 경우, 선진국에 다시 역수출하여 선진국과 경쟁하는 현상을 뜻하는 말이다. 우리나라의 경우 광복 이후 지금까지 미국을 비롯한 구미 선진국의 자본 투자 · 기술 원조 등에 힘입어 여러 산업 분야에서 발전을 거듭하였다. 이에 따라 오늘날에는 중화학 공업 제품이나 전자 제품 등을 생산하여 선진 여러 나라에 역수출하고 있다. 환경론에서는 인간에 의하여 생태계가 파괴되거나 환경이 오염되어 그 결과 환경이 다시 인간 사회에 나쁜 영향을 미치는 현상을 말한다.

부영양화 富營養化 ■

강 · 바다 · 호수 등에 아질산염 · 암모니아 · 인산염 · 규산염 등의 유기물 염류가 흘러 들어 물 속에 영양 물질을 과다 공급함으로써 조류와 수생 식물이 번성해져 유기물의 총량이 증가되는 현상을 말한다. 영양 물질이 풍부한 물은 식물 플랑크톤의 성장과 번식이 매우 신속하게 진행되므로 맑은 물이 며칠 만에 검푸른 색으로 변하는 적조 현상이 나타나며, 산소가 부족해져 물고기나 다른 생물들의 질식사를 가져온다. 이러한 부영양화는 공장 폐수 · 생활 하수나 비료를 많이 사용한 농지로부터 흘러드는 비료 성분이 주원인이다.

부패 라운드 CR ■

1999년 제정된 경제 협력 개발 기구(OECD)의 해외 뇌물 방지 협약이다. 건전한 국제 상거래 정착을 목적으로 OECD가 주축이 되어 만들었다. 공식 명칭은 '국제 상거래에 있어서 외국 공무원에 대한 OECD 뇌물 방지 협약'이다. OECD 회원국을 포함하여 34개국이 협약 체결하였으며, 한국을 비롯한 12개국이 비준하였다. 협약 내용은 기업들의 계약 수주시 해당국가 공무원에게 뇌물을 주는 행위의 불법화 규정, 부정 행위를 한 기업의 형상 처벌 규정 등이다. 이 협약은 선진국 기업들이 개발 도상국에 투자하려고 해도 개발 도상국의 뇌물 관행에 부딪혀 투자가 무산되자, 미국이 주도하여 추진되었다. 미국은 1977년 처음 부패 방지법을 제정하였고, 1997년 OECD 해외 뇌물 방지 개정 권고안을 채택하였다. 이후 같은 해 11월 미주 기구 23개 회원국의 반부패 협약 체결을 이끌었다. OECD 회원국도 1997년 말 해외 공무원 뇌물 방지 협약을 맺고, 1999년 2월부터 해외 뇌물 방지 협약을 적용하였다. 한국은 2000년 1월 '국제 상거래에 있어서 외국 공무원에 대한 뇌물 방지법'을 제정하였다. 법안을 통해 외국 공무원에게 뇌물을 제공한 개인은 징역 5년 이하 또는 2000만 원 이하의 벌금형, 해외 뇌물 거래를 한 법인은 10억 원 이하, 뇌물 거래로 이익을 얻는 개인은 1000만 원, 법인은 5억 원 이상인 경우 뇌물 총액의 2배 이하로 벌금을 부과하도록 정하였다.

북미 자유 무역 협정 NAFTA ■■

북미에 속해 있는 미국·멕시코·캐나다가 상호 경제 활동에 있어서 관세 철폐와 비관세 장벽 제거 등을 통하여 자유 무역이 이루어지는 경제 블록을 형성하였는데, 이를 북미 자유 무역 협정(North

American Free Trade Agreement)이라고 한다. 이는 미국과 캐나다의 발달된 기술 및 자본과 멕시코의 값싼 노동력을 이용하여 역내 경제 발전을 이루려는 것으로, 거대한 단일 시장을 형성하여 3개 국간의 모든 무역 장벽을 15년 간에 걸쳐 단계적으로 제거하게 되어 있다. NAFTA는 관세 및 수입 제한의 철폐, 생산 요소의 자유 이동, 물류 유통의 자유화, 동일한 노동법 및 환경법 적용, 역외(域外) 국가에 대하여 보호주의를 강화하는 경제 통합을 목표로 하고 있다. 그러나 NAFTA의 출범은 개발 도상국이 미국이나 캐나다 시장을 공략하는 데 상당한 어려움을 주고 있다.

북방 한계선 北方限界線 ■

1953년 7월의 정전 협정 때 북한과의 군사적 마찰을 막고 남한의 영해 범위를 정하기 위하여 유엔 군 사령부가 서해와 동해에 임의로 그은 선을 이르는 말이다. 지상 군사 분계선인 한강 하구에서부터 백령도, 대청도 등 11개 좌표를 이어 정하였으며, 이에 대하여 북한은 오랜 동안 북방 한계선에 특별한 이의를 달지 않았고, 한국군도 북방 한계선 남쪽을 실질적으로 관할해 왔다. 그런데 1973년부터 북한은 북방 한계선이 합의에 의한 것이 아니라면서 이를 인정할 수 없다고 주장하였고, 급기야 1999년 6월에는 꽃게잡이 어선 보호를 이유로 북한 경비정과 어선이 서해 북방 한계선을 침범하여 남·북 간에 교전까지 일어나기도 하였다.

분배 分配 ■

경제적으로, 좁게는 생산 활동에 기여한 대가를 받는 것으로, 구체적으로는 노동에 대가인 임금, 자본의 대가인 이자, 임대료, 지대, 배당금과 기업가의 활동에 대한 대가인 이윤 등이 있다. 넓게는 생산물이 사회 구성원에게 배분되는 과정으로, 인간 생활의 주요 여건인 생산, 분배, 소비(지출)의 한 단계이다. 분배는 다음 단계인 소비,소비를 통한 생산 과정에 긴밀한 영향을 미치는 특징이 있다.

분배 / 성장 ■■■

분배와 성장 중에서 어느 쪽에 우선할 것인가의 문제는 오랜 동안 논쟁이 지속되어 왔다. 성장을 강조하는 사람들은 경제의 효율성을 중시하면서 다음과 같은 주장을 편다. "경제적 혜택을 보다 평등하게 분배하는 정책(사회 복지 제도 등)을 시행하면 사람들이 덜 열심히 일하게 되어 재화와 서비스의 생산이 줄어든다", "경제 발전 초기에는 소득의 불평등이 증가하다가 경제 발전에 따라 소득 분배가 개선된다." 반면에 분배의 평등을 강조하는 사람들은 형평성을 중시하며, 분배가 제대로 되지 않으면 국민들의 참여를 기대하기 곤란하고 사회 불안이 발생할 것이라고 경고한다. 이러한 양쪽의 주장을 정리해 보면 아래 표와 같다.

| 분배와 성장 |

구 분	성장 중심(효율성)	분배 중심(형평성)
주 장	• 분배를 너무 일찍 고려하면 구성원의 성취 동기를 저해하고 경제 성장에 지장 초래 • 성장이 계속되면 고소득 계층으로부터 저소득층으로 소득이 확산되어 분배 문제가 해결됨.	• 성장의 원동력이 유지되고 지속되려면 고른 분배가 이루어져야 함. • 소득 불평등 지속→경제 불안→사회 정치적 불안→경제 성장의 원동력 상실(터널 효과)
한 계	• 분배 문제가 해결되지 않으면 국민적 참여가 제한됨. • 고소득층의 소득이 저소득층으로 자연적으로 확산되지 않음.	• 분배의 지나친 강조는 사회 구성원의 성취 동기를 저하시켜 경제 발전의 역량을 저해할 우려가 있음.

불균형 성장론 不均衡成長論 ■

특정 산업의 발전이 다른 산업의 발전을 유발하는 연관 효과가 크고 국내 자원을 많이 이용할 수 있는 선도 산업을 선정하여 집중 투자함으로써 경제 성장을 유도하는 개발 전략을 말한다. 우리 나라의 경우 경제 개발 초기에 자본과 기술은 빈약한 데 비하여 노동력은 풍부하여 불균형 성장론에 입각한 노동 집약적 경공업을 선도 산업으로 하는 불균형 성장 정책을 추진하였으며, 국내 시장 규모가 작기 때문에 선도 산업의 확장을 위하여 해외 시장 개척에 노력하였다. 그 후 1970년대 이후 경제 개발이 진행됨에 따라 자본과 기술이 축적되었고, 선도 산업도 바뀌어 자본 집약적인 산업이 비약적으로 발전하였다. 이에 반하여 모든 산업을 동시에 균형 있게 발전시키는 성장 전략을 균형 성장론이라고 한다. 경제학자인 허시만과 로스토우 같은 학자들이 불균형 성장론을 주창하였다.

블록 block ■■

특정한 목적을 가지고 결성되는 연합이나 지역권을 칭하는 말로, 주로 정치적, 경제적 관계가 깊은 인접 국가들이 역내 교류를 촉진하는 블록을 형성하고 있다. 아시아·태평양 지역의 경제 협력 증대를 위한 아시아·태평양 경제 협력체(APEC), 유럽의 정치·경제 통합의 실현을 위한 유럽 연합(EU), 미국·캐나다·멕시코 3국이 관세와 무역 장벽을 폐지하고 자유 무역권을 형성한 북미 자유 무역 협정(NAFTA), 동남 아시아의 지역 협력 기구인 동남 아시아 국가 연합(ASEAN) 등이 이에 속한다. 세계의 경제 블록을 구체적으로 살펴보면 다음 페이지 그림과 같다.

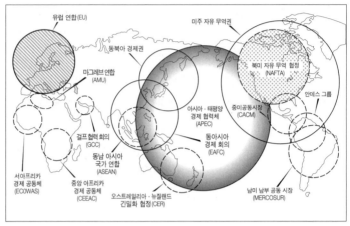

세계의 경제 블록

블루 라운드 BR ■

각국의 근로 조건을 국제적으로 표준화하려는 목적으로 추진되는
다자간 협상이다. 1994년부터 국제 노동 기구(ILO)를 중심으로 본
격적으로 논의되기 시작한 것으로 노동 라운드라고도 한다. 이 협
상은 국제 노동 기구 협약을 위반하여 노동자들에 대한 부당한 착
취를 하는 국가나 기업에 대하여 규제를 가하려는 것으로, 이러한
규정에 위반한 상품에 대하여는 무역 제재를 가할 수 있도록 하고
있다. 블루 라운드(Blue Round)의 취지는 노동자들의 기본권을 보
장하여 인간다운 삶을 살수 있도록 하자는 것이다. 하지만 노동 비
용이 비싼 선진국들이 개발 도상국들에 대하여 합법적인 무역 제재
를 통하여 자국 산업의 생산력을 확보하자는 의도가 있다는 비난도
있다.

비가격 경쟁 非價格競爭 ■

가격 이외에 품질이나 포장, 광고나 제품의 차별화, 수요자에 대한

봉사 등 가격 이외의 측면에서 행하여지는 경쟁을 이르는 말이다. 흔히 독점적 경쟁 시장에서 나타나는 현상으로, 의복의 디자인과 색상, 의사나 약사의 명성, 음식의 독특한 조리법 등에서 상품의 차별화가 이루어져 비가격 경쟁이 일어난다.

비관세 장벽 非關稅障壁 ■

관세를 제외한 모든 종류의 수입 억제 정책으로, 수입 할당 제도, 수출 자유 규제, 수입 과징금 등의 방법이 있다. 수입 할당제란 비자유 품목에 대하여 수입량을 할당하여 수입 물량을 제한하는 방법이며, 수출 자유 규제는 수입국의 요청에 따라 특정 상품의 수출을 자주적으로 규제하는 것이다. 수입 과징금은 수입을 억제하기 위하여 부과하는 특별세나 부과세를 의미한다.

비동맹 非同盟 ■

제2차 세계 대전 이후 미·소로 양극화된 냉전 체제 속에서 어느 한 진영에 소속되지 않고 독자적인 입장에서 자신들의 국가 이익 또는 집단 이익에 충실하려는 외교상의 방침을 비동맹이라고 한다. 비동맹주의는 어떤 성격의 군사 블록이나 조약에도 불참하면서 평화 공존, 반식민지주의, 동서 대립의 군사 블록에의 불참을 기조로 한다. 비동맹주의는 중립을 표명하지만, 고립된 상태의 중립이 아니라 힘의 균형 과정에서 적극적이고도 유연한 행동을 통하여 미·소를 중심으로 한 동·서 양 진영의 세력 균형을 꾀한다. 신생 독립국 중심의 비동맹 국가들은 집단적인 의견을 내세우거나 국제 기구에서 집단적인 투표를 통하여 강대국의 행동을 견제하여 이에 영향을 주려고 하였다. 냉전 체제가 붕괴된 이후에는 남북 문제나 남남 협력 강화를 모색하는 방향으로 자리를 잡아가고 있다.

BIS 자기 자본 비율 BIS自己資本比率 ■

국제 결제 은행(BIS)이 국제 금융 시장에서 돈을 빌리고 투자하는 은행들에게 지키도록 한 자본 비율로, BIS 비율이라고 줄여 말한다. 이는 자기 자본을 대출 · 외화 자산 등이 포함된 위험 가중 자산으로 나눈 비율로, 자기 자본(자본금+이익 잉여금+자본 잉여금)을 위험 가중 자산(전체 대출+투자)으로 나누어 계산한다. BIS 자기 자본 비율은 금융 기관이 얼마나 안전한지를 나타내는 지표로, 은행이 국제 금융 시장에서 영업을 하려면 8퍼센트의 자기 자본 비율을 지켜야 한다. BIS 자기 자본 비율은 금융 기관의 자기 자본액이 위험 자산의 일정 범위 내에서 유지되도록 함으로써 재무 건전성을 높이자는 취지로, 이를 지키지 못하면 해외 차입 자체가 어렵거나 높은 조달 비용을 부담하여야 한다. BIS 자기 자본 비율은 은행뿐만 아니라 종합 금융 · 신용 금고 등 일반 금융 기관의 건전성의 판단 기준이 된다.

비정부 기구 NGO ■ ■ ■

비정부 기구의 개념은 매우 다양한데, 사전적으로만 보면 정부 기구가 아닌 민간 조직을 총괄하는 용어로 사용된다. 요즘에는 좁은 의미로 비정부적, 비영리적, 비당파적, 공익적, 자발적, 자율적 성격을 가진 기구를 NGO(Non-Governmental Organization)라고 한다. 더불어 공익의 증진과 보호를 목적으로 회원 자격이 모두에게 개방되어 있으며, 지속적으로 존속하는 단체를 말한다. 그러므로 시민 운동 단체는 정부 · 정당 · 기업 · 관청 · 어용 단체 · 일시적 시위 군중 등과는 대립하는 특성을 지닌다. 이렇게 NGO를 좁은 의미로 한정한다고 하더라도 현실적으로 활동하고 있는 NGO들은 다양한 성격을 지니고 있다. 대개는 환경 · 여성 · 인권 · 평화 · 복지 ·

건강 · 주거 · 빈곤 · 공적 부조 · 난민 · 개발 · 공정 무역 · 자치 등의 다양한 영역에서 활동하고 있다. 이에 따라 활동 수준 면에서 지역 공동체 NGO, 국가적 NGO, 세계적 NGO 등으로 구분할 수도 있다. 결국 NGO는 국가 권력이 미치지 못하는 영역에서 발생하는 문제를 시민 사회 스스로 해결하기 위하여 만든 자발적인 조직이라고 할 수 있다. 최근에는 그 영향력과 힘이 커지면서 입법부, 사법부, 행정부와 함께 제4부(府)로 불리는 언론에 이어 제5부라고도 불리기도 한다. 시민 단체를 통칭하는 비정부 기구는 '시민의 힘'의 상징으로서 곳곳에서 새 바람을 일으키며 사회 민주화의 주요 추진 세력으로 부상하고 있다.

비판적 사고 批判的思考 ■

자신의 주장에 잘못이 없는지를 엄격히 살펴보는 것으로, 사용되는 언어, 사실 확인, 가치 선택의 잘잘못 여부를 꼼꼼히 살펴보아야 한다.

비합리적 사고 非合理的思考 ■■

비합리적 사고 유형으로는 고정 관념, 흑백 논리, 편견, 아집, 왜곡과 은폐, 표리 부동 등을 꼽을 수 있다. 먼저, 고정 관념은 사실적 증거 없이 인습적 사고 방식을 무비판적으로 믿고 수용하는 태도를 말한다. '남녀 간에는 선천적으로 능력의 차이가 있다' 든가 '한국 사회에서는 연줄이 있어야만 성공할 수 있다' 라는 생각 등이 이에 해당한다. 흑백 논리는 문제를 해결할 때 선 · 악, 참 · 거짓, 찬성 · 반대와 같이 문제를 양극화하여 양자 중의 하나를 선택하도록 함으로써 중간 입장을 허용하지 않는 태도를 뜻한다. '시장 경제를 비판하는 사람은 공산주의자이다' 또는 '타협하는 것은 곧 굴복하는 것이다' 등이 이에 속한다. 사물을 이해하는 데 있어 어느 한 가지 입장에 치우쳐 전체를 균형 있게 보지 못하는 태도를 편견이라고 한다. '○○나라 사람들은 믿을 만한 사람이 못 된다'라는 사고가 이에 해당하며, 고정 관념이나 흑백 논리도 일종의 편견이라 할 수 있다. 아집은 생각하는 범위가 좁아 전체를 보지 못하고, 자기 중심의 한 가지 입장에서만 문제를 해결하려는 태도로, 우물 안 개구리 같은 사고 방식을 이르는 말이다. 한편, 왜곡과 은폐는 정보를 사실 그대로 밝히지 않고 의도적으로 확대 또는 축소하거나 숨기는 태도이다. 마지막으로, 어떤 주장을 편 사람이 그 주장과 모순된 행동을 보이는 경우가 표리 부동에 해당한다.

| 비합리적 사고의 유형 |

유 형	의　　　미	구체적 사례
고정 관념	인습적 사고 방식의 무비판적 수용	남녀 간에는 선천적으로 능력의 차이가 있다.
흑백 논리	문제를 양극화하여 중간 입장을 허용하지 않는 사고 방식	타협하는 것은 곧 굴복하는 것이다.
편 견	한 가지 입장에만 치우쳐 전체를 보지 못하는 오류	밥솥은 뭐니뭐니 해도 일제가 최고이다.
아 집	자기 중심적으로만 현상을 인식하는 태도	우물안 개구리
왜곡과 은폐	정보를 사실과 다르게 확대 또는 축소하거나 숨기는 것	과일값이 오르는 것으로 보아 올해는 물가 상승으로 나라 경제가 망하겠어.
표리 부동	평소의 실제 행동과 모순되는 주장	매일 지각하는 학생이 학급 회의에서 교칙을 잘 지키자고 주장하는 경우

빅뱅 이론 ■

빅뱅(big band) 이론은 우주가 대폭발로 시작되었다는 이론이다. 이 이론에 의하면 우주는 먼 과거에 뜨겁고 밀집된 상태(온도가 매우 높고 현재보다 훨씬 수축된 상태)였는데, 알 수 없는 대폭발을 거치면서 오늘날과 같은 우주가 탄생하게 되었다. 1946년, 물리학자인 가모프는 대폭발이 있었다면 그 폭발의 시작에서 나온 복사빛이 우주 어디엔가 남아 있을 것이라고 생각하면서 우주 폭발 때의 파편의 온도를 계산하였다. 이 결과 우주의 기원이 되는 그 대폭발에 관한 이론, 곧 빅뱅 이론을 발표하였다. 1965년, 미국 벨 연구소의 전파 천문학자인 펜지아스와 윌슨은 안테나의 마이크로 파 잡음을 제거하는 과정에서, 우주 공간으로부터 오는 전파 속에서 일반적으로 우주 배경 복사가 포함되어 있음을 밝혀 냈다. 이것은 대폭발의 흔적이 수십 억 년이 지난 지금까지도 계속 남아 있음을 의미하는 것으로, 빅뱅 이론을 뒷받침하는 중요한 근거가 되고 있다.

사양 산업 斜陽産業 ■

기술이 발전하고 경제가 성장함에 따라 기존의 산업 중에서 침체에 빠지거나 경제 여건상 쇠퇴해 가는 산업을 말한다. 1960년대 우리 나라는 값싼 노동력이라는 조건에 맞는 섬유나 신발 산업이 유망 산업이었지만 오늘날에는 우리 나라의 노동 임금도 크게 상승하고 부가 가치가 큰 기술 산업이 발달하면서 우리 나라에서 섬유나 신발 산업은 이익을 내기에 어려운 사양 산업이 되었다.

사이버 윤리 강령 cyber倫理綱領 ■

정보 통신 윤리 위원회가 2000년 6월 15일에 발표한 것으로, 인터넷을 이용하는 사람들의 기본적인 정신과 행동 강령을 정한 것이다. 오늘날 정보 통신 기술의 급격한 발달은 시간과 공간의 장벽이 무너지고 세계가 하나가 되는 세상이 이루어져가는 반면에 익명성을 통한 타인의 권리나 인권 침해가 빈번하게 이루어지고 있어 이에 대한 네티즌 스스로의 규제를 위하여 만들었다. 사이버 윤리 강령의 내용은 다음과 같다.

| 네티즌 기본 정신 |

• 사이버 공간의 주체는 인간이다.

• 사이버 공간은 공동체의 공간이다.

• 사이버 공간은 누구에게나 평등하며 열린 공간이다.

• 사이버 공간은 네티즌 스스로 건전하게 가꾸어 간다.

| 네티즌 행동 강령 |

- 우리는 타인의 인권과 사생활을 존중하며 보호한다.
- 우리는 건전한 정보를 제공하고 올바르게 사용한다.
- 우리는 불건전한 정보를 배격하며 유포하지 않는다.
- 우리는 타인의 정보를 보호하며 자신의 정보도 철저히 관리한다.
- 우리는 비속어나 욕설 사용을 자제하고 바른 언어를 사용한다.
- 우리는 실명으로 활동하며 자신의 ID로 행한 행동에 책임을 진다.
- 우리는 바이러스 유포, 해킹 등 불법적인 행동을 하지 않는다.
- 우리는 타인의 지적 재산권을 보호하고 존중한다.
- 우리는 사이버 공간에 대한 자율적 감시와 비판 활동에 적극 참여한다.
- 우리는 네티즌 윤리 강령 실천을 통하여 건전한 네티즌 문화를 조성한다.

사이버 중독 cyber中毒 ■

일상 생활에 지장을 줄 정도로 과도하게 사이버 공간에 몰두하는 상태를 말한다. 상태가 심하면 정신적, 육체적으로 황폐해지고 금전적 손실도 입을 수 있다. 사이버 중독자들은 복잡한 일에 처하거나 허전할 때 인터넷에 접속하여 시간을 보내면서 위안을 찾고, 직장 업무나 가정 생활을 등한시하며, 인터넷을 떠나 있으면 불안해지는 금단 현상을 보인다. 이들은 주변 사람들과 함께 있는 것보다 사이버 공간에서 노는 것을 더 좋아하고 현실 공간에서의 대인 관계를 회피하며, 심지어 현실과 사이버 공간을 혼동하기도 한다. 온라인 게임이나 통신에 중독되어 성격이 변하거나 범죄를 저지르는 사례도 있으며 심지어 식사마저 게을리 하여 탈진, 사망한 경우도 있다.

4 · 19 혁명 四一九革命 ■

1960년 4월 19일, 학생들이 중심이 되어 일으킨 민주주의 혁명으로, 1960년 3 · 15 부정 선거를 통하여 영구 집권을 획책하던 이승만과 자유당 정권의 12년 간에 걸친 장기 집권을 종식시키고, 제2공화국의 출범시킨 역사적 사건이다. 혁명의 발단은 이승만 정권의 지속되는 부패와 독재 속에서 경제가 침체되는 와중인 1960년 3월 15일에 실시된 정 · 부통령 선거가 부정과 타락으로 치루어지면서이다. 부정 선거를 규탄하는 마산 시위에서 실종된 김주열 군이 마산 앞바다에서 눈에 최루탄이 박힌 채 시체로 발견되었고, 이에 흥분하여 전국적인 시위가 일어났다. 4월 18일, 고려 대학교 학생들의 시위가 반공 청년단에게 습격받는 사건이 일어나자 다음날 약 3만 명의 대학생과 고등 학생들이 시위를 벌였고, 이에 대응하여 경찰이 발포하여 130여 명이 사망하였다. 4월 25일에는 대학 교수 시위가 있었으며, 4월 26일 드디어 이승만이 대통령직을 포기하는 하야 성명을 발표하였다. 4 · 19 혁명이 성공하자 내각제를 기반으로 한 민주당 정권이 들어섰고, 어느 정도 정치적 자유가 허용되었으며, 혁신 정당의 활동과 통일 논의가 활성화되기도 하였다. 하지만 민주당의 내분과 5 · 16 군사 정변으로 미완의 혁명에 그치고 말았다.

사형 제도 死刑制度 ■■

사형 제도 폐지에 관한 주장이 18세기 후반 계몽 사상가들에 의하여 인도주의적 견지에서 제기된 이래 적지 않은 국가(미국의 일부

주·영국·독일·벨기에·네덜란드·포르투갈·스웨덴·노르웨이·
덴마크·에스파냐·이탈리아·브라질·우루과이·콜롬비아·아르헨
티나·멕시코·뉴질랜드·터키 등)에서 사형이 폐지되었다. 하지만
사형 제도에 대한 찬성과 반대 의견은 만만치 않다. 사형 폐지론에
따르면, 사형은 야만적이고 잔혹하므로 인도주의적 견지에서 허용
할 수 없을 뿐만 아니라 인간이 인간을 재판하여 그 생명을 박탈할
권리 또한 없다. 또 사형은 반문화적인 것일 뿐만 아니라 일반인이
기대하는 것과 같은 위협적 효과도 기대할 수 없다. 아울러 사형은
형벌의 개선적 기능 및 교육적 기능을 전혀 가지지 못하며 피해자
의 구제에도 도움을 주지 못한다. 이에 반하여 사형 존치론에 따르
면, 생명은 인간이 본능적으로 가장 애착을 가지는 것이므로 이를
박탈하는 형벌의 예고는 범죄 행위에 대한 최대의 위협이 될 수 있
다. 그리고 반인륜적인 범죄를 지은 자에게 관용이란 있을 수 없다.
이와 관련하여 우리 나라의 경우, 얼마 전 대한 변호사 협회는 사형
제도 폐지를 위한 사회적 여건이 성숙되지 않아 법안 통과는 시기
상조라는 요지의 의견서를 국회에 제시하였다. 대한 변호사 협회는
의견서에서 "사형 제도 폐지가 세계적인 추세이고 인간의 생명은
그 자체가 절대적 가치를 갖는 소중한 것으로 다른 가치와 비교하
여 희생되거나 수단이 되어서는 안 된다는 측면에서 사형 폐지 논
의가 진행되어야 할 시점"이라고 전제하였다. 대한 변호사 협회는
그러나 "현재 우리 국민의 법 감정과 사회 여건상 사형 폐지 법안이
국회를 통과할 경우 사회적 혼란을 야기할 우려도 있으므로, 사형
폐지는 충분한 공론화 과정을 거쳐 국민적 합의가 마련될 때 비로
소 도입되어야 한다"라고 주장하였다. 사형 제도의 찬반 논쟁을 구
체적으로 살펴보면 다음 페이지 표와 같다.

| 사형 제도의 찬반 논쟁 |

사형 제도 찬성론자의 주장	사형 제도 폐지론자의 주장
• 위협을 주어 범죄 억제 효과가 강함. • 극악범의 생명 박탈은 사회 정의에 합당함. • 국민 다수가 필요성을 인정함. • 일반 국민의 생명은 흉악범의 생명보다 더 귀중함.	• 범죄 예방 효과가 그다지 크지 않음. • 생명은 존엄하며 생명 박탈권이 인간에게는 없음. • 재판의 오판 가능성이 있음. • 정치적으로 남용될 수 있음. • 형벌의 목적인 교화의 기회가 원천 봉쇄됨.

사회 간접 자본 SOC ■■

도로 · 철도 · 항만 · 댐 등 생산에 직접 사용되지는 않지만, 경제 활동이 원활하게 이루어지도록 간접적으로 뒷받침하는 시설을 사회 간접 자본(Social Overhead Capital)이라고 한다. 사회 간접 자본은 특정 계층만이 사용하는 것이 아니라 전 국민에게 혜택이 돌아가고 건설하는 데 많은 비용이 들어가는 관계로 대개는 정부 및 공공 기관이 공급한다. 사회 간접 자본은 토지 개량 · 도로 · 항만 시설 등의 산업 기반 시설, 상하수도 · 공영 주택 · 공원 · 학교 · 병원 · 보육 · 양로 시설 등의 생활 기반 시설, 치산 · 치수 대책 · 해안 간척 등의 국토 보전 시설 및 국유림 조성이나 정부 산하 금융 기관 자본 같은 수익 사업 등으로 구분한다. 또한 넓은 의미로 대기 · 하천 · 해수 등의 자연물, 사법 · 교육 등의 사회 제도도 사회 간접 자본에 포함시킨다.

사회 계약설 社會契約說 ■■

모든 인간은 천부의 권리를 가지는데, 자연 상태에서는 이러한 자유와 권리의 보장이 확실하지 않으므로 계약을 맺어 국가를 구성하고 자신들의 권리를 국가에 위임하였다는 견해를 사회 계약설이라고 한다. 이러한 사회 계약설에 따르면 국가는 시민의 자유와 권리를 보장하기 위하여 합법적으로 권력을 행사할 수 있다. 그러나 국가의 권력 행사가 시민의 자유와 권리를 중대하고 명백하게 침해할 경우에 시민은 여러 가지 구제 수단을 강구할 수 있다. 한편, 시민은 천부의 자유와 권리를 누릴 수 있지만, 일정한 경우에는 법률에 의하여 자유를 제한받는다. 이런 관계로 볼 때 국가 권력은 시민의 권리를 보호하는 수단으로 작용하여야 하고, 시민의 권리는 공익을 해치지 않는 범위 내에서 행사되어야 한다. 이는 결국 국가 권력과 시민의 권리는 조화와 균형의 관계를 유지하여야 한다는 것을 의미한다. 사회 계약설을 주장한 대표적인 사상가로는 로크와 루소를 꼽을 수 있다. 경험론 철학의 대표자이자 자유주의의 창시자인 로크는 홉스의 사회 계약론을 계승하면서도 홉스와는 달리 자연 상태는 전쟁 상태가 아니라 평화로운 상태라고 보았다. 따라서 자연 상태에서 사람들은 극단적인 투쟁을 하지 않는다. 다만, 시민들이 탐욕적인 사람들에 의하여 자연 상태의 권리가 침해당하는 것을 막고 정의를 실현하기 위하여 계약을 통하여 새로운 조정자로서 사회를 구성한 것이라고 주장한다. 이에 비하여, 프랑스의 사상가인 루소가 주장한 사회 계약설은 시민이 자신의 잠재력을 최대한 발휘하기 위하여 동의에 의하여 자발적으로 정치 공동체에 참여하는 것이다. 즉, 시민들은 양도하거나 분리할 수 없는 주권을 행사하여 시민의 일반 의사에 입각한 정치 공동체를 구성하여야 한다는 것이다.

사회권 社會權 ■

인간다운 생활을 하기 위하여 국가에 대하여 일정한 보호나 생활 수단의 제공을 요구할 수 있는 권리로서, 생존권적 기본권이라고도 한다. 인간다운 생활을 국가에 요구할 수 있다는 점에서 적극적 성격을 띠고 있지만, 헌법에 규정된 권리만을 인정한다는 점에서 개별적 권리이다. 사회권적 기본권의 내용으로는 인간다운 생활을 할 권리, 교육을 받을 권리, 근로의 권리, 근로자의 단결 · 단체 교섭 · 단체 행동권, 환경권, 혼인 · 가족 생활 · 보건에 대한 권리 등이 있다.

사회 규범 社會規範 ■

사회 규범이란 사람들이 사회 생활을 사회 생활을 하면서 지켜야 할 행위의 기준으로, 여기에는 관습, 종교, 도덕, 법 등이 있다. 관습은 예로부터 반복 수행되어 온 집단적인 행동 형태로서 관혼상제 등이 있으며, 사회의 유대를 강화하고 동료 의식을 심어 주는 역할을 하기도 한다. 종교는 각 종교에서 신에 대한 숭배에 기초하여 생긴 사회 규범이고, 도덕은 인간이 지켜야 할 도리로서 선(善)의 실현을 목표로 하며, 법은 강제성을 가지고 사회의 정의를 실현하려는 사회 규범이다. 이러한 사회 규범은 자연 법칙과는 달리 마땅히 지켜야만 하는 당위 규범이다.

사회 명목론 社會名目論 ■

개인만이 실재하는 존재이고 사회는 개인들의 단순한 집합체에 불과하다는 견해이다. 즉 사회는 개인들이 만든 것이고 개인을 떠나서는 존재할 수 없으며 구성원 개인들의 집합이 곧 사회라는 것이다. 따라서 사회 현상은 개인의 심리적 요소나 행위 양식을 통해서만 설명이 가능하다. 루소를 비롯한 18세기 계몽 사상가들이 주장한 사회 계약설이 이에 속한다.

사회 문제 社會問題 ■

사회 구조나 사회 제도의 모순 때문에 생기는 여러 가지 문제이다. 사회가 처한 시대 환경이나 지역적 조건에 따라 각기 다른 문제들이 유발된다. 따라서 시대적 맥락과 무관하게, 사회 문제 자체만으로 독립시켜 분류하기 어렵다. 사회 문제의 유형은 대략 다음과 같이 구분한다. 인종 문제 · 민족 문제 · 도시 문제 · 농촌 문제 · 노동 문제 · 토지 문제 · 실업 문제 · 인구 문제주택 문제 · 여성 문제 · 노인 문제 · 가정 문제 · 청소년 문제 · 비행 문제 · 매춘 문제 등이 있다. 또한 평화 문제 · 식민지 문제 · 학원 문제 · 자살 문제 등도 포함할 수 있다. 이러한 사회 문제의 발생 원인은 개인적인 것이 아닌 제도의 결함이나 모순 때문에 생긴다는 특징이 있다. 즉, 사회 문제는 사회 구조의 모순에서 생기는 것이다. 따라서 사회 문제를 해결하려면 사회 정책적 견지에서 결함이나 모순을 시정하여야만 한다. 우리 나라의 시대별 사회 문제와 원인을 살펴보면 다음과 같다.

| 우리 나라의 시대별 사회 문제와 원인 |

시 대	사회 문제와 원인
조선 후기	빈곤 — 생산력 부족
일제 강점기	빈곤 — 수탈, 생산 부족
1945~1961	빈곤, 범죄 — 전쟁
1962~1970	도시 빈곤, 범죄 — 산업화, 이농 현상
1971~1980	노사 문제 — 열악한 노동 환경 가족 해체, 청소년 문제 — 핵가족화, 외래 문화 유입
1981~1990	빈부차, 지역 감정, 부정 부패 — 불평등 분배 문제
1991~1997	환경 문제 — 개발 부작용 노인 문제 — 정년 조기화, 수명 연장
1998~	실업 인간성 결여 — 국제 금융 위기, 정보의 독점과 통제

사회법 社會法 ■

사법(私法)과 공법(公法)의 중간 영역으로서 사법이 공법화되어 가는 과정에서 발전한 법 영역을 사회법이라고 한다. 사회법은 독점 자본주의의 문제점을 해결하고 국민의 인간다운 삶을 보장하기 위하여 등장하였으며, 주로 현대 복지 국가에서 중요시된다. 그 예로는 근로 기준법 · 노동 조합법 · 노동 쟁의 조정법 등의 노동법, 독과점 규제 및 공정 거래에 관한 법률 · 소비자 보호법 등의 경제법, 국민 기초 생활 보장법 · 의료 보험법 · 아동 복리법 · 사회 복지 사업법 등의 사회 보장법 등이 있다.

사회 보장 제도 社會保障制度 ■ ■ ■

소득이 적거나 실업 · 질병 · 노쇠 · 재해 등의 사유로 생활에 불안과 위협을 받고 있는 경우 국가가 최소한의 인간다운 생활을 보장하는 제도를 말한다. 1935년, 미국의 뉴딜 정책에서 사회 보장법이 채택되면서부터 사회 보장이라는 말이 사용되기 시작하였다. 사회 보장

| 사회 보험과 공적 부조의 비교 |

구 분	공적 부조	사회 보험
목 적	생활 무능력자의 최저 생활 보장	산업 재해 · 노령 · 실업 등에 따른 미래 사회의 불안에 대처
대 상	생활 무능력자	보험료 부담 능력이 있는 국민
비용 부담	국가가 전액 부담	수혜자 국민, 국가. 기업
종 류	생활 보호, 의료 보호, 재해 구호	의료 보험, 국민 연금, 실업 보험, 산재 보험
특 징	소득 재분배 효과가 크지만 국가의 재정 부담이 크고, 근로 의욕을 상실시킬 우려가 있음.	강제 가입이 원칙, 능력별 부담, 비영리 보험으로 상호 부조적 성격이 강함.

에서 가장 기초가 되는 것은 소득 보장으로, 국가는 최소한의 소득을 보장하기 위하여 고용 정책·실업 수당이나 실업 보험·최저 임금 제도 등을 실시한다. 이 밖에 교육 보장·의료 보장·주거 보장 정책 등을 통하여 국민들의 최소한 인간다운 삶을 보장한다. 사회 보장은 비용 부담자가 누구냐에 따라 보험에 가입한 개인과 고용주 그리고 국가가 분담하는 사회 보험, 보험료를 부담할 능력이 없는 빈곤자에게 국가가 모든 비용을 부담하는 공적 부조로 나뉜다. 구체적으로 사회 보험과 공적 부조의 차이를 살펴 보면 앞 페이지 표와 같다.

사회 보험 社會保險 ■■

국가가 국민 생활 안정을 보장하기 위하여 만든 사회 보장 제도의 하나이다. 정부가 보험 제도를 이용해 국민의 상해·질병·노령·실업·사망 등의 재난 상황을 보호하고자 하는 것으로, 크게 다음과 같이 구분한다. 노동 능력을 상실한 경우에 대비한 산업 재해 보험·의료 보험과 노동 기회의 상실에 대비한 실업 보험·연금 보험이다. 사회 보험은 일반 보험과는 달리 법에 의하여 강제적으로 시행된다. 보험료는 개인·기업·국가가 각자 몫에 따라 분담 지불하는 것이 원칙이다. 보험료의 산정은 위험의 정도보다는 소득에 비례하여 분담함을 원칙으로 함으로써 소득의 재분배 기능을 지닌다. 우리나라는 산업 재해 보험과 의료 보험을 먼저 시행해 왔으며, 실업 보험 제도는 1995년 7월부터, 국민 연금 제도는 1988년 1월부터 운용하였다.

사회 유기체설 社會有機體設 ■

사회를 보는 관점 중에서 사회를 생물체에 비유하는 견해이다. 생

물체를 구성하는 세포 · 조직 · 기관과 같은 단위와 마찬가지로 사회
에도 개인 · 조직 · 계급 등과 같은 구성 요소가 있다는 것이다. 이
러한 유기체설에 의하면 사회는 개인의 특성만으로는 설명할 수 없
는 독특한 특성이 있으며, 사회는 개인의 의지와는 달리 운영되고
구성원 개개인에게 거역할 수 없는 통제를 가하기도 한다는 사회
실재론의 근간이 된다.

사회적 상호 작용 社會的相互作用 ■

상대방에게 의미나 영향을 주는 사회적 행동의 교환 과정으로, 협
동적 상호 작용, 경쟁적 상호 작용, 갈등적 상호 작용으로 구분한
다. 협동적 상호 작용은 공동의 목표 달성을 위하여 업무를 분담하
거나 서로 돕는 상태로서, 참여 기회의 평등한 보장과 목표 달성에
따른 혜택의 공평 분배가 이루어진다. 경쟁은 제한된 목표를 먼저
달성하려는 것으로, 정당한 수단을 통하여 목표를 추구하는 경우를
이르는 말이다. 갈등은 상충된 목표와 이해 관계로 인하여 서로 적
대시하거나 제거, 파괴하려는 상태를 말하며, 갈등이 심해지면 불
안이 지속되기도 한다. 하지만 갈등은 집단 내부의 결속을 강화하
고 사회적 혁신을 이루는 순기능을 하기도 한다.

사회적 성 社會的性 ■

사회 문화적 요인에 의하여 결정되는 후천적 성(gender) 역할로,
학습에 의하여 형성된다. 문화 인류학자인 미드가 발표한 뉴기니
섬의 세 부족의 성 역할 조사 자료 등에서 나타나는 바와 같이 사회
적 성은 각 사회에 따라 다르게 나타난다.

사회적 지위 社會的地位 ■

사회 속에서 개인이 차지하는 위치를 사회적 지위라고 하며, 출생과 함께 주어지는 귀속 지위와 후천적인 노력의 결과로 얻어지는 성취 지위가 있다. 각각의 사회적 지위에는 기대되는 임무나 행동 양식이 있는데, 이를 사회적 역할이라고 한다.

사회 정의 社會正義 ■■

정의는 개인의 정당한 몫을 배분해 주는 것으로, 이해가 상충되는 당사자들을 어느 한편을 일방적으로 부당하게 희생시키지 않고, 모든 당사자의 이익을 공정하게 고려하여야 한다는 원칙이다. 이 때 무엇이 정당한 것인가에 대해서는 절차를 중시하는 입장과 실질(결과)을 중시하는 입장이 있다. 전자를 절차적 정의 또는 형식적 정의라고 하고, 후자를 실질적 정의라고 부른다. 절차적 정의는 문제나 갈등의 해결 과정에서 적절한 규칙을 준수하는 것으로, 대화와 협상을 해 나가는 과정에서 지켜야 할 원칙으로는 협상과 대화를 하는 상대방을 존중하고, 자유스러운 분위기 속에서 합의를 이끌어내고, 합의된 내용을 성실히 이행하는 것 등이 있다. 실질적 정의는 문제나 갈등 해결의 결과 및 분배가 형평성 있게 이루어지는 것, 즉 공정하게 이익이 조정되는 수준을 말한다. 사회 정의에 대하여 미국의 철학자인 롤스는 그의 저서 《정의론》에서 다음과 같이 주장하였다. "모든 이에게 자유를 완벽하게 누릴 수 있도록 하여야 한다는 것이 정의의 첫째 원칙이고, 가장 빈곤한 사람들의 복지에 대하여 우선적으로 배려하여야 한다는 것이 정의의 둘째 원칙이다."

사회 탐구 社會探究 ■

사회 탐구는 문제 제기→가설 설정→자료 수집→자료 분석→결론의 과정을 거쳐 사회 현상의 인과 관계를 가치 중립적이며 객관적으로 탐구하는 과정이다. 이러한 사회 탐구는 의사 결정 과정에서 과학적 지식이 뒷받침되도록 하여 연구나 이론적 주장이 현실성 있는 설득력을 가지도록 해 준다. '가계 소득에서 과외비가 차지하는 비중은 어느 정도인가?', '자동차 10부제 운행의 효과는 무엇인가?' 등은 사회 탐구를 통하여 진위 여부를 확인할 수 있다. 제시된 문제의 성격이 추세, 영향, 원인 파악, 실태 분석 등의 내용인 경우에는 사회 탐구가 필요하다. 다만, 가치 탐구가 전제되지 않은 사회적 탐구는 문제 해결의 방향을 제시할 수 없으므로 무의미하다(→ 가치 탐구).

| 사회 탐구와 가치 탐구 |

사회 탐구	가치 탐구
문제의 인식, 문제 제기	가치 갈등 장면의 명확화
가설의 설정	다양한 대립적 가치의 규명
용어와 개념의 명확화	가치의 비교, 대조의 배열
자료의 증거와 수집	자신의 가치 규명
자료의 평가와 분석	가치의 통합적 발전
가설의 검증	가치에 대한 선택적 결정
일반화	가치의 선택의 근거 음미

사회화 社會化 ■ ■

한 인간이 자신이 속한 사회에서 그 사회가 기대하는 행동 양식과 규범, 가치 등을 학습해 가는 과정을 말한다. 고립아 또는 야생아라고 칭해지는, 사회에서 완전히 고립된 가운데 자라난 아이들의 연구를 보면 정상적인 사회적 인간으로 자라지 못하였음을 알 수 있다. 이들은 말을 하지 못하고, 네 발로 기어다니며, 공포에 싸여 있고, 적대적인 동물들에게서 나타나는 특성을 가지고 있었다. 이는 결국 인간다운 특성은 사회화 과정을 통하여 형성된다는 것을 의미한다. 결국 인간이 사회적 관계를 맺고 살아가는 존재란 선천적으로 타고난 것이 아니라 후천적인 학습에 의하여 형성된 것임을 나타낸다. 사회화 내용은 사회 생활에 필요한 기본적 지식(언어 · 문자 · 욕구 충족 방법 등)과 집단 생활에 필요한 능력과 태도(역할 · 규범 등), 문화적 가치와 신념(상징 · 규범과 가치 등), 개인적인 열망과 자아 정체감의 학습 등이다. 이러한 사회화는 개인의 성격을 형성하고, 미래의 사회적 지위와 역할에 맞는 행동 특성을 습득하게 하여 사회 구성원으로 성장하게 하며, 사회의 유지와 발전을 가능하게 한다. 사회화를 교육하는 기관은 대개 가족 · 지역 사회 등 유아기와 유년기에 기본적인 사회적 행동의 학습을 담당하는 1차적 사회화 기관과 학교나 직장처럼 공식적이고 전문적인 사회화 기관인 2차적 사회화 기관으로 나뉜다. 현대 사회에서는 대중 매체도 중요한 2차적 사회화 기관으로서의 역할을 하고 있다.

산업 구조 産業構造 ■

한 국가의 전체 산업에서 농업 · 공업 · 서비스업 등 각종 산업이 차지하는 비중과 상호 관계를 말한다. 산업 구조를 분류하는 데 가장 일반적으로 사용되는 것은 영국의 경제학자인 클라크가 만든 산업 분류 방식이다. 클라크는 경제 발전에 따라 각 산업에 종사하는 노동 인구 및 각 산업에 투자되는 자본, 각 산업에서 얻어지는 소득 등의 비중이 1차 산업 중심에서 2차 산업, 3차 산업으로 변해 간다는 점을 강조하였다. 여기에서 1차 산업은 농업 · 목축업 · 임업 · 어업 등 직접 자연에 작용하는 산업을 말하며, 2차 산업은 제조업 · 건

설업·광업 등이 포함되고, 3차 산업은 상업·금융업·운수 통신업
등을 말한다. 따라서 한 나라의 산업 구조를 살펴보면 그 나라나 특
정 지역의 경제 발전 정도를 가늠해 볼 수 있다. 산업 구조는 국내
총생산에서 1차 산업이 차지하는 비중이 감소하는 대신에 3차 산업
과 2차 산업의 비중이 증가하여 국민 경제 전체 산업에서 농림 수산
업→광공업→사회 간접 자본 및 서비스 산업의 순서로 이루어지
는데, 이러한 현상을 산업 구조의 고도화라고 한다.

| 우리 나라의 산업 구조 변화 |

구성비 산업별　연도	구 성 비(%)			
	1965	1970	1980	1993
1차 산업	58.5	50.4	34.0	14.7
2차 산업	10.4	14.3	22.5	24.4
3차 산업	31.2	35.3	43.5	60.9
계	100.0	100.0	100.0	100.0
취업자 총수 (단위:1,000명)	822	9,617	13,683	19,253

자료 : 한국의 사회 지표, 통계청, 1994

산업 혁명 産業革命 ■

18세기 중엽 영국에서 시작된 기술 혁신에 의하여 일어난 사회, 경
제 구조상의 변혁을 뜻한다. 좁은 의미에서는 생산 수단이 공장제
기계 공업으로 전환되어 대량 생산이 이루어지게 된 것을 말한다.
산업 혁명은 중상주의 결과 상업의 발달로 자본 축적이 이루어졌
고, 식민지를 통한 풍부한 원료 확보와 시장이 확보되고, 풍부한 지
하 자원과 값싼 노동력을 가지고 있던 영국에서 방직 기계의 발명
과 기술의 발달이 이루어지면서 시작되었다. 그 후 19세기 중엽까
지는 프랑스·독일·미국 등으로 확대되었고, 19세기 말에는 러시

아·일본 등에도 산업 혁명의 영향력이 확대되었다. 산업 혁명은 생산 방법의 변화뿐 아니라 대량 생산에 의한 물질적 풍요를 가져오고, 인구의 증가와 도시화가 촉진되었으며, 자본주의가 발전하면서 자본가와 노동자 계층 간의 대립을 가져오기도 하였다.

삶의 질 ■■

현대 복지 국가는 대부분 사회 구성원의 삶의 질을 향상시키는 것을 목표로 하고 있다. 그런데 물질적 풍요는 인간다운 삶의 필요 조건이 될 수는 있어도 충분 조건이 되지는 못한다. 이 때문에 국민들의 삶의 질을 향상시키기 위해서는 양적인 팽창과 소비의 풍요에서 정신적 만족과 자연의 조화를 꿈꾸는 삶으로 변화시키려는 노력이 필요하다. 삶의 질을 결정하거나 나타낼 수 있는 객관적인 요소로는 경제적 수준을 나타내는 1인당 국내 총생산(GDP), 경제 성장률 및 물가 상승률, 건강과 보건의 보장 정도, 교육과 학습의 정도 및 환경, 고용 및 근로 생활의 질 등이 있으며, 주관적인 요소로는 개인의 만족감이나 행복감을 가져오는 것으로는 원만한 대인 관계나 사랑과 존경의 욕구 실현, 삶의 목표를 추구해 가는 진취적인 정신 등을 꼽을 수 있다. 결국 삶의 질을 향상시키기 위해서는 환경과 복지를 중시하는 질적인 경제 성장을 추구하면서, 소득의 공정한 분배와 국민들의 최저 생활의 보장이 실현되고, 인권 보장이 이루어져야 할 것이다. 또한 국민들이 능동적이고 주체적인 삶을 추구하여 사회 구성원들이 개성을 발휘하고 자아를 실현할 수 있게 된다면 참다운 복지 사회를 이루고 삶의 질을 향상시킬 수 있을 것이다.

3D 산업 ▪

더럽고(dirty) 어렵고(difficult) 위험한(dangerous) 분야의 산업을
이르는 말로, 최근 우리 나라에서도 일자리가 부족하여 실업이 증
가하는데도 3D 산업 기피 현상이 나타나 섬유 · 전자 · 신발 · 건
설 · 탄광 등에서 심각한 인력난을 겪고 있다. 이런 현상이 지속되
면 관련 분야의 임금이 지나치게 상승하고, 노동 생산성이 떨어지
며, 노동 시장이 왜곡될 우려가 있다. 최근에는 원거리(distant)라
는 특성을 지니고 있는 원양 업계를 더하여 4D 산업이라고 부르기
도 한다.

상대적 빈곤 相對的貧困 ▪

상대적 빈곤은 의식주를 포함하여 특히 문화적인 생활 면에서 다른
대상과 비교하여 주관적으로 느끼는 심리적 빈곤을 말한다. 흔히
의식주 등 인간의 기본적인 욕구를 해결하지 못하는 상태를 절대적
빈곤이라고 한다. 이러한 절대적 빈곤은 경제 성장을 통하여 사회
전반의 생활 수준이 높아짐으로써 지속적으로 해결할 수 있다. 그
런데 상대적 빈곤은 동일 사회 내의 다른 사람과 비교하여 적게 가
지는 경우이므로, 특정 사회의 전반적인 생활 수준과 관련된 개념
으로 상대적 박탈과 불평등의 개념과 밀접한 관련을 지니고 있다.
결국 상대적 빈곤은 특정 사회의 구성원들 중에서 다수가 누리는
생활 수준에 미치지 못하는 수준을 의미하며, 사회적 관습과 생활
수준에 의하여 크게 달라질 수 있다. 따라서 우리 나라처럼 소득 분
배의 형평성이 확보되지 않는 경우에는 절대 소득이 증가한다고 할
지라도 상대적 빈곤 문제는 더욱 악화될 수 있다.

상대적 윤리설 相對的倫理設 ■

윤리학에서 중요한 관점 중 하나인 절대적 윤리설에 반대되는 개념이다. 상대적 윤리설은 과학 기술의 발달에 따른 사회 양상과 생활 조건의 급격한 변화를 배경으로 윤리적 선의 기준을 행복 및 쾌락과 유용성에 두고, 윤리적 행위를 인간 관계를 얼마나 정의롭고 평화롭게 만들며, 모두가 자아를 성취할 수 있게 노력하느냐에 달려 있다고 보는 입장이다. 이들에 의하면, 사회 구성원들의 행복이나 목표 성취에 도움이 되는 행위는 윤리적으로 인정되고 그렇지 못한 행위는 제재를 받음으로써 사회가 바르게 나아갈 수 있다고 본다. 절대론이 현실성이 떨어지는 한계가 있다면, 상대론은 현실적이지만 개인과 장소에 따라 조작될 우려가 있다(→ 절대적 윤리설).

상대주의 相對主義 ■

절대적으로 타당한 진리는 없으므로 타당성은 선택된 기준에 따라 정해지는 것이라는 주장이다. 이는 모든 진리나 가치는 그 기준에 따라 상대적으로 정해진다는, 인식과 가치의 상대성을 말하는 입장으로, 지신의 생각만을 절대적이라고 여기지 않고 다른 사람의 신념이나 견해를 존중하는 태도이다.

생명 공학 生命工學 ■

유전자를 다루는 유전 공학을 비롯하여 세포 배양 · 효소 공학 · 발효 공학 · 생물 공정 기술 등 생명체의 고유한 기능을 이용하여 인간에게 유용한 생물이나 물질을 만드는 기술을 말한다. 생명 공학 연구는 생물학 · 화학 · 미생물학 · 유전학 · 면역학 · 발생학 · 생화학 · 분자 생물학과 같은 기초 과학에 현대의 여러 가지 공학 기술을 접목한 것이라고 할 수 있다. 20세기 이후 큰 발전을 가져온 생명 공학으로 인하여 인간은 생물을 마음대로 조작하고, 그동안 신의 영역이라고 여겨졌던 생명의 탄생 부분까지도 관여할 수 있게 되었다. 하지만 이러한 발전은 한편으로 인간의 존엄성 상실이라는 새로운 문제를 낳고 있다.

생물 다양성 협약 生物多樣性協約 ▪

인간의 무분별한 개발로 인한 생물 자원의 멸종을 방지하고, 빈곤한 국가에 있는 동 · 식물 자원의 상업화에서 나오는 이익을 독점해 온 선진국들이 동 · 식물이 자라고 있는 국가와 적정하게 배분할 것을 목적으로 한 협약이다. 이 협약은 환경 영향 평가의 도입을 유도하고, 각종 개발 사업이 발생시키는 생물에 대한 악영향을 최소화하며, 유전 자원을 이용할 때에는 상호 합의된 조건과 사전 통보된 협의에 따를 뿐 아니라 그에 따른 기술 접근과 기술 이전을 공정한 조건으로 각 당사국에 제공할 것 등을 규정하고 있다. 특히 생명 공학의 관리와 생명 공학의 수혜 배분에서 개발 도상국과 선진국이 공평하게 공유하고 활용하는 것을 강조하고 있다. 1987년, 유엔 환경 계획(UNEP)이 생물종 보호를 위하여 전문가 회의를 개최하면서 논의되기 시작된 후 여러 차례의 정부간 회의를 거쳐 1992년 6월, 유엔 환경 개발 회의(UNCED)에서 159개국 대표가 서명하여 채택되었으며, 1993년 12월 29일부터 본격 발효되었다.

생물학적 성 生物學的性 ▪

선천적인 성(sex)으로 생물학적 요인에 의하여 결정되는 신체적 차이를 말하며, 여성의 임신이나 출산 등이 이에 속한다.

생산 生産 ■■

생산 요소를 이용하여 사람에게 유용한 재화나 용역을 만드는 모든 경제 활동을 생산이라고 한다. 이 속에는 새로운 재화를 직접 만드는 일뿐만 아니라 그것을 보관, 저장, 운반, 판매하는 일 등을 포함하여 가치를 만들어 내거나 증가시키는 모든 활동이 포함된다. 즉, 농부가 농사를 짓고, 회사원이 공장에서 재화를 생산하는 것뿐 아니라 물건의 운반이나 보관, 의사의 진료 행위나 교사의 교육 활동도 일종의 생산이다.

생산 요소 生産要素 ■

생산 활동을 위하여 사용하는 자원을 생산 요소 또는 생산 자원이라고 한다. 전통적으로 우리는 토지, 노동, 자본을 생산의 3요소라고 한다. 여기서 토지는 땅뿐 아니라 바다와 하천 등 천연 자원을 포함하는 넓은 의미로 사용되며, 노동은 생산을 위한 인간의 모든 정신적, 육체적 노력을 말한다. 자본은 생산에 필요한 모든 물건을 사는 데 드는 돈을 말한다. 자본은 다시 기계 설비 · 공장 등과 같이 생산 과정에서 반복하여 사용되는 고정 자본과 원재료 · 부품 등과 같이 생산물에 포함되는 가변 자본으로 나뉜다. 현대 산업 사회에 있어서는 이러한 생산 요소들을 효율적으로 결합하고 조직하여 새로운 제품이나 기술을 개발하는 기업가의 경영 능력을 중요시하고, 이것을 제4의 생산 요소로 보는 경우도 있다

생태계 生態系 ■■

생태계는 생물적 환경과 비생물적 환경을 포함하여 그 속에서 상호 작용을 하는 생물의 군집을 말하며, 인간도 하나의 생물종으로서 생태계 속에서 다른 생물이나 비생물 환경과 상호 작용을 하며 살

아간다. 생태계는 자기 조절 능력이 있어서 항상 일정한 상태를 유지하려고 한다. 만일 균형을 잃으면 다시 새로운 안정 상태를 만들어 낸다. 그러나 생태계의 파괴 정도가 지나치면 회복 기능을 발휘하지 못하게 된다. 특히 환경 오염 및 무분별한 개발에 의한 생태계 파괴는 회복이 거의 불가능하다는 점에서 전 세계적으로 심각한 문제가 된다.

석유 수출국 기구 OPEC ■

이라크 · 쿠웨이트 · 사우디아라비아 · 이란 · 베네수엘라 등 5대 석유 생산국이 1960년 9월, 이라크의 바그다드에서 서방 측 석유 회사들의 일방적인 '유가 지시제(油價指示制)로부터 산유국들을 보호' 하기 위하여 설립한 기구이다. OPEC은 미국 · 영국 · 프랑스 등 국제 석유 자본에 대항하여 석유 가격 인상 및 산유국의 이익을 공동으로 보호하는 정책 조율에 목적을 두고 있다. 이에 따라 세계 석유 거래량의 상당 부분을 통제하고 있으며, 1973년 10월의 제4차 중동 전쟁 후 아랍 산유국은 석유 전쟁에 돌입하여 같은 해 10월 16일과 1974년 1월 1일 이후 두 차례에 거쳐 2.7배에 이르는 대폭적인 석유 가격 인상을 단행하여 이른바 오일 쇼크를 불러일으켰다. 이를 계기로 서구 국가들로 하여금 중립적인 중동 정책(中東政策)을 취하도록 유도하는 정치적 영향력을 발휘하기도 하였다. 본래 이 기구는 원유 공시 가격의 하락 방지, 산유국 간의 정책 교류를 목적으로 하는 가격 카르텔 성격이 강했다. 이후, 1973년 제1차 오일쇼크를 주도하여 석유가를 인상시키고부터 가격의 계속적인 상승을 위하여 생산량을 조절하는 생산 카르텔로 변모되었다. OPEC는 카타르 · 리비아 · 인도네시아 · 나이지리아 · 알제리 · 아랍에미리트 · 에콰도르 · 가봉 등이 가입하여 7개 아랍 국과 6개 비아랍 국

등 13개국으로 구성되어 있다.

선거 選擧 ■■

민주 국가에서 국민이 주권을 행사하는 가장 기본적이고 대표적인 방법이며, 국민이 정책 결정 과정에 참여하는 과정 중 하나이다. 국민을 대신하여 국가 정책을 수립하고 집행할 대표자를 올바르게 선출하느냐 선출하지 못하느냐 하는 것은 그 나라 민주 정치의 성패를 좌우하므로, 대의 정치가 보편화되어 있는 현대 민주 국가에 있어서 선거의 중요성은 더욱 커지고 있다. 선거가 지니는 기능은 국정을 담당할 대표자 선출하는 것뿐 아니라 국가 공권력 행사의 정당성 부여하고, 선거를 통하여 대표자에 대한 평가와 통제의 기능도 한다. 또한 이러한 과정을 통하여 국민이 주권자임을 확인하면서 주권 의식을 높이는 계기가 된다. 오늘날 민주 국가에서는 선거를 공정하게 치르고 민의를 올바르게 반영하기 위하여 일정한 연령에 달하면 누구에게나 선거권을 주는 보통 선거(↔제한 선거), 누구에게나 똑같이 표를 주어 투표 가치에 차등을 두지 않는 평등 선거(↔차등 선거), 투표자가 누구에게 투표하였는지 알 수 없게 하는 비밀 선거(↔공개 선거), 투표자가 후보자에게 직접 자신의 의사를 표하는 직접 선거(↔간접 선거) 등 선거의 네 가지 원칙을 채택하고 있다. 민주 국가에서는 이러한 선거의 기본 원칙 아래 여러 가지 선거 제도를 채택하고 있는데, 먼저 국민이 직접 대표자를 뽑는 직접 선거 제도와 국민이 뽑은 선거인단이 다시 대표자를 뽑는 간접 선거 제도가 있다. 그리고 선거구마다 한 사람의 대표를 뽑는 소선거구제와 두세 명 또는 그 이상의 대표자를 뽑는 중선거구제나 대선거구제가 있는데, 이 때 선거구를 임의로 정함으로써 생길 수 있는 폐단을 막기 위하여 대부분의 국가에서는 선거구를 법률로 정하는 선거구 법정주의를 채택하고 있다. 또, 당선자를 결정하는 방법에는 다수 대표제와 소수 대표제가 있는가 하면 비례 대표제, 직능 대표제 등도 있다.

선거 공영제 選擧公營制 ■

선거는 국가의 중요한 공무이므로 오늘날에는 선거 공영제가 널리 보급되어 있다. 이는 선거가 공정하게 이루어지도록 각 후보자에게 선거 운동의 기회를 균등하게 보장하고 선거 비용을 국가가 부담하는 것을 내용으로 한다.

선물 시장 先物市場 ■

1848년, 미국 중서부 곡창 지대의 중심에 위치한 시카고에서는 해마다 되풀이되는 수급상의 문제와 창고 부족 및 수송 수단 미비 등 여러 가지 비능률적이고 불합리한 유통상의 문제를 안고 있었다. 이에 따라 이러한 문제를 바로잡고, 새로운 상거래 방식을 통하여 곡물의 수급과 유통의 원활성 및 효율성을 높여 보자는 목적으로 상인들이 중심이 되어 세계 최초의 근대적인 선물 거래소라고 일컬어지는 시카고 상품 거래소를 설립하였다. 이를 통하여 발전한 선물 시장은 상품이나 외국환에 대한 장래에 있어서의 인수 인도 계약이 매매되는 시장이다. 따라서 선물 시장에서는 상품 자체가 거래되는 것이 아니라, 실제 거래되는 것은 선물이라고 일컬어지는 장래에 있어서의 인수 인도 계약뿐이다. 선물 시장의 중요한 경제적 기능은, 가격 변동의 위험을 원하지 않는 헤저(hedger)로부터 가격 변동 위험을 감수하면서 보다 높은 이익을 추구하려는 투기자로의 이전을 가능하게 한다는 점이다. 또한 현재의 선물 가격이 미래 현물 가격에 대한 예시 기능을 수행함으로써 현재 시점에서 실수요자에 해당되는 생산자, 소비자 등 각 경제 주체들의 의사 결정에 커다란 영향을 미치고, 미래 가격 변동의 불확실성을 어느 정도 제거함으로써 현물 시장의 수요 공급에 영향을 미쳐 현물 가격의 변동을 안정화시키는 기능을 수행한다. 그리고 농산물의 경우 선물 시장이 가져다 주는 가격 예시 기능의 부차적인 효과로 장기 보관이 가능한 농산물의 출하 시기를 적절히 조절함으로써 농산물의 수급을 안정시키고 이를 통하여 적절한 시기에 자원 배분의 효율성을 증대시킨다고 볼 수 있다.

성 불평등 현상 性不平等現象 ■■

남성 또는 여성으로서의 성 역할에 대하여 나타나는 차별적 대우를 말한다. 이러한 성 불평등은 여성이 남성보다 선천적으로 열등하다는 잘못된 믿음에서 시작된다. 많은 연구에 의하며 남성다움과 여성다움의 규범은 사회가 남성과 여성에게 적합하다고 생각하는 행동 양식과 가치관을 학습시킨 후천적인 결과이며, 선천적으로 남녀 간에 능력에 차이가 있는 것은 아니다. 따라서 여성이 남성에 비하여 소극적이고 나약한 존재이기 때문에 남성의 보호가 필요하다는 등의 생각은 잘못이다. 이러한 생각에 기초하여 나타나고 있는 여

| 성 불평등 현상의 극복 방안 |

개인적 차원	• 여성다움 및 남성다움의 편견을 인정 • 성 역할의 편견 인식 • 양성성의 개발
제도적 차원	• 가족법 · 남녀 고용 평등법 등 법과 제도의 정비, 효과 확보 • 교육 기회의 균등 보장 및 교육 과정 개편 등 정책 개발 • 여성의 사회 진출 확대
사회 의식	• 가정 교육을 통한 가치관의 정립 • 남녀 상호 조화와 보완성

성에 대한 차별(가정에서의 역할, 직장에서의 보수나 지위, 교육 기회) 또한 부당한 것으로 당연히 시정되어야 한다.

성비 性比 ■

여성 100명에 대한 남성의 수, 즉 성비가 100 이상일 경우에는 전체 인구에서 남성 인구가 여성 인구를 상회하고, 100 이하일 경우에는 여성 인구가 남성 인구를 상회함을 의미한다. 우리 나라의 성비는 통계를 살펴보면 1993년에 115.3으로 가장 높았다가 점차 감소하여 1998년에는 110.1, 1999년에는 109.6명이다. 하지만 아직도 남아 과다 출산이 지속되고 있으며, 이러한 추세로 보면 2010년에는 남성 13명 중 3명이 신부를 구하지 못할 전망이다.

성의 상품화 ■

성(性)이 시장에서 하나의 상품으로 취급당하는 현상을 일컫는다. 이러한 성 상품화에는 매춘과 같이 직접적으로 성이 매매의 대상이 되는 것뿐만 아니라 광고 · 영화 · 비디오와 같은 영상 매체에서 소비자들의 성적인 자극을 유발함으로써 판매를 촉진시키는 데 성을 이용하는 것도 포함된다. 예컨대 여성들의 벗은 모습 등을 광고로 사용하는 것이나 TV 프로그램에서 여성의 자극적인 모습이나 언어로써 여성을 성적으로 이용하는 것도 여기에 포함된다.

성취 지위 成就地位 ■

후천적 노력의 결과로 얻어지는 지위로, 주로 현대 산업 사회 이후에 중요성이 증대하였다. 이와 대비되는 것으로는 귀속 지위가 있는데, 이는 출생과 함께 주어지는 지위로 전통적 신분 사회에서 중요시되었다.

세계 무역 기구 WTO ■■■

1986년 우루과이 라운드(UR) 협상 시작 이후, GATT(관세 및 무역에 관한 일반 협정, 1947년 출범) 체제를 정비하여 다자간 무역 기구로 전환하는 작업이 이루어진 끝에 1995년 1월 1일 세계 무역 기구(World Trade Organization)이 공식 출범하였다. WTO는 국제 무역 분쟁의 조정과 반덤핑 규제 등의 자유 무역을 신장할 권한을 가진 새로운 국제 무역 질서의 심판관 역할을 하고 있다. WTO 협정을 맺은 국가는 다음 준수 사항을 마련하였다. 첫째, 회원국의 생활 수준 향상, 완전 고용, 실질 소득과 유효 수효 증가를 추구하며 상품과 서비스 생산 및 교역을 증진한다. 둘째, 세계 자원의 효율적인 이용을 도모하고 환경 보존 수단을 공유한다. 셋째, 관세 및 무역 장벽을 철폐하고 국제 무역상 차별을 금한다. 넷째, 다자간 무역 체제를 구축한다. 새로운 협상 과제로는 블루 라운드(BR), 기술 라운드(TR), 경제 정책 라운드(CR) 등이 있다. 한국에는 유럽 연합(EU) · 북미 자유 무역 협정(NAFTA) 등 지역주의가 극심해지는 데 따르는 불이익이나, 미국 · EU 등 선진국의 일방적인 무역 보복 조치의 피해를 줄일 수 있다는 장점이 있다.

세계화 世界化 ■■

삶의 단위가 민족 국가의 단위를 넘어 지구촌으로 바뀌어 국가간 인적, 물적 교류가 자유로이 이루어지는 지구촌 사회가 되는 것을 이르는 말이다. 이러한 세계화 현상은 교통과 통신 기술의 발달과 항구적 평화 · 공정한 국제 교류의 필요성 · 인구 증가 · 환경 오염 등과 같은 지구촌 공동 과제의 등장과 신자유주의 이념에 따른 각국의 정치 경제적 개방화 경향으로 인하여 나타난 국제적 현상이다. 세계화 현상이 촉진되면서 민족 및 국가의 의미와 영향력이 감소하고, 개인과 기업 및 국가간 상호 의존도가 높아져 상호 이해와 협력의 필요성 증가하고 있다. 하지만 세계화 현상은 국가간의 빈부 격차를 심화시켜 전 세계를 20 대 80의 사회로 만든다는 비판을 받고 있기도 하다. 세계화 시대에서 생활하기 위해서는 배타적 민족주의 타파, 국가간 상호 이해와 협력의 필요성 인식, 국제적 경쟁력 확보, 세계 공통의 보편적 가치와 인류애 추구의 정신이 필요하다.

소득 분배 所得分配 ■

경제 활동에서 분업에 의한 생산을 통해 산출된 생산물이나 소득이 사회 구성원에게 분배되는 것을 뜻한다. 소득 분배 문제는 인간의 기본적 삶의 여건을 조성하는 주요한 경제 문제로, 분배 방식은 각 사회의 경제 체제에 따라 다르다. 근대 경제학에서는 미국의 경제학자 클라크의 이론을 바탕으로 개인적 분배와 기능적 분배로 구별한다. 개인적 분배는 개개인 또는 개개 세대(世帶) 사이의 분배이다. 기능적 분배는 생산 과정에 관여하는 생산 요소(노동 · 토지 · 자본)의 각 기능에 따른 분배이다.

소비자 권리 消費者權利 ■

1962년, 미국의 케네디 대통령은 소비자 보호 특별 교서로 안전의 권리, 알 권리, 선택의 권리, 의견을 말할 권리 등 소비자의 4개 권리를 천명하였으며, 이후 이에 따른 제도상의 권리를 소비자의 권리라고 말하기도 한다. 소비자의 권리는 세부적으로 볼 때 ① 모든 물품 및 용역으로 인한 생명 신체 및 재산상의 위해로부터 보호받을 수 있는 안전에 관한 권리, ② 물품 및 용역을 선택함에 있어서 필요한 지식 및 정보를 제공받을 권리, ③ 물품 및 용역을 사용 및 이용함에 있어서 거래의 상대방·구입 장소·가격·거래 조건 등을 자유롭게 선택할 권리, ④ 소비 생활에 영향을 주는 국가 및 지방 자치 단체의 정책과 사업자의 사업 활동 등에 대하여 의견을 반영시킬 권리, ⑤ 물품 및 용역의 사용 또는 이용으로 인하여 입은 피해에 대하여 신속, 공정한 절차에 따라 적절한 피해 보상을 받을 권리, ⑥ 합리적인 소비 생활을 영위하기 위하여 필요한 교육을 받을 권리, ⑦ 소비자 스스로의 권익을 옹호하기 위하여 단체를 조직하고 이를 통하여 활동할 수 있는 단결과 단체 활동의 권리 등이다.

소비자 보호법 消費者保護法 ■

소비자의 권익을 보호하기 위하여 만든 법률이다. 국가·지방 자치 단체·사업자의 의무, 소비자·소비자 단체의 역할을 규정하고 소비자 보호 정책의 기본 사항을 마련하였다. 이 법에 의하여 국가는 소비자의 생명 및 신체에 대한 안전과 경제적 권익을 보호하고, 소비 생활의 합리화를 기할 수 있도록 필요한 시책을 수립, 실시할 의무를 진다. 아울러 지방 자치 단체도 국가의 시책에 준하여 당해 지역의 실정에 맞는 소비자 보호 시책을 마련하고, 이를 실시할 의무를 지고 있다. 소비자 보호법은 소비자의 기본적 권리 및 역할을 규정한 총칙을 비롯하여 국가 및 지방 자치 단체의 의무, 사업자의 의무, 소비자 단체, 소비자 정책 심의 위원회, 한국 소비자 보호원, 벌칙 등 7장으로 나뉜 전문 53조와 부칙으로 되어 있다. 소비자 보호법이 규정하고 있는 소비자의 기본적 권리는 다음과 같다.
소비자는 스스로의 안전과 권익을 위하여 다음 각 호의 권리를 향유한다.
① 모든 물품 및 용역으로 인한 생명·신체 및 재산상의 위해로부

터 보호받을 권리.

② 물품 및 용역을 선택함에 있어서 필요한 지식 및 정보를 제공받을 권리.

③ 물품 및 용역을 사용 또는 이용함에 있어서 거래의 상대방 · 구입 장소 · 가격 · 거래 조건 등을 자유로이 선택할 권리.

④ 소비 생활에 영향을 주는 국가 및 지방 자치 단체의 정책과 사업자의 사업 활동 등에 대하여 의견을 반영시킬 권리.

⑤ 물품 및 용역의 사용 또는 이용으로 인하여 입은 피해에 대하여 신속, 공정한 절차에 의하여 적절한 보상을 받을 권리.

⑥ 합리적인 소비 생활을 영위하기 위하여 필요한 교육을 받을 권리.

⑦ 소비자 스스로의 권익을 옹호하기 위하여 단체를 조직하고 이를 통하여 활동할 수 있는 권리.

소비자 심리 지수 消費者心理指數 ■

미시간 대학은 지난 1946년 이래 미국 전역에 걸쳐 500명의 미국인들에 대한 전화 인터뷰를 통하여 소비자 심리 지수를 산정, 발표하고 있다. 기준을 100으로 하여 이보다 높으면 미래 소비를 많이 할 것을 나타내고, 100 아래로 나타나면 소비가 위축되는 것을 의미한다. 소비자 지출이 미국 경제 활동의 3분의 2를 좌우한다는 점에서 월 가의 이코노미스트 및 정책 입안자들은 미시간 대학의 소비자 심리 지수를 예의 주시하고 있다.

소비자 주권 消費者主權 ■ ■ ■

자본주의 경제에서는 소비자들이 시장에서 어떤 물건을 얼마나 사느냐에 따라 생산물의 종류와 수량이 결정된다. 이처럼 자본주의 체제에서 '무엇을 생산할 것인가' 라는 문제가 소비자들의 선택에 의하여 결정되는 현상을 소비자 주권이라는 개념으로 설명한다. 즉 소비자들이 자원을 최종적으로 배분하는 힘을 가진다는 의미로서 소비자 주권이라고 한다. 그런데 이러한 소비자 주권은 오늘날 많은 제한을 받는다. 재화의 종류와 양이 많아져 품질을 판별하기 어렵고, 독과점 기업이 출현하여 가격 기구를 무력화시키며, 수많은 광고가 소비자의 판단력을 흐리게 하기 때문이다.

소비자 파산 消費者破産 ■

소비자 개인들 중에서 빚이 너무 많아 정상적인 생활이 어려운 사람에게 빚을 면제해 주는 일종의 채무자 구제 제도이다. 빚을 갚기 위해서는 정상 생활이 불가능하다고 여겨지는 사람은 법원에 소비자 파산을 신청할 수 있고, 이 때 법원은 채무자의 재산 상황을 조사한 뒤 현실적으로 갚을 능력이 없다고 판단될 경우 파산을 선고, 모든 빚을 탕감해 준다. 파산자는 채무가 면제되지만 금융 거래에 제한이 가해지고 기업체나 정부 기관에 취직하는 데에도 제약이 따른다.

소자녀관 小子女觀 ■ ■ ■

산업화와 도시화에 따른 잦은 인구 이동과 핵가족화의 보편화, 인구 증가 문제를 해결하기 위한 출산 억제 정책, 여성의 교육 수준과 의식의 상승 및 사회 진출 기회의 확대, 자녀 교육비의 증가 등으로 인하여 자녀에 대한 의식에도 변화가 생기기 시작하였다. 이에 따라 적은 수의 자녀를 낳으려는 경

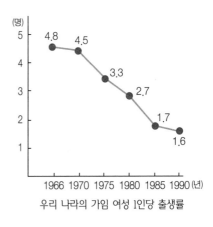

우리 나라의 가임 여성 1인당 출생률

향이 강해졌는데, 이를 소자녀관이라고 한다. 이러한 소자녀관이
확산되면서 부모의 자녀에 대한 과잉 보호로 인한 이기적 아동이
늘어나고, 친족간 유대감 약화로 인한 소외감이 커지며, 경제 활
동 인구의 감소로 인한 노인 부양 문제가 사회적 문제로 등장하는
등 많은 부작용도 나타나고 있다. 이러한 현상으로 인하여 가족
내의 대화와 친족 및 이웃간의 유대 강화가 어느 때보다도 중요해
졌다.

소호 족 SOHO族 ■

소호(Small Office Home Office) 족이란 1인 또는 2~3인이 집 또
는 작은 사무실을 개설하여 자유로운 출 · 퇴근 시간, 수평적 관계
를 가지면서 전문적인 일을 하는 이들을 칭한다. 이들은 통신 장비
와 컴퓨터 시스템을 활용하는 것이 보편적이다.

수요 · 공급의 법칙 ■

자유 경쟁 시장에서 수요와 공급이 일치되는 점에서 시장 가격과
균형 거래량이 결정된다는 원칙을 말한다. 만약 수요가 공급보다
더 많은 초과 수요가 발생하면 수요자들 사이의 경쟁으로 가격이
상승하고 이에 따라 수요량은 감소하고 공급량은 증가하여 균형 가
격으로 돌아가게 된다.

수정 자본주의 修正資本主義 ■

자유 방임주의적 시장 경제 체제가 경제 공황으로 그 영향력을 상
실하면서 정부의 적절한 개입을 통하여 자본주의 경제의 모순을 해
결하고 경제 발전을 이루려는 주장을 말한다. 케인즈의 경제 이론
에 바탕을 두고 만든 뉴딜 정책이 그 성과물의 대표작이라고 할 수

있으며 복지 국가 또한 수정 자본주의의 한 형태라고 할 수 있다. 수정 자본주의는 기존의 자본주의 경제의 기본 골격은 그대로 유지하면서, 실업이나 인플레이션 같은 문제를 해결함에 있어 정부의 적극적인 개입을 허용한다는 점에서 나온 말이다.

스마트 카드 smart card ■

대용량 정보 저장이 가능한 미래형 선불 카드로 집적 회로(IC) 기억 소자를 장착하였다. 신용 카드는 물론 전자 화폐·신분증·건강 카드 등 다양한 기능을 함께 사용할 수 있는 카드이다. IC 카드라고도 하는 스마트 카드는 기존의 자기 카드에 비해 대형 기억 용량, 다양한 기능 및 안정성을 갖추었다. 하지만 이 스마트 카드가 도입되면 개인의 신상 정보가 쉽게 유출되고 사생활이 침해될 우려가 있으므로 카드 발급을 반대하는 주장도 있다.

스태그플레이션 stagflation ■■■

기존의 경제 이론에 따르면 경기가 침체되어 있을 때에는 물가는 떨어지고, 반면에 물가가 계속해서 오를 때에는 경제는 호황 상태에 놓여 실업률이 하락하는 역의 상관 관계를 가지는 것으로 생각하였다. 그런데 1970년대 석유 파동이 일어나면서 선진국에서 물가가 상승하는데도 불구하고 실업이 늘어나는 현상이 발생하면서 기존의 물가

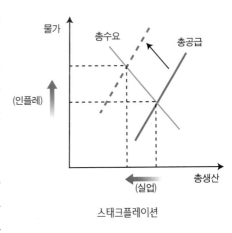

스태크플레이션

와 실업에 대한 이론으로는 설명이 불가능한 현상이 생겨났다. 이

를 스태그플레이션이라고 한다. 이 때는 경제 성장과 물가 안정 어느 쪽도 달성하기 어려운 상황이 된다는 문제점이 있다. 즉 경제 성장을 위한 확장 정책은 물가 수준을 더욱 상승시키고, 물가 안정을 위한 긴축 정책은 실업을 더욱 심화시키기 때문에 정책 선택이 어렵게 된다. 이것은 결국 기술 혁신이나 산업 구조 조정을 통한 경제의 체질 강화 노력을 통하여 해결할 수 있다.

시너지 효과 synergy效果 ■

단일한 기능이 다중으로 상호 작용하게 되어 얻는 효과로, 상승 효과라고도 한다. 산업에서는 경영 다각화를 꾀할 때, 새로 도입되는 분야나 제품이 그 자체로 이익을 줄 뿐 아니라 다른 분야나 제품과 상승 작용을 일으켜 더 큰 이익을 발생시키는 것을 말한다. 시너지 효과는 신제품을 추가할 때 기존의 유휴 설비 · 동일 기술 · 동일 유통 경로(구조) 등을 활용함으로써 발생한다.

시민 市民 ■

시민은 민주 사회의 구성원으로 권력 창출의 주체로서 권리와 의무를 가지며, 자발적이고 주체적으로 공공 정책 결정에 참여하는 사람이다. 고대 사회에서는 일종의 특권 계급으로 존재하였고, 근대에는 부를 축적한 부르주아 계급으로 시민 혁명을 주도한 계층을, 현대 사회에서는 대다수의 사회 구성원 전체를 의미한다. 자발성과 보편성이며, 비판적 사고와 합리적 의사 결정 능력을 가지고 있다는 점에서 대중과는 대비되는 개념으로 사용된다. 시민 개념의 역사적 변천은 다음 표와 같다.

구분	고대 그리스	고대 로마	절대 왕정기	시민 혁명기
의미 · 활동	폴리스의 구성원으로 일정 연령 이상의 남자→정치 과정에 직접 참여	시민권(투표권, 공무 담임권)이 부여된 사람들로서 이방인도 시민권 행사 가능	상공업으로 부를 축적한 유산 계급→절대 왕실의 지지 세력으로 봉건 영주에 대항	시민 사회 형성의 주체→경제적 자유, 민주적인 사회 제도, 정치 참여의 확대 요구
한계	특권 계급(외국인, 여자, 노예 배제)	특권 계급(여자, 노예 배제)	제3신분으로 왕과 귀족의 지배를 받음.	노동자, 농민, 빈민의 정치 참여가 제한됨.

시민 운동 市民運動 ■

시민들이 자발적이고 자율적인 집단 행위로서, 공익에 이바지할 수 있다고 믿는 특정 대안을 제시하거나, 공익에 해를 끼친다고 생각되는 정책 · 제도 · 관행 등을 제거하도록 다른 시민들을 계몽하고 관계 기관에 자극과 압력을 행사하는 활동이다. 최근에는 시민 단체 또는 비정부 기구(NGO) 활동을 시민 운동과 동일하게 생각하는 경우가 많다.

시민 혁명 市民革命 ■■

절대 왕정기를 통하여 크게 성장한 부르주아 계급이 봉건 제도의 모순을 극복하고, 국가 권력을 획득하여 사회의 주도권을 잡으려한 역사적 사건을 시민 혁명이라고 한다. 시민 혁명은 영국의 명예 혁명에서 미국의 독립 혁명을 거쳐 프랑스 대혁명에서 완성되었다. 이 중 프랑스 혁명의 경우 봉건적 신분 제도와 토지 소유의 모순을 극복하고, 시민의 권리를 인권 선언에 명시하였으며, 혁명의 주요 시기에 항상 민중 운동이 함께 하였다는 측면에서 가장 전형적인 시민 운동이라고 할 수 있다. 시민 혁명을 주도하는 사람들이 내세운 주요 이념은 세습 전제 군주제 타파, 시민에 의한 정부 권력의 형성과 운영이었으며, 시민 혁명의 성공으로 시민들은 정치적 자유와 법 앞의 평등을 획득하고, 경제 활동의 자유를 보장받게 되고, 이후 유럽 사회에 개인주의와 자유주의의 확산을 가져왔다.

| 시민 혁명의 내용 |

구 분	원 인	경 과	결 과
영국의 명예 혁명 (1688)	찰스 2세와 제임스 2세의 전제 정치	메리와 윌리엄 총독의 공동왕 추대	의회 중심의 입헌 정치 수립
미국의 독립 혁명 (1776)	영국의 과도한 인지세와 관세 부과	보스턴 차 사건 → 독립 선언문 발표	민주 공화국
프랑스 혁명 (1789)	구제도의 모순	구제도의 모순 → 국민 의회 구성 → 바스티유 감옥 습격 → 인권 선언문 발표	시민 계급이 주도하는 프랑스 사회 수립

시장 市場 ■

경제학에서 본 시장은 물건을 사고 파는 장소적 시장만이 아니라 상품이나 서비스에 대한 모든 정보들이 집결되고 유통되는 관계를 포괄적으로 의미한다. 따라서 금융 시장·상품 시장·노동 시장·증권 시장·외환 시장·부동산 시장 등과 같이 어떤 상품에 대한 정보가 수요자와 공급자 사이에 교환되고 그 결과로 가격과 거래량이 결정되어 거래가 이루어지게 하는 매개체인 추상적인 시장까지 포함하는 개념이다.

시장 경제 체제 市場經濟體制 ■

사유 재산 제도에 기초하여 모든 경제 주체들이 시장 가격에 따라 자율적으로 선택하는 가운데 기본적인 경제 문제가 해결되는 경제 체제이다. 경제적으로 시장이라는 용어는 특정한 장소를 뜻하지 않고, 판매자와 구매자가 서로 만나 거래가 이루어지게끔 하는 장치 또는 제도를 지칭한다. 시장 경제 체제는 사적 소유와 밀접하게 결합되어 있기 때문에 보통 자본주의 또는 자유 기업 경제라고도 한다.

시장의 실패 ■■■

독과점의 폐해 · 환경 오염 · 공공재의 공급 부족 등으로 시장이 제 기능을 다하지 못하여 공공의 이익을 충분히 보장하지 못하는 현상으로, 결국은 시장이 자원의 최적 분배를 이루지 못하는 것을 말한다. 시장의 실패는 시장의 가격 기능만으로는 자원의 효율적인 배분이 이루어지지 않는 경우만을 의미한다. 따라서 엄밀하게 보면 소득 불평등 · 경기 변동 · 실업 증가 등은 시장의 실패가 아닌 자본주의의 구조적인 모순으로 볼 수 있다.

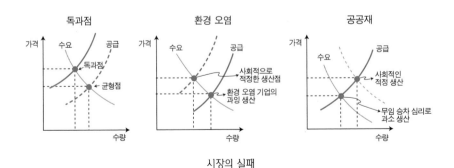

시장의 실패

신민 臣民 ■

전통적 신분제 사회에서 권력과 재산을 소유하지 못한 채 의무만을 가지고 권력자에게 복종과 착취의 대상으로 존재하던 계급을 이르는 말이다. 정치 행태에 있어 수동적 무관심층에 해당한다.

신사회 운동 新社會運動 ■

1960년대 말부터 서구 사회에서 기존의 노동 운동을 중심으로 하는 계급 투쟁적 성격의 사회 운동에서 벗어나, 환경 운동, 여성 운동, 평화 운동 등의 새로운 가치를 추구하는 운동이 일어나게 되는데, 이를 신사회 운동이라고 한다. 신사회 운동은 다원적 가치를 중시하고 다양한 분야의 쟁점을 대상으로 하며, 인류와 지구의 미래에 관련된 문제에 대한 관심을 표명한다. 오늘날의 시민 운동은 대부분 이러한 신사회 운동의 부류라고 할 수 있다.

신자유주의 新自由主義 ■■

'보이지 않는 손'과 자유 방임주의로 대변되던 18~19세기 자유주의는 경제 공황의 발생으로 영향력을 상실하고, 이에 대한 대안으로 케인즈주의로 대표되는 국가 개입주의가 등장하였다. 복지 국가와 수정 자본주의 시대가 도래한 것이다. 그러나 정부의 적극적인 개입이 모든 경제 문제를 해결해 주리라는 환상은 1970년대 석유 파동과 함께 나타난 스태그플레이션으로 깨지고 말았다. 이에 따라 케인즈적 개입주의는 공격받고, 팽창한 복지 국가는 막대한 조세 부담에 억눌려 휘청거리자 '작은 국가'와 '시장 경쟁의 확대'를 표방하는 신자유주의 정책이 나타났다. 신자유주의 이론은 세계화의 흐름 속에서 유행으로 번져 갔고, 자유 무역의 실현이라는 이름으로 세계 무역 기구를 통한 전 세계의 단일 시장화를 시도하고 있다.

이와 같은 경제 이론의 변화 경향에 따라 영국의 대처, 미국의 레이건 정부 등 신자유주의적 성향을 지닌 정부가 선진 공업국에 등장하면서 그 영향력이 더 커졌다. 이에 따라 국제적으로는 자유 무역이 확대되고 규제의 완화와 공기업의 민영화를 통한 작은 정부를 지향하는 것이 오늘날 대부분의 국가의 경제 정책의 방향이다. 하지만 신자유주의적인 정부의 비개입 정책은 실업자·빈민·소수 민족 등의 사회적 약자에 대한 복지 혜택은 줄어들고, 노동 시장의 유연성이 강조되어 노동자들의 지위가 약화된다는 면에서 부정적인 시각도 많이 있다.

신흥 공업국 新興工業國 ■

1970년대의 석유 파동에 따른 세계 경제의 침체에도 불구하고 지속적인 수출 신장으로 고도의 경제 성장을 이룩한 개발 도상국을 이르는 말이다. 신흥 공업국에 속하는 나라로는 '아시아의 네 마리 용'이라고 불리는 싱가포르·한국·대만·홍콩과 브라질·이스라엘·멕시코·타이 등이 있었다.

실버 산업 silver産業 ■ ■

노령자를 대상으로 하는 주거·의료·휴양·관광 등의 산업을 말하는 것으로, 노령이라는 말의 부정적 이미지를 없애기 위하여 은발을 뜻하는 말에서 따왔다. 이러한 실버 산업은 주로 노령 인구가 큰 비중을 차지하는 선진국에서 성장하는 산업이다. 최근 조사에서 노인들은 유료 노인 주거 시설·노인 전문 병원·스포츠 시설·재교육 기관·주거 겸용 실버텔 등의 시설이 만들어지기를 원하고 있으며, 노후에 실버 타운에서 생활하기를 원하는 경우도 70퍼센트를 넘고 있다.

실업 失業 ■

사람들이 일할 능력과 의사를 가지고 있음에도 불구하고 취업의
기회를 갖지 못하고 있는 상태를 일컫는다. 실업은 그 발생 원인에
따라 경기적 실업, 마찰적 실업, 구조적 실업, 계절적 실업 등으로
구분한다. 경기적 실업은 경제 불황으로 노동에 대한 수요가 감소
할 때 발생하는 것으로 호경기일 때에는 실업률이 떨어지고 불경
기일 때에는 실업률이 증가하게 된다. 마찰적 실업은 근로자가 한
직장에서 다른 직장으로 옮기는 과정에서 발생하는 것으로, 보다
나은 직장을 찾아 일시적으로 직업을 그만두거나 이사를 할 때 등
에 나타난다. 따라서 마찰적 실업은 자본주의 사회에서는 항상 존
재하게 된다. 구조적 실업은 산업 구조와 기술의 변화로 발생한다.
정보화의 급속한 진전으로 컴퓨터를 잘 다루지 못하는 사람은 실
업자가 될 가능성이 커진다. 따라서 구조적 실업은 호황일 때에도
발생한다. 실업은 개인적인 측면에서 보면 물질적인 생존 기반의
상실을 의미할 뿐만 아니라 자존심을 크게 손상시키는 것으로 개
인의 가정 생활과 사회 생활을 파국으로 이끌 수도 있으므로 그 부
작용이 크며, 사회적으로도 생산 자원의 낭비를 가져오고, 사회적,
정치적 불안을 초래하는 요인으로 각종 범죄의 요인이 되기도 한
다. 이와 같은 문제점을 안고 있는 실업에 대한 대책은 그 성격에
따라 달리 세울 수 있다. 경기적 실업의 경우에는 공공 사업에 대
한 정부의 투자 확대로 고용 기회를 창출하여야 하며, 구조적 실업
은 새로운 직업 교육이나 인력 개발에 투자를 확대하고, 마찰적 실
업이 발생하면 취업 정보를 효율적으로 제공하는 것이 효과를 거
둘 수 있다.

실정법 實定法 ■

실정법은 경험적, 역사적 사실에 의하여 법적 타당성과 적합성을 기준으로 국가에 의하여 제정된 법으로, 각 사회와 민족의 법 문화에 따라 다양하게 나타난다.

실질적 정의의 원칙 ■

공공 문제의 해결 과정에서 이해 당사자들이 공정한 이익의 조정을 통한 합리적 분배가 이루어지도록 하는 것을 말한다. 이에 반대되는 절차적 정의의 원칙은 의사 결정 과정의 대화와 협상에서 상호 존중과 자유로운 합의를 통한 해결을 모색하는 것이다.

심급 제도 審級制度 ■

공정한 재판을 확보하기 위하여 급이 다른 법원에서 여러 번 재판받을 수 있도록 하는 제도이다. 우리 나라에서는 원칙적으로 3심제를 채택하고 있는데, 1심 판결에 불복하여 2심 판결을 구하는 것을 항소라고 하며, 2심 판결에 불복하여 3심 판결을 구하는 것을 상고라고 한다.

아노미 현상 ■

지배적인 규범이나 가치가 없어 혼란에 빠진 상태를 이르는 말이
다. 산업 사회가 급속하게 발전하면서 세대간의 가치관 차이, 여성
과 남성, 지역간 또는 계층 집단 사이에 많은 생각의 차이가 나게
되고, 이에 따라 지배적인 가치 지향이 없이 혼란을 초래하게 된다.
아노미(anomie) 상태에서는 사람들이 무기력해지고 소외감을 느끼
며 경우에 따라서는 질서와 법을 무시한 채 자신의 이익만을 추구
하는 경향을 보인다. 특히 수단과 방법을 가리지 않고 목적만을 추
구하는 사람이 많아질 때 그 사회는 혼란과 불안 및 부정 부패가 만
연하게 되고 사람을 불신하는 경향이 커진다.

아시아 · 유럽 정상 회의 ASEM ■

아시아와 유럽 간 협력 체제를 구축하기 위한 회의이다. 1994년
10월, 싱가포르에서 세계 경제인 포럼 주관으로 개최한 아시아 유
럽 연합 회의를 통해 구상되었다. 참가국은 2009년 현재 아시아에
서는 브루나이 · 중국 · 인도네시아 · 일본 · 필리핀 · 싱가포르 · 말
레이시아 · 한국 · 타이 · 베트남 · 라오스 · 미얀마 · 캄보디아, 유럽
에서는 EU(European Union:유럽연합) 27개국이다. ASEM은
자유 무역 촉진, 무역과 투자 확대, 국제 연합(UN) 개혁, 환경 보
호, 약물 · 화폐 위조 · 국제 범죄 · 테러 저지 등에 관하여 협조한
다. 제1차 회의는 1996년 3월에 타이 방콕에서 개최하였고, 제2
차 회의는 1998년 4월에 영국 런던에서, 제3차 회의는 2000년

10월에 서울에서 개최되었다. 제3차 회의에서는 정치·안보 분야에서 남·북 정상 회담과 화해 협력 과정을 지지하였고 '한반도 평화에 관한 서울 선언'을 채택하였다. 경제·재무 분야에서는 '유라시아 초고속 정보 통신망'을 구축하고, 두 지역 간 과학·기술 협력을 약속하였다. 사회·문화 분야에서는 ASEM 장학 사업을 발족시켰다. 또한 신규 사업 '세계화에 관한 ASEM 라운드 테이블'을 채택하여 선진국과 개방 도상국 간 공조 체제를 강화하기로 하였다.

아시아·태평양 경제 협력체 APEC ■■

1989년 1월, 한국과 호주 정상 회담에서 이 지역의 지역 경제 협력체 창설 필요성에 합의하여 그해 11월, 호주 캔버라에서 한국·미국·일본·오스트레일리아·캐나다·뉴질랜드와 ASEAN 6개국 등 12개국이 참여한 가운데 제1차 회의를 열었다. APEC(Asia Pacific Economic Cooperation) 회원국들이 광대한 태평양 연안 국가라는 점 이외에는 역사·문화·경제 발전 단계 등이 모두 상이함에도 불구하고, EU나 NAFTA 등 전 세계적으로 나타나고 있는 세계 경제의 지역주의와 보호주의 추세에 효율적으로 대처하고, 다자간 무역 협상에서 공동 이익을 추구하면서 자유로운 국제 무역 질서를 수립할 것을 목적으로 활발한 활동을 하고 있다. 2000년 현재 회원국은 20개 국가이며, 1993년, 미국 대통령인 클린턴의 제안에 따라 국가 정상급 국제 회의로 정착되었으며, 조직은 비공식 회의, 각료 회의, APEC 자문 위원회, 회계, 예산 운영 위원회, 무역 투자 위원회, 경제 위원회 등으로 구성되어 있다.

아집 我執 ■

생각의 범위가 좁아서 전체를 보지 못하고, 자기 중심의 한 가지 입장에서만 사물을 보고 문제를 해결하려는 사고 방식을 말한다. 즉, 자기를 세상의 중심으로 삼는, 자기에게 집착하고 자기를 내세우는 모든 생각과 마음이 아집이다. 아집은 과거의 성장 배경과 생활 환경에 따라 길들여지고 습관화된 마음의 틀이므로 한번 아집에 빠지면 그것을 깨닫기 전까지 계속 굳어져 가는 경향이 있다. 아집에 사로잡히면 사고가 객관적이지 못하고, 공정하지 못하며, 폐쇄적이 된다.

안락사 논쟁 安樂死論爭 ■

살아날 가망이 없는 환자의 고통을 덜어 주기 위하여 인위적으로 죽음에 이르게 하는 일을 안락사라고 한다. 중세 크리스트 교회에서부터 생명은 신의 영역에 속해 있는 것으로 어떤 이유에서든 인간의 손이 함부로 개입되어서는 안 되며, 따라서 안락사는 일종의 살인 행위로 처벌의 대상이 되어 왔다. 그러나 근대적 합리주의와 의학의 발달로 인하여 18세기 말에 와서는 죽음의 고통에서 해방시키기 위한 안락사를 인정하는 사고 방식이 생겨났다. 생명의 존엄성을 주장하는 쪽과 환자들이 자신의 존엄성을 지키면서 자신의 생을 마칠 권리가 있다고 주장하는 입장이 대립하는 가운데 사회적 쟁점으로 떠오르고 있다.

안티 사이트 anti-site ■

최근 인터넷에는 안티 사이트가 큰 반향을 불러일으키고 있다. 혼자서는 해결하기 어려웠던 개인적인 불만들을 사이버 공간을 통하여 표출하고 있는 안티 사이트는 비슷한 처지에 있거나 생각이 같은 사람들이 서로 정보를 교환하며 인터넷 사이트를 통하여 알림으로써 항의하고 비슷한 피해의 재발을 막기 위한 활동을 하면서 사이버 신문화로 등장하였다. 안티 사이트는 개인 저널리즘의 한 종류이다. 인터넷 인구의 폭발적 증가에 힘입어 소수만이 독점하던 정보가 불특정 다수에 의하여 생성되기에 이르렀다. 자신의 생각을 표출하여 같은 생각을 지닌 사람과 정보를 공유하고 이슈화한다. 그리고 합리적인 해결 방안을 찾아 실천하여 사이버상이 아닌 현실 세계로 이동한다. 특히 인터넷이 지니는 자유로운 의사 교환의 기능이 안티 사이트를 활성화시키는 중요한 요소가 되고 있다. 지난 2001년 6월, 안티 사이트는 위법하지 않다는 법원의 판결 이후 눈에 띄게 활동하는 사이트만 해도 대략 50여 개에 이르고 비공개로 활동하는 안티 사이트까지 세어 보면 1,000개에 이를 것으로 추산할 정도로 활성화되어 있다. 안티 사이트는 크게 한 업체의 제품에 피해를 입고 불매 운동을 벌이는 특정 업체의 안티 사이트, 연예인이나 정치인에 대한 불만을 담고 있는 특정 인물 안티 사이트, 한 이슈에 대하여 반대 캠페인을 벌인 뒤 사라지는 단발성 안티 사이트 등 세 가지로 나뉜다. 최근 안티 사이트들은 반대를 위한 반대를 넘어 법률, 기술 자문까지 참여시켜 대기업 등의 강자에게 합리적이고 논리적인 대응을 하고 있다. 이처럼 안티 사이트는 소비자를 보호하고 권리를 확대하는 소비자 주권을 실현해 가고 있으며, 정치인에게도 두려운 존재가 되고 있다. 안티 사이트가 바람직한 모습으로 발전하려면 반대를 위한 반대가 아니라 개선과 개혁을 위한 사이트, 의견 수렴의 장을 지향하고, 약자를 보호하며, 건전한 문화를 확산시키는 사이버 시민 운동으로 발전해 가는 것이 필요할 것이다.

암시장 暗市場 ■

정상 가격이 아닌 가격 수준에서 재화가 비합법적으로 거래되는 음성적인 시장을 암시장이라고 한다. 천재지변이나 전쟁 등으로 물자가 부족해지면, 국가는 물자의 생산 · 판매 가격을 통제하게 된다. 이러한 상황에서 국가가 금지한 품목이 판매되는 경우 매우 비싼 가격으로 거래되는데, 이러한 거래를 바탕으로 암시장이 형성된다. 일반적으로 최고 가격 제도가 시행되면 균형 가격보다 낮은 수준에서 공정 가격이 결정되어 초과 수요가 발생하므로 수요자 측에서는 최고 가격 이상의 높은 가격에서도 재화를 구입하려는 사람이 존재하고 공급자 측에서도 최고 가격 수준보다 높은 가격에서라도 공급을 더 늘리려는 사람들이 존재하기 때문에 자연히 공정 가격이 아닌 비합법적인 가격에서 거래가 이루어지게 된다. 이 때의 거래 가격이 암가격(暗價格)이다.

야경 국가 夜警國家 ■

근대 민주 국가에서 나타난 국가관으로, 국가의 역할을 국방과 치안 등 최소한으로 제한하여 국민의 기본권의 최대한의 보장을 이상으로 하며, 자유 방임주의적 사고를 바탕으로 형성되었다. 시민 혁명을 통하여 근대 민주주의를 성립시킨 시민 계급은 국왕으로 상징되는 국가 권력이 국민의 자유와 권리를 억압한다고 생각하였기 때문에, 혁명을 성공시킨 후 세운 새로운 국가에서는 가능한 한 국가의 역할을 축소시키려고 함으로써 야경 국가관이 널리 퍼졌다.

야스쿠니 신사 靖國神社 ■

야스쿠니는 제2차 세계 대전의 일본인 전몰자 250여 만 명의 위패가 안치된 국가 신사로 도쿄 중심가 황궁 부근에 있다. 이곳에는

1979년 4월에 태평양 전쟁의 A급 전범 도조 히데키 등 일곱 명의 위패를 옮겨왔는데, 이것이 일본 총리를 비롯하여 정치인들의 참배가 국제적인 파문을 일으키는 중요한 이유이다. 특히 일본 총리가 일본 군국주의의 상징인 야스쿠니 신사를 참배하는 것은 결국 일본이 우경화(右傾化)되어 다시 군국주의 부활이라는 망상에 빠질 우려가 있기 때문이다.

양성성 兩性性 ■

전형적인 남성다움과 여성다움의 장점을 골고루 갖춘 인성을 말한다. 과거에는 남성성과 여성성의 구분이 너무 엄격하여 남성의 특질을 보이는 여성이나 여성의 특질을 지닌 남성을 비정상적인 것으로 간주하였다. 그러나 최근 정서적으로 건강하고 사회적으로 적응을 잘 하는 남성은 전형적인 남성성 특질을 강하게 지닌 사람이기보다는 부드럽고 따뜻한 인격을 통합한 남성이라고 제안하고 있다. 여성도 얼마간의 남성적 특질을 지닌 여성이 전형적인 여성성을 지닌 여성보다 사회적, 정서적 적응 능력이 높다고 한다. 이와 같이 여성성과 남성성을 공유한 사람을 일컫는 용어가 양성성이다. 양성성을 지닌 사람이 전형적인 남성성이나 여성성을 지닌 사람보다 자신감이 있고, 업무 성취 능력이 있으며, 사회적으로 적응 능력이 높다고 한다. 즉 양성성은 사회적 성 역할의 고정 관념을 이루는 내용 중에 여성적 특성과 남성적 특성 중 바람직한 것만이 결합하여 공존하는 것으로, 성격과 행동이 독립적이면서도(고정 관념상의 남성성) 부드러운(고정 관념상의 여성성) 기존의 성 역할에 얽매이지 않는 건강하고 적응적인 성격을 의미한다. 사회적으로 성공하고 주위 사람들과 원만한 인간 관계를 유지하며 인기를 얻고 있는 사람들은 대부분 양성적 성향을 나타낸다는 연구가 있다. 따라서 성차별을 해소하기 위해서는 적극적인 양성성의 개발이 필요하다.

양적 연구 量的研究 ■

양적 연구는 계량화된 자료를 통하여 증거를 제시하고 분석하여 연관성을 밝히는 문화 연구 방법이다. 양적 연구는 인간의 내면적인 특성까지 계량화함으로써 사실을 지나치게 단순화시키고, 심지어 인간의 자율적이고 역동적인 상호 관계를 수량적 관계로 바꾸어 놓음으로써 사회 현상에 내재되어 있는 인간의 의도나 가치로부터 분리하여 이해하려고 한다는 지적을 받고 있다.(→ 질적 연구)

양출 제입 量出制入 ■

가계를 비롯한 일반 민간 경제는 수입의 크기를 보고 지출을 결정, 즉 양입 제출(量入制出)한다. 이에 비해 정부의 재정은 한 회계 연도의 지출의 크기를 먼저 정하고 이에 맞추어 세금을 거둔다. 이를 양출 제입의 원칙이라고 한다. 한편, 민간 경제는 수입 중에서 사용하고 남겨 저축하는 것을 바람직한 소비로 보는 데 비해 재정은 수지가 균형을 이루는 것이 바람직한 재정의 형태로 본다.

ABC 제도 ■

신문 · 잡지 · 웹사이트 등의 발행 부수나 접촉자 수 등을 공개하도록 한 제도이다. 매체가 스스로 보고한 매체량을 전문 기구에서 객관적으로 조사, 확인하여 공개한다. 신문 · 잡지 등의 경영 합리화와 광고 발전에 기여함을 목적으로 한다. 대중 신문이 출현하여 신문 경영 측면에서 광고 수입 비중이 커지면서 광고의 중요성에 대한 인식이 높아졌다. 1900년대에 이르러 광고주는 광고 지면에 대한 알 권리를 주장하게 되었고, 이에 따라 1929년에 영국 광고주 협회의 전신인 전국 광고주 회의에서 ABC(Audit Bureau of Circulations System) 창설을 공식 결의하였다. 1914년, 미국에서 최초로 ABC 기구가 설립되었으며, 오늘날에는 주요 선진국에서 ABC 기구가 활발하게 활동하고 있다. 아시아의 경우에는 인도가 1946년에 창립하였으며, 일본이 1952년에 창립한 것을 비롯하여 한국·싱가포르·말레이시아 등에서 ABC 기구가 설립되어 운영되고 있다

N세대 ■

인터넷으로 대표되는 네트워크 세대라는 의미에서 붙여진 신세대를 칭하는 말로, 베이비 붐 세대와 X세대를 잇는 차세대를 의미한다. 이 세대는 컴퓨터와 정보 통신의 발전 속에 성장하여 오락과 학습은 물론 쇼핑과 의사 소통까지 거의 모든 활동을 컴퓨터, 비디오 게임, 읽기 전용 콤팩트 디스크 기억 장치(CD-ROM)와 같은 디지털 매체를 통하여 해결한다. 편지 대신 전자 메일을 띄우고 면전 대화보다는 모니터와 컴퓨터를 매개체로 한 채팅을 즐긴다. 의사 표시가 적극적이고 분명하여 좋고 싫은 것이 확연하게 구분되며, 한 가지 일에 몰두하는 경향을 보이기도 한다. 시키지 않아도 광적으로 한 가지 일에 빠져든다. 그래서 통신 중독증에 걸린 이들이 많다. 이들은 또한 인터넷을 통하여 의견을 개진하고, 또래 집단끼리 세력도 만들어 간다. N세대가 상업적으로 이용되어 쉽게 사라지는 단어가 될 가능성도 배제할 수는 없지만, 지금까지는 하나의 문화 주체로서 자리잡아 가고 있다.

M&A ■

mergers and acquisitions의 약칭인 M&A는 기업의 인수 및 합병을 칭하는 말로, 외환 위기 이후 우리 기업의 경쟁력 강화나 구조조정과 관련하여 사회적 관심이 커지고 있는 분야이다. 기업이 외형적인 성장을 추진하거나, 신규 사업에 참여하거나, 신기술을 획득함에 있어서 새로운 기업의 창업보다는 기존 기업의 인수가 비용을 절감할 수 있고, 경영상의 노하우를 쉽게 획득할 수 있다. 이 때문에 다른 기업에 대한 경영권 인수를 위한 지분 확대가 활발해지고 있다. 합병하는 해당 기업들이 합의에 의하여 인수나 합병이 이루어지는 우호적 M&A와 상대방이 의사가 없음에도 불구하고 해당 기업의 주식을 매입하여 강제적으로 경영권을 확보하는 적대적 M&A로 나눌 수 있다.

MP3 ■

CD, 즉 콤팩트 디스크에 기록된 음악을 인간의 제한된 청력을 고려하여 약 12 대 1로 압축한 포맷으로, 국제 표준화 기구(ISO)에서 고음질 오디오 압축의 표준안으로 채택된 기술을 칭하는 말이다. 보통 650MB 용량의 콤팩트 디스크 한 장에 7시간 이상 분량의 음악을 저장할 수 있다. 이러한 MP3가 상용화되면서 저작권 보호 문제가 새로운 이슈로 떠오르고 있다.

엥겔 계수 Engel計數 ■

가계의 소비 지출 중에서 식료품비가 차지하는 비율을 나타낸 지표로, 가계의 생활 수준을 측정하는 데 사용한다. 식료품은 필수품이므로 소득 수준과 상관없이 소비되면서도, 일정 수준 이상은 소비되지 않는 재화이다. 따라서 저소득 가계도 식료품비 지출은 어는 정도까지는 지출되며, 소득이 증가하더라도 식료품비는 큰 폭으로 증가하지 않는다. 그러므로 가계의 전체 지출액에서 식료품비가 차지하는 비율 즉, 엥겔 계수는 소득이 늘어날수록 점차 감소한다. 가계의 소비 지출액이 150만 원이고, 그 중에서 식료품비의 지출액이 50만 원이라면 엥겔 계수는 33 정도가 된다.

$$\text{엥겔 계수} = \frac{\text{음식물비}}{\text{총 생계비}} \times 100$$

일반적으로 엥겔 계수가 20퍼센트 이하이면 상류(최고도 문화 생활), 25~30퍼센트는 중류(문화 생활), 30~50퍼센트는 하류(건강 생활), 50퍼센트 이상은 최저 생활 등으로 분류된다. 우리 나라 국민의 엥겔 계수는 1980년 42.9퍼센트, 1990년에는 32.5퍼센트, 1995년 25.1퍼센트로 점차 낮아졌으나 외환 위기를 거치면서 1997년에는 27.5퍼센트로 다시 증가한 것으로 조사되었다. 이는 도시 근로자들이 수입이 줄어들자 학원 강습·여가 생활 등을 위한 가계의 소비 지출을 줄였기 때문이다.

여론 정치 輿論政治 ■■

국민의 여론을 정책에 구체화시켜 정치를 하는 것을 여론 정치라고 한다. 현대 간접 민주 정치에서는 정당이나 이익 집단이 국민의 여론을 정치에 반영하는데, 여론 정치가 바르게 이루어지기 위해서는 국민들의 다양한 의견이 자유롭고 소신 있게 제시될 수 있도록 언론·출판과 집회·결사의 자유가 보장되어야 한다.

여성의 자기 결정권 ■

20세기 초반 이후 여성성에 대한 논의가 활발해지며 본격화된 개념으로, 인간으로서 당연히 지녀야 할 일반 권리 이외에 생리적 특수성을 지닌 여성에게 보장되는 권리를 의미한다. 최근에 사후 피임약의 시판과 관련하여 관심이 대두되고 있다. 특히 피임은 여성이 자신의 몸을 통제, 출산을 조정할 수 있는 권리로 인정되는 것이 일반적이다. 세계 보건 기구(WHO), 국제 가족 계획 연맹(IPPE) 등의 지침에도 여성들의 생식권, 원하지 않은 아이의 출산하지 않을 권리, 피임 선택권 보장을 강조하고 있다.

역할 갈등 役割葛藤 ■■

한 사람이 동시에 여러 지위를 갖거나, 한 가지 지위에 대하여 동시에 여러 가지 역할이 기대될 때 나타나는 역할 모순이나 긴장 상태를 이르는 말이다. 현대 사회에서는 인간 관계가 복잡화되고 업무의 전문화와 분화로 인하여 역할 갈등이 크게 증가하고 있으며, 이러한 역할 갈등이 심화되면 개인적으로는 심리적 불안이 생기고 사회적으로는 혼란을 초래할 우려가 있다.

| 역할 갈등의 종류 |

구 분	의 미	예
역할 모순	한 사람이 동시에 두 가지 이상의 지위를 가질 때 생기는 역할 충돌	희극 배우인 아버지가 자녀를 잃었을 경우의 역할 충돌
역할 긴장	하나의 지위에 대하여 요구되는 역할이 다양한 경우	교사에게 학생을 대할 때 엄하면서도 따뜻함을 요구할 때

영국의 선거법 개정 ■

영국은 산업 혁명의 결과, 인구의 도시 집중에 따라 인구 분포에 큰
변동이 일어났음에도 불구하고 선거구는 그대로였다. 이러한 비현
실적인 선거구의 개정과 아울러 참정권의 확대 요구로 제1차 선거
법 개정안이 통과되어 중류 계급 이상에게 선거권이 부여되었다.
이에 선거권을 얻지 못한 노동자들은 차티스트 운동(1839~1848)
을 일으켜 참정권을 인정받았다. 이후 3차, 4차, 5차에 걸쳐 선거원
이 확대되면서 오늘날과 같은 보통 선거제가 정착되었다. 그 과정
을 살펴보면 다음과 같다.

| 영국의 선거법 개정 |

선거법 개정	연도	당시 정부(수상)	내용(선거권자 비율)
제1차 선거법 개정	1832	휘그 당(Grey)	중류 계급 이상(4.5%)
제2차 선거법 개정	1867	보수당	도시 노동자 이상(9%)
제3차 선거법 개정	1884	자유당	농촌·노동자 이상(10%)
제4차 선거법 개정	1918	자유당	남 21세, 여 30세(46%)
제5차 선거법 개정	1928	보수당(Baldwin)	남녀 21세(62%)

5·18 민주화 운동 五一八民主化運動 ■

1979년 10·26 사건으로 박정희 정권의 유신 체제가 무너지고, 각
계 각층에서 민주화를 요구하는 운동이 크게 일어났다. 그러나 전
두환·노태우 등 신군부 세력은 12·12 사태를 통하여 군 지휘군
을 장악하여 군사 독재 정권을 연장하려고 하였다. 이에 비민주적
인 조치에 반대하여, 전라남도·광주의 시민과 학생들은 '계엄령
철폐와 전두환 퇴진, 김대중 석방'을 요구하며 대규모 시위를 벌였

다. 이에 신군부 세력이 공수 부대를 파견하여 강제 진압을 시도하였고, 시민과 학생들이 시민군을 조직하여 대항하였다. 이 과정에서 많은 시민과 학생들이 희생당하였다. 결국 5 · 18 민주화 운동은 군부 독재의 연장을 저지하려는 시민들의 민주화 운동이었다.

오존층 ozone層 ■

성층권에서 오존의 농도가 높은 곳이 20~30킬로미터 부근에 존재하는데, 이 대기층을 오존층이라고 한다. 이 오존층은 태양에서 오는 자외선을 흡수하여 지상의 생물체를 자외선으로 보호하는 중요한 일을 담당하고 있다. 이러한 오존층이 최근에 급격하게 파괴되고 있어 DNA 파괴 · 피부암 발생 · 피부 노화 촉진 · 백내장 발생 · 엽록소 파괴 · 생태계 파괴 · 식량 생산량 감소 · 플랑크톤 감소 등의 부작용이 나타날 우려가 커지고 있다. 오존층 파괴의 주범은 프레온 가스(CFC)의 과다 사용이다. 프레온 가스가 공기중에 방출되면 분해되지 않고 성층권까지 올라가서 오존층을 연속적으로 파괴한다. 프레온 가스는 발포 분사제(각종 스프레이) · 냉장고와 에어컨의 냉매제 · 전자 제품의 세척제 등에 사용하고 있다. 한편, 남극 지방의 오존층 파괴가 더 심한 것은 남극 지방이 갖는 특이한 기상 현상 때문이라고 알려져 있다. 북극 지방에서는 적도로부터 열이 잘 전달되지만 남극 지방은 적도로부터 열이 잘 전달되지 않는다. 따라서 남극에는 성층권에 고체 입자들이 많이 존재하게 되고 프레온 가스가 이 입자에 붙어 오존층을 빠른 속도로 파괴하기 때문에 남극 지방에는 오존 홀이라는 오존 구멍이 생긴 것이다.

온실 효과 溫室效果 ■

대기 오염이 심해지면 대기중의 수증기 · 이산화탄소 · 메탄 · 오존

등이 지표면으로부터의 복사 에너지를 흡수하여 지구 표면의 온도를 비교적 높게 유지하는 현상이 일어난다. 이는 온실의 유리가 열에너지를 차단하는 것과 마찬가지의 영향이 미친다는 의미로 온실 효과라고 한다. 구체적으로 살펴보면, 대기는 태양에서 복사되는 단파장을 거의 통과시켜 지표면까지 도달시키지만 지표면에서 방출되는 복사는 장파장이기 때문에 대기중의 수증기 · 이산화탄소 등에 대부분 흡수되거나 다시 열로 지표면으로 방출된다. 이 때문에 지표면과 하층 대기는 온도의 상승이 있게 된다. 오늘날 화석 연료의 소비가 증가하고 삼림이 줄어들어 대기중 이산화탄소의 비율이 증가함에 따라 그 심각성이 날로 가중되고 있다. 이러한 지구의 온도 상승으로 빙하가 녹아 해수면이 상승하고 이상 기온 현상이 나타나고 있다.

외국인의 법적 지위 ■

일반적으로 외국인은 내국인만큼 완전한 기본권을 누리지 못하는데, 참정권이나 거주 이전의 자유, 언론 · 출판 · 집회 · 결사의 자유 등이 어느 정도 제한된다. 그러나 외국인도 가장 기본적인 인간의 권리는 내국인과 동등하게 누려야 한다. 우리 나라에 거주하는 외국인의 경우 인간의 존엄성을 존중받는 것 · 행복 추구권 · 평등권 · 신체의 자유 · 사생활의 비밀과 자유 · 양심의 자유 · 종교의 자유 · 학문의 자유 등 거의 모든 자유권은 내국인과 동등하게 누릴 수 있다.

외부 효과 外部效果 ■■

어떤 경제 활동과 관련하여 제3자에게 의도하지 않은 혜택이나 손해를 가져다 주면서도 이에 대한 대가를 받지도 않고 비용을 지불하지도 않는 것을 외부 효과라고 한다. 조림 사업이나 과수원 주인 과 양봉업자의 관계처럼 어떤 개인의 행위가 정당한 가격의 지불 없이 다른 개인에게 이익을 주는 경우를 외부 경제라고 하며, 반대 로 환경 오염과 같이 다른 개인에게 불리한 영향을 미치는 경우를 외부 불경제라고 한다. 이러한 외부 효과는 시장의 가격 기구의 기 능을 제한하는 것으로, 자원의 최적 배분이 이루어지는 데 방해 요 소가 된다.

외화 보유액 外貨保有額 ■

한 나라의 수입 대금 결제 및 대외 부채 상환 등 대외 지급 능력을 나타내는 개념이다. 넓은 의미로는 한 나라가 어느 시점에서 보유 하는 대외 외환 채권의 총액을 말한다. 즉, 정부나 중앙 은행이나 상사가 보유하는 외화 등의 합계액이다. 외화 보유액을 유지하기 위하여 차입하는 일도 있다. 한편, 좁은 의미로는 통화 당국이 보유 중인 외화 보유액만을 가리키며, 실질적으로는 외화 준비액과 같은 뜻으로 쓰인다. 외화 보유액은 한 나라의 대외 신용을 나타내는 중 요한 지표가 된다.

외환 위기 外換危機 ■

지속적인 국제 수지 적자나 자국의 화폐 가치가 불안정으로 인하여 한 나라의 외환 보유액이 부족해져 채무 불이행과 같은 상황이 나 타나는 경제상의 위기를 말한다. 우리 나라의 1997년 말에 금융 기 관의 과도한 외채 도입과 기업들의 많은 부도로 인하여 외환 보유 액이 부족해지고 원화 가치가 급격하게 하락하면서 국제 통화 기금 (IMF)의 경제 원조를 받는 외환 위기를 겪었다.

용역 用役 ■

재화와 함께 경제 행위의 객체가 되는 것으로, 형태는 없으면서 인간의 만족을 충족시켜 주는 사람들의 활동이나 작용을 말하며, 흔히 서비스라고 한다. 교사의 수업 행위·의사의 진료 활동·가수의 음악 활동 등이 모두 용역에 속한다.

우루과이 라운드 UR ■■

관세와 무역에 관한 일반 협정(GATT)의 여덟 번째 다자간 무역 협상으로, 우루과이에서 1986년 9월에 시작되었기 때문에 붙인 명칭이다. 주로 농업·서비스 업과 지적 재산권 등의 분야에서의 자유 무역의 실현을 위하여 각국의 시장 개방을 위한 협상으로, 1993년 12월에 타결되었다. 우루과이 라운드(Uruguay Round)의 주요 내용은 ① 모든 교역품의 관세 인하, 비관세 장벽은 낮추거나 관세화, ② 농산물·섬유·천연 자원 등 폭넓은 시장 개방, ③ 금융·통신 등 서비스 교역 분야 개방, ④ 지적 재산권 보호 강화 등이며, 특히 농산물 수입에 대한 관세 장벽을 허물 것을 포함하고 있다. 이 협상이 타결되면서 그동안 관세 장벽의 철폐를 통한 자유 무역을 추진해 오던 GATT 체제가 막을 내리고 보다 강력한 제재 수단을 가지는 새로운 국제 기구인 세계 무역 기구(WTO)가 1995년에 출범하였다.

유럽 연합 EU ■■

1993년 11월에 발표된 마스트리히트 조약에 따라 유럽 12개국이 참가하여 출범한 연합 기구이다. 유럽의 정치·경제 통합을 꾀하기 위하여 설립되었다. 원래는 회원국 사이에 경제적 장벽이 없는 유럽 경제 공동체를 만들려는 데에서 출발하여 이제는 경제 정책뿐만 아니라 정치적·사회적으로도 하나의 정책을 추구해 가는 유럽 연합(European Union)으로 발전하였다. 2000년 현재 15개국의 회원국으로 구성되어 있으며, 대부분의 회원국들이 유로(EURO) 화라는 단일 통화를 사용하고 있다.

유로 화 EURO貨

유럽 경제 통화 연맹(EMU)에 가입된 유럽 12개국에서 기존에 국가별로 달리 사용하던 통화를 폐지하고 2002년 1월 1일부터 유로화라는 단일 통화를 사용하기 시작하였다. 유로 화의 시행은 단순히 단일 통화의 사용에 그치는 것이 아니라 유럽의 단일 경제권 구축을 목적으로 하고 있다. 이전까지 국제 통화는 기축 통화인 달러화를 중심으로 유지되어 왔다. 하지만 유로 화의 시행에 따라 달러화와 유로 화의 양극 통화 체제로 변화될 가능성이 높고, 이에 따라 세계 경제는 큰 변화가 예상된다.

유신 체제 維新體制 ■

1972년, 박정희 대통령이 남북 분단의 현실과 국제 사회의 변화에 능동적으로 대처한다는 명분 아래, 대통령의 권한을 크게 강화하고 국민의 기본권을 제한한 유신 헌법을 만들어 독재 정권 체제가 성립되었다. 이를 유신 체제라고 한다.

6월 민주 항쟁 六月民主抗爭 ■■

전두환 정권의 군부 독재에 항거하여 민주화와 대통령 직선제를 주장한 범 국민적 민주화 운동으로, 주권 재민(主權在民)의 원칙을 역사적으로 확인시킨 사건이다. 1987년 4월, 대통령 전두환이 대통령 간선제를 규정한 기존의 헌법을 고수하겠다는 호헌 조치를 발표하자, 이에 반대하는 전 국민의 여론이 비등한 가운데 대학생 박종철 군 고문 살인 사건을 기폭제로 6월 10일의 국민 대회에서 학생과 시민들은 대통령 직선제와 민주화를 위한 헌법 개정을 요구하였다. 오랜 동안의 시위 끝에 당시 집권층은 6·29 민주화 선언을 통하여 시민들의 요구를 수용하였고, 이후 5년 단임의 대통령 직선제를 골자로 하는 9차 헌법 개정을 통하여 제6공화국이 탄생하였다. 6월 민주 항쟁은 장기 집권과 부정 선거에 대한 저항의 성격을 띠는 4·19 혁명과 1970년대 유신 체제 반대 투쟁, 1980년의 5·18 민주화 운동의 맥을 있는 민주주의와 헌법 수호를 위한 시민들의 투쟁으로 평가되고 있다.

6·15 남·북 공동 선언문 六一五南北公同宣言文 ■■■

조국의 평화적 통일을 염원하는 온 겨레의 숭고한 뜻에 따라 대한민국 김대중 대통령과 조선 민주주의 인민 공화국 김정일 국방 위원장은 2000년 6월 13일부터 6월 15일까지 평양에서 역사적인 상봉을 하였으며 정상 회담을 가졌다. 남·북 정상은 분단 이래 최초로 열린 정상 간 상봉과 회담이 남북 화해 및 평화 통일을 앞당기는 데 큰 의의를 갖는다고 하면서 선언문을 채택하였다. 선언문의 내용은 다음과 같다.

"① 남과 북은 나라의 통일 문제를 그 주인인 우리 민족끼리 서로 힘을 합쳐 자주적으로 해결해 나가기로 하였다. ② 남과 북은 나라의 통일을 위한 남측의 연

합제안과 북측의 낮은 단계의 연방제안이 서로 공통성이 있다고
인정하고, 앞으로 이 방향에서 통일을 지향시켜 나가기로 하였다.
③ 남과 북은 올해 8 · 15에 즈음하여 흩어진 가족, 친척 방문단을
교환하며 비전향 장기수 문제를 해결하는 등 인도적 문제를 조속
히 풀어 나가기로 하였다. ④ 남과 북은 경제 협력을 통하여 민족
경제를 균형적으로 발전시키고 사회 · 문화 · 체육 · 보건 · 환경 등
제반 분야의 협력과 교류를 활성화하여 서로의 신뢰를 다져 나가
기로 하였다. ⑤ 남과 북은 이상과 같은 합의 사항을 조속히 실천
에 옮기기 위하여 이른 시일 안에 당국 사이의 대화를 개최하기로
하였다.

유전자 변형 식품 遺傳子變形食品 ■ ■

식품 생산성 및 질을 높이기 위하여 본래의 유전자를 새롭게 조
작 · 변형시켜 만든 식품, 유전자 재조합 농산물을 유전자 변형 식
품이라고 말한다. 1995년, 미국 몬산토 사가 처음으로 콩의 유전자
를 조작하여 병충해에 대한 면역을 높여 수확량을 크게 늘려 이를
상품화하는 데 성공하였다. 현재 전 세계적으로 유통되는 유전자
변형 식품은 콩 · 옥수수 · 감자 등 약 50여 개 품목이다. 유전자 변
형 식품은 질병이나 해충에 강하고 수확량이 많아 식량난을 해결할
수 있다. 그러나 장기간 섭취할 경우 안정성 문제, 생태계 교란으로
인한 환경 파괴 문제 등이 따른다. 이 때문에 유전자 변형 식품의
유해성에 대한 논란이 계속되고 있어 각국이 이에 대한 대응으로
부심하고 있다.

의원 내각제 議員內閣制 ■

국회 내 다수당이 내각(수상과 각료)을 구성하는 정부 형태로 수상

이 정치적 실권 행사하고 왕이나 대통령은 상징적 국가 원수이다. 의원 내각제에서는 국회와 행정부의 권력 융합이 이루어지므로 엄격한 권력 분립과는 거리가 있으며, 의회는 내각 불신임권을 가지고, 내각도 의회 해산권이 있다. 의원 내각제는 국민의 민주적 요구에 충실한 책임 정치 구현이 가능한 제도이지만, 다수당의 횡포를 저지할 수 없고 군소 정당의 난립 시 정국이 불안해질 우려가 있다.

e-비즈니스 ■

인터넷 상에서 사업을 경영하는 것으로, 구매와 판매뿐 아니라 고객 지원과 사업 파트너들과의 공동 작업까지를 모두 포함한다. 오늘날 많은 회사들이 다른 회사들로부터 부품을 사거나 공급하기 위하여, 판촉이나 공동 연구를 위하여 사업을 인터넷의 형태로 운영하고 있으며, 이러한 흐름은 더욱 확대될 예정이다.

이익 단체 利益團體 ■■

경제적, 사회적 이익을 보호하고 증진하기 위하여 이해 관계를 같이하는 사람들이 결성한 사회 집단으로, 흔히 이익 집단 또는 압력 단체라고도 한다. 이익 집단은 정부나 정당의 정책 결정에 압력을 행사하거나 사회적인 여론을 조성하여 자신들의 특수 이익을 추구하는 활동을 주로 한다. 이러한 점에서 정권 획득을 목적으로 하는 정당과는 다른 조직이다. 이익 집단은 정치 과정에서 경제적, 사회적, 직업적인 특수 이익들을 대변하며, 정책 입안자들에게 정보를 제공하는 긍정적인 기능을 한다. 하지만 자신들에게 유리한 특수 이익만을 주장하여 공익을 해치거나 정책 결정에 혼란을 초래할 우려도 있다.

익명성 匿名性 ■ ■ ■

남에게 자신의 존재를 드러내지 않고 이루어지는 관계에서 익명성은 출발한다. 집단의 거대화와 매스미디어의 발달, 사회적 이동의 빈번함 등으로 개인이 불특정 다수의 일원이 되면서 자신의 행동을 감추고 책임도 피하게 되는 현상이 보편화되었다. 특히, 정보화 사회가 되면서 통신상에서 자신의 존재를 숨기고 필명 · 별명 · 가명 등을 사용하여 남에 대한 욕설이나 비방, 불법 정보의 유통 등을 일삼는 사례가 늘어나고 있다. 이러한 가상 공간에서의 비윤리적 행태는 심각한 사회 문제로 대두되고 있다. 이에 따라 최근에는 네티즌 윤리 강령이 등장하였다. 네티즌들이 자신의 권한만큼 책임감도 수반한 행위를 할 때 이러한 문제는 해결될 것이다.

인간 복제 人間複製 ■

1997년, 복제양 돌리가 탄생된 이후 사람의 체세포를 통한 초기 배아 단계까지의 복제 연구 결과가 발표됨으로써 인간 복제의 문제는 생명 윤리에 경각심을 일깨우는 결정적인 계기의 역할을 하고 있다. 최근 인간 복제 기술 및 인공 수정, 장기 이식, 유전자 검사 등의 첨단 기술이 실제 가능해지면서 인간 복제를 기술적으로 할 수 있다고 해서 이 기술을 적용하는 것이 윤리적으로 옳은가 옳지 않은가에 대한 논쟁이 활발해지고 있

사상 첫 복제양인 돌리(왼쪽)와 돌리에게 핵을 기증한 양(오른쪽)

다. 부분 허용론자들은 살아 있는 인간이나 과거의 인간을 복제하는 것은 반대한다. 하지만, 연구 목적으로 불임 시술 센터 등에서 임신을 위하여 사용하다가 남은 인간 배아를 이용하는 연구까지 막는 것은 의학 발전을 막기 때문에 곤란하다고 보고 있다. 노화나 암 따위의 문제를 해결할 가능성도 여기서 출발한다. 인간 복제 반대론자들은 복제는 창조주의 창조 질서에 대한 정면 도전으로, 정자와 난자의 수정 직후부터 하나의 생명으로 보아야 한다고 주장한다. 인간 배아 복제는 허용하고, 인간 개체 복제는 금지할 경우 과학 기술과 자본의 속성상 결국 인간 개체 복제까지 나아갈 것이라고 보고 있다.

인간 소외 人間疎外 ■ ■ ■

인간의 물질적, 정신적 활동으로써 만들어진 피조물에 의하여 도리어 인간이 지배당하거나 인간의 본질이 상실되는 과정을 말한다. 현대 산업 사회에서 보편화된 거대 조직과 관료제는 인간을 조직의 부품으로 전락시키고, 자동화된 생산 구조에서 인간은 기계에 의해 소외당하게 된다. 한편, 경쟁적 사회 구조 속에서 인간은 다른 사람으로부터도 소외되고, 인간 자체가 고유한 인격이나 개성보다는 상품적 가치에 의해 물질적으로 평가되는 현상이 일반화되고 있다.

인구 부양비 人口扶養比 ■

부양 연령 인구와 피부양 연령 인구의 비율이다. 여기에서 부양 인구는 15세부터 64세까지의 생산 연령 인구를 말하며, 피부양 인구는 15세 미만의 유소년 인구와 65세 이상의 노년 인구를 말한다. 계산법은 유년 부양비+노년 부양비 또는 [(0~14세 인구+65세 이상 인구)/15~64세 인구×100이다. 부양비는 인구의 연령 구조를 반영하기 때문에 한 사회의 사회 경제 구조를 개괄적으로 파악하고 전망하는 데 유용하게 사용된다.

| 우 리   나 라 의   인 구   부 양 비 |

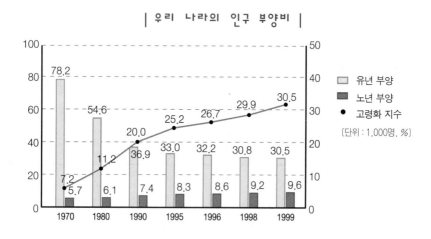

인민 헌장 人民憲章 ■

영국의 노동자들이 1838년에 참정권의 확대를 요구하면서 일으킨 차티스트 운동에서 주장한 요구 사항들이다. 산업 혁명과 시민 혁명은 부르주아에게는 정치적 자유와 경제적 부의 증대를 가져왔지만, 노동자와 농민 및 여성은 정치 과정에서 소외되었고, 경제적으로도 저임금과 장시간 노동에 노출된 채 비참한 삶을 살았다. 이에 따라 국정에 참여하여 자신들의 의사를 국정에 반영하기 위한 정치 권력의 필요성을 절감하여 끊임없이 참정권을 요구하기에 이르렀다. 특히, 1832년 제1차 선거법의 개정에 의해서도 혜택을 받지 못한 노동자들은 인민 헌장을 내걸고 차티스트 운동을 전개하였다. 비록 의회의 거부로 뜻을 이루지는 못하였지만, 오랜 투쟁으로 보통 선거가 실시되는 계기를 마련하였다. 인민 헌장의 요구 내용은 성년 남자의 보통 선거권 보장, 무기명 비밀 투표, 인구 비례에 따른 평등 선거구 설정, 의원 자격 제한 폐지, 매년 선거 실시 등이다.

인클로저 운동 enclosure運動 ■■

중세 말 양모 가격이 급등함에 따라 양을 키우기 위한 목초지를 만들기 위하여 농토를 합병하여 경작지나 공유지에 울타리를 치는 것을 말한다. 제1차 인클로저 운동은 15세기 말경부터 시작되어 16세기에 크게 전개되었는데, 주로 양을 기르기 위한 목장을 만드는 데 그 목적이 있었다. 그 결과 농업 생산은 크게 증가하여 중산적(中産的) 토지 소유자 층인 젠트리(gentry)는 큰 부를 소유하였다. 반면에 농민들은 농토를 잃고 도시로 내쫓겨 임노동자가 급증하였다. 토마스 모어는 이러한 현상을 일컬어 "전에는 사람이 양을 먹었지만 지금은 양이 사람을 잡아먹는다"라고 말하였다.

인터넷 Internet ■

1983년에 미국의 알파네트(ARPANET)로부터 출발한 전 세계적인 통신망이다. 개인 또는 기관이 소유한 정보를 통신망을 이용하여 연결하는 것으로, 이 국제간 통신망을 이용하여 국내뿐 아니라 세계 전역에 걸쳐 정보에 접근하고 이를 이용한 산업화가 점차 확산되고 있다. 초기에는 국가 기관, 연구원, 학생 등이 중심을 이루었으나 현재는 민간 기업은 물론 일반인들의 사용이 폭발적으로 늘어나고 있다.

인플레이션 inflation ■■

인플레이션은 일반 물가 수준이 지속적으로 상승하는 현상으로, 화폐 가치가 떨어지고 상대적으로 실물 가치는 상승하여 봉급 생활자와 채권자는 불리해지고, 현물 보유자나 산업 자본가 및 채무자는 유리하게 되어 부의 재분배가 이루어진다. 일반적으로 인플레이션이 일어나면 경제 성장이 저해되고 국제 수지 악화가 일어난다. 인플레이션은 총수요가 총공급을 초과하거나 생산비의 상승, 독과점 등에 의하여 발생한다.

일사 부재의의 원칙 ■

국회에서 일단 부결된 안건을 같은 회기중에 다시 발의 또는 제출하지 못한다는 원칙을 일사 부재의(一事不再議)의 원칙이라고 한다. 이 원칙은 회기중에 이미 한 번 부결된 안건에 대하여 다시 심의하는 것은 회의의 능률을 저해하며, 동일한 안건에 대하여 전과 다른 의결을 하면 어느 것이 회의체의 진정한 의사인지 알 수 없는 문제가 발생할 수 있다는 점에서 시행하는 제도이다. 또한 소수파에 의한 의사 방해를 막기 위한 제도로 인정된 것이기도 하다. 회기와 안건의 내용이 다른 경우에는 이 원칙이 적용되지 않는다.

일탈 행동 逸脫行動 ■ ■ ■

사회 구성원들이 그 사회가 정상적인 것으로 인정하는 규범의 허용 한계를 벗어나서 하는 행위를 말한다. 일탈 행동이 발생하는 원인을 설명하는 이론으로는 아노미 이론, 낙인 이론, 차별적 교제론 등이 있고, 개인적 차원에서 생물학적인 원인이나 개인의 의지의 문제로 보는 경우도 있다. 일반적으로 일탈 행동은 시대나 사회에 따라 달라지는데, 이는 일탈 행동을 판단하는 기준이 시대와 사회에 따라 달라지기 때문이다.

| 일탈 행동의 형성에 관한 이론 |

구 분	내 용
아노미 이론	급격한 사회 변동으로 규범이 혼란한 상태에 빠지는 아노미 현상을 일탈 행동의 원인으로 보는 이론으로, 뒤르켐은 규범이 약하거나 없을 때 생긴다고 보고, 머튼은 문화적 목표와 제도적 수단이 괴리에 있을 때 아노미가 발생한다고 주장한다.
차별적 교제론 (상호 작용 이론)	일탈 행동을 하는 집단과 상호 작용을 통하여 일탈 행동을 배우게 된다는 이론으로, 유유상종(類類相從), 맹모삼천지교(孟母 三遷之敎), '가마귀 노는 곳에 백노야 가지 마라' 등은 차별적 교제론의 입장에서 나온 말들임.
낙인 이론	사회 집단이 어떤 행위를 일탈로 규정하거나, 한 개인을 일탈 행위자로 낙인찍을 경우 일탈 행동이 일어난다고 보는 이론이다.

입법 예고제 立法豫告制 ■

　법률을 제정하거나 개정할 때 법령안의 내용을 사전에 국민에게 알려 의견을 제시할 수 있도록 하는 제도를 말한다.

자료 수집 방법 資料收集方法 ■

과학적 연구에 있어 가설을 증명할 자료를 확보하는 것은 가장 중요하다. 대표적인 자료 수집 방법을 살펴보면 다음과 같다.

| 대표적인 자료 수집 방법 |

구 분	특 징	장 점	단 점
질문지법	개인적 태도와 의식 조사에 주로 사용	시간과 비용 절약, 자료 분석의 기준이 명백하여 비교 용이	응답지의 회수율이 저조하고, 문맹자에게 실시하지 못함.
참여 관찰법	현지 조사에서 많이 사용, 의사 소통이 어려운 사람들의 문화 특성 파악에 유리	자료의 실제성이 보장됨. 언어의 표현이 어려운 것도 조사 가능	관찰자의 편견 개입 우려. 돌발적인 변수를 통제하는 데 어려움이 있음.
실험 연구법	변수의 조작, 개입을 통해 다른 변수에 대한 영향을 관찰	인과 관계의 확실성을 높여줌.	실험실에서만 이루어져 실제성에 의문이 있을 수 있음.

자문화 중심주의 自文化中心主義 ■ ■ ■

자기 문화의 우월성에 빠져, 다른 문화를 부정적으로 평가하는 태도이다. 자문화 중심주의는 민족 정체감 형성이나 사회 통합의 수단이 될 수는 있지만 자칫 민족적, 종교적 우월주의에 빠져 민족이나 인종간 갈등을 유발할 우려가 있고 국제적 고립을 자초할 수 있다. 자문화 중심주의와 반대되는 문화 사대주의는 특정 문화만을 가장 좋은 것으로 동경하거나 숭상하는 나머지 자기 문화를 업신여

기거나 비하하는 태도로, 자문화 발전을 저해한다는 점에서 올바른
문화 이해 태도라고 볼 수 없다.

자발적 결사체 自發的 結社體 ■

자발적 결사체는 공통의 목표를 지닌 사람들이 자발적으로 만든 집
단으로, 동창회와 같은 친목 집단, 의사회나 변호사회 같은 이익 집
단, 환경 단체나 경제 정의 실현 등을 목표로 하는 사회 봉사 집단
등이 있다. 사회가 분화되고 생활이 복잡해지고 이에 따라 사람들
의 관심사가 다양해지고 이해 관계도 복잡해지면서 다양한 욕구와
관심을 충족시키기 위하여 자발적 결사체가 등장하였다. 특히 사회
가 다원화되고 시민 의식이 발달하면서 이러한 자발적 결사체의 영
향력이 매우 증대되고 있으며, 세계적으로 이런 단체를 비정부 기
구(NGO)라고 부르기도 한다.

자연관의 동 · 서양 비교 ■

동양과 서양은 자연관에서 커다란 차이를 보이고 있다. 근대 이후
서구에서는 인간의 이성에 대한 과도한 믿음을 바탕으로 자연에 대
한 인간의 지배를 당연시하고 자연을 인간을 위한 도구로 보는 정
복 지향적인 자연관을 가지고 있다. 이에 비하여 동양에서는 인간
을 자연의 일부로 보고 자연과의 조화를 중요시하는 자연관을 바탕
으로 자연의 가치를 인정하는 태도를 가져왔다.

자연법 自然法 ■

자연법은 사회 질서의 근본 이념을 자연적 정의 또는 자연적 질서
에 두고 생겨난 법으로, 시대와 민족 · 사회를 초월하여 보편 타당
성을 지니는 법을 의미한다.

자원의 최적 배분 ■

자본주의 시장 경제에서 원칙적으로는 모든 재화의 시장이 완전 경쟁 상태에 있으면 생산 요소는 생산을 극대화할 수 있는 사람에게 배분되고 생산물은 효용(만족)을 극대화할 수 있는 사람에게 배분되어 사회적으로 최적인 자원 배분을 달성할 수 있다. 그러나 현실 경제는 시장의 가격 기구가 그 역할을 충분히 수행할 수 있는 조건들을 충족시켜 주지 못하며, 경쟁적 균형을 방해하는 많은 요소들이 존재한다. 독과점, 외부 효과, 공공재의 존재, 정보의 불확실성 및 비대칭성 등은 시장 가격 기구가 자원의 최적 배분을 달성할 수 없는 요인들이다. 이처럼 자원의 최적 배분이 이루어지지 못하는 경우를 시장의 실패라고 한다. 이 때 자원의 최적 배분이 이루어지지 못한다는 것은 자원의 배분을 완전히 잘못되었다는 의미가 아니라, 최선의 상태, 즉 가장 효율적인 자원 배분의 상태에 이르지 못한다는 것을 의미한다. 다시 말해 자원이 가장 효율적으로 이용되지 못한다는 의미로서, 이는 공평한 자원의 분배와는 관계없는 개념이다.

자유권 自由權 ■

개인의 자유로운 생활에 대하여 국가 권력의 간섭 또는 침해를 받지 않을 권리이다. 기본권 중에서 가장 핵심적이고 본질적인 권리이다. 국가 권력으로부터 부당한 침해를 받지 않는다는 점에서 소극적 성격을 띠고 있지만, 헌법에 규정되지 않은 이유로 경시될 수 없는 포괄적인 권리이다. 구체적으로는 신체의 자유, 직업 선택의 자유, 주거의 자유, 사생활의 비밀, 자유의 불가침, 통신의 자유, 양심의 자유, 종교의 자유, 언론 · 출판 · 집회 · 결사의 자유, 학문과 예술의 자유, 재산권 보장 등이 이에 해당한다.

자유 무역주의 自由貿易主義 ▪

자유 무역주의는 국가간의 무역에 있어 각국이 자국에 비교 우위가 있는 산업의 제품은 수출하고, 비교 열위에 있는 산업의 제품은 외국에서 수입하면 모두 다 이득을 보게 되므로 국가가 무역에 간섭하지 않고 무역 거래를 자유 방임하여야 한다는 주장이다. 이러한 자유 무역은 국내 산업의 생산성 향상과 기술 개발에 자극을 주고, 품질이 좋은 상품을 손쉽게 확보하게 하여 물가를 안정시킬 수 있는 장점이 있다. 하지만 후진국의 경우처럼 기업이나 산업의 국제 경쟁력이 약한 경우에는 국내 산업의 쇠퇴를 가져와 국제 수지를 악화시킬 우려가 있다.

자유 방임주의 自由放任主義 ▪ ▪ ▪

국가 권력의 개입을 배제하고 개인의 경제 활동 자유를 최대한 보장하려는 경제 사상이다. 자본주의 생성기에 중상주의를 비판하는 프랑스 중농주의자들에 의해 처음 소개되었으며, 경제학자 아담 스미스에 의해 체계적으로 이론화되었다. 스미스는 1776년 발표한 《국부론》에서 사유 재산을 추구하는 자유로운 경제 행위가 사회적 부를 창출한다고 주장하였다. 더불어 그러한 경제 활동은 '보이지 않는 손'(시장을 자연적으로 조절하는 기구)에 의하여 공정한 소득 분배가 이루어지므로, 그를 통해 자연히 사회적 조화도 실현된다고 하였다. 아담 스미스는 자유 방임주의와 관련하여 다음과 같이 주장하였다. "여러분은 선의의 법령과 규제로 경제에 도움을 주고 있다고 생각합니다. 하지만 그렇지 않습니다. 자유 방임하십시오. 간섭하지 않고 그대로 내버려두십시오. '사리(私利)라는 기름'이 '경제라는 기어(gear)'를 거의 기적에 가까울 정도로 잘 돌아가게 할 것입니다. 계획이 필요하다고 하는 사람은 아무도 없습니다. 통치자의 다스림도 필요없습니다. 시장은 모든 문제를 해결할 것입니다." 그러나 빈부 격차 등 자본주의 체제에서 나타난 상황들이 자유 방임 사상을 확산시키는 데 부정적인 역할을 하였다.

자율성 自律性 ■

공권력이나 사적 집단의 부당한 강압이나 유혹에서 벗어나 자신의 의지에 의하여 생각하거나 행동하는 것을 자율성이라고 한다. 자율성에 기초한 행위는 반드시 책임을 전제로 한다. 칸트는 의지의 자율성은 의지 그 자체의 법칙을 의하는 정언적(定言的) 명령에 따른 것이며, 이상적 의지 밖에 있는 권위나 목적에 따르는 것을 타율성이라고 하였다. 즉, 자신의 행위를 지배하는 원리, 규범을 선택 결정하여 그것을 실행하는 자유가 자율성이라는 것이다.

작은 정부론 ■ ■ ■

1929년의 대공황 이후로 정부의 역할은 계속적으로 증대되었고, 과학 기술의 발달로 경제는 비약적으로 발전하여 인류는 풍요의 시대를 맞이하는 듯하였다. 그러나 1970년대에 들어와 세계는 불경기 속에서도 석유 가격의 폭등으로 인하여 물가가 오르는 스태그플레이션 현상이 나타났다. 이런 경제 문제를 해결하는 데 정부는 실패하였다. 더구나 무거운 세금 및 관료 집단의 이기주의와 부정 부패, 정부의 불완전한 정보와 근시안적인 규제, 이익 단체의 압력과 정경 유착 등이 정부의 무능을 부채질하였다. 이처럼 복지 국가를 지향하는 경제 정책이 관료 제도가 지니는 비효율 및 부작용과 결합하여 자본주의 발전의 원동력을 퇴색시켰다는 주장이 나타나면서 자유 경쟁으로 돌아가는 작은 정부론이 활발해졌다. 이에 따라 신자유주의 사상이 나타나는 한편 미국·영국 등 많은 국가에서 경제에 대한 정부의 통제를 완화하고, 공기업의 민영화를 도모하며, 복지 정책을 제한함으로써 이전의 자유 경쟁의 원칙을 되살리고, 감세를 통하여 근로자와 투자에 대한 의욕을 고취시키려는 정책을 추진하였다.

장묘 문화 葬墓文化 ■

시신의 매장과 관련된 풍습을 말한다. 우리 나라는 주로 매장을 선호하는데 이것이 전 국토를 묘지로 만들어 가고 있는 까닭에 최근에 그 개선책에 대한 논의가 활발하게 이루어지고 있다. 이에 따라 화장을 주로 하는 장묘 문화가 급속하게 도입되고 있다. 그런데 이러한 장묘 문화의 변화를 위해서는 화장장을 쾌적하고 쉽게 이용할 수 있도록 하여야 하고, 납골당도 교통이 편하고 환경이 좋은 곳에 설치하여야 한다. 최근 서울시의 경우처럼 지역 이기주의 현상으로 번져 화장·납골장 설치에 어려움을 겪고 있다.

재사회화 再社會化 ■■

급격한 사회 변동으로 새로운 사회 규범과 행동 양식이 생겨났을 때 이에 적응하기 위하여 새로운 지식·기술·생활 양식 등을 학습하는 과정을 말한다. 교도소 교육·직업상의 재교육·외국어 연수를 비롯하여 여러 분야에서 재사회화의 예를 찾을 수 있다.

재택 근무 在宅勤務 ■

직장에 출근하지 않고 가정에서 업무를 보는 근무 형태이다. 정보 통신 사회에 들어 가정에서 컴퓨터로 업무 처리를 하던 것을 시작으로, 근래에는 다양한 양상의 재택 근무가 이루어지고 있다. 최근

재택 근무가 늘어나면서 출근길 교통 혼잡 문제나 도심의 거주지 밀집 문제가 해결의 실마리를 보이기도 하고 있다.

재해 구호 災害救護 ■

지진 · 태풍 · 홍수 · 해일 · 가뭄 · 대화재 · 전염병 등에 의하여 발생하는 불시의 재난으로 인하여 어려움에 처한 사람을 도와서 보호하거나 그 피해를 구제하는 것을 말한다.

재화 財貨 ■■

인간 생활에 효용을 주는 유형의 상품을 재화라고 한다. 공급이 거의 무한이어서 매매 또는 점유(占有)의 대상이 되지 않는 것과, 공급이 수요에 대하여 상대적으로 제한되어 점유나 매매의 대상이 되는 것이 있는데, 전자를 자유재(自由財), 후자를 경제재(經濟財)라고 한다.

적법 절차의 원리 ■■

국민의 권리를 제한하는 경우에는 반드시 적법한 절차와 국회가 정한 법률에 근거하여야 한다는 원칙이다. 구체적으로는 죄형 법정주의, 법률 불소급의 원칙, 일사 부재리의 원칙, 미란다 원칙 등이 이에 속한다. 그동안 적법 절차 조항의 해석은 판례를 통하여 발전해 왔으며, 앞으로도 해석을 통하여 발전해 나갈 것으로 보인다. 기존 판례는 적법 절차의 핵심 내용으로, ① 절차상 개인의 권리나 자유에 영향을 미치는 국가 행위에 대하여 해당 국가 기관이 정당한 권한을 가질 것과 입법의 절차는 물론 제정된 법률의 내용도 구체적이고 명확히 할 것, ② 문제된 행위에 대한 상대방에의 고지 및 청문이 있어야 하며, 변호인의 조력을 받을 권리와 유리한 증인의 강제 소환 등이 보장될 것, ③ 권리와 의무를 판정하는 정의의 원칙과 헌법의 기본 이념이 합치하여야 하며, 자의적인 것이 아닐 것 등이 포함되는 것으로 이해하고 있다.

전자 민주주의 電磁民主主義 ■ ■ ■

정보 통신 매체를 이용하여 자신의 의사를 정치에 반영하는 형태의 민주주의를 말하며, 원격 민주주의라고도 한다. 정보 통신 기술의 급격한 발달에 따라 기존의 대의 정치의 한계점을 극복하고 시민의 정치 참여를 활성화하여 사실상의 직접 민주주의를 구현할 수 있는 가능성을 가지고 있다. 전자 민주주의가 효율성을 가진 제도로 정착되기 위해서는 정보 통신 기술이 제공한 쌍방향성에 의한 정보 교류가 활발하게 이루어지고, 자유로운 토론이 보장되어야 하며, 시민들도 자발적으로 언어 순화나 타인의 명예를 훼손하는 일을 하지 말아야 한다.

전자 상거래 電磁商去來 ■

인터넷이나 기타의 네트워크를 통하여 이루어지는 상거래 활동을 말한다. 상품의 수집과 전달, 주문과 배달 등의 상거래가 네트워크를 통하여 이루어진다. 마우스 클릭만으로 공간적, 시간적 제약을 받지 않고 빛의 속도로 거래가 이루어지며, 전 세계적으로 매년 폭발적 증가세를 보이고 있다.

전자 화폐 電子貨幣 ■

전자 화폐는 IC칩을 내장한 카드로 예금 계좌의 자금을 이체시켜 현금처럼 사용하는 것으로, 각종 기록도 함께 내장하여 신분증 등 각종 증서로 활용할 수 있는 첨단 금융 시스템이다. 전자 화폐는 IC

카드 형과 네트워크 형으로 나눌 수 있다. 카드 형은 플라스틱 카드 위에 부착된 IC칩에 화폐 가치를 입력, 저장하였다가 지급 수단으로 사용하는 것이다. 네트워크 형은 컴퓨터 통신망을 통하여 인터넷 등 공중 정보 통신망과 연결된 PC에 화폐 가치를 저장하였다가 전자 상거래에 사용하는 것이다. 최근에는 개인 휴대가 간편하고 사용이 편리한 IC 카드 형이 널리 보급되고 있는데, 이를 스마트 카드라고도 한다. 스마트 카드는 은행 등 발행자가 카드 안에 내장된 IC칩에 일정한 화폐 가치를 저장하고 그 지급을 보장하는 것으로, 통신 회선을 통하여 자금 결제가 이루어진다.

전치 현상 轉置現象 ■

목적과 수단이 뒤바뀌는 현상, 즉 목적을 달성하기 위한 수단이 목적 자체가 되어 버린 현상을 말한다. 흔히 관료제에서 나타나는 것으로, 관료제가 업무의 신속한 처리를 위하여 업무 수행의 절차나 규약을 정해 놓았는데, 그 절차나 규약을 지나치게 중시하여 정작 업무의 효율성이라는 목표를 소홀히 하게 된다는 것이다.

절대 왕정 絶對王政 ■ ■

16~18세기 중세 봉건 사회에서 근대 시민 사회로 이행하는 과도기에 나타난 절대 군주에 의한 정치 지배 체제를 말한다. 왕권의 강화를 위하여 관료제와 국왕의 직속 부대인 상비군을 갖추었으며, 중상주의 경제 정책을 추진하고, 왕권 신수설을 신봉하였다. 절대 왕정기는 중세에서 근대로 넘어가는 과도기적 단계이므로 절대 왕정 시대의 유럽 사회는 중세적 요소와 근대적 요소가 함께 존재한다. 절대 왕정은 신분간의 차별이 엄격하였으며, 귀족들이 정치적 특권을 독점하고, 길드가 시민 계급의 자유로운 상공업 활동을 억

제하는 한편 통제적 경제 정책은 여전히 시민 계급의 자유로운 이윤 추구를 억제하는 등 중세적 요소가 남아 있었다. 절대주의 시대의 경제 정책인 중상주의는 국내 산업의 보호와 육성, 보호 관세 정책, 경제 생활에 대한 국가의 간섭과 통제, 노동자의 임금 및 노동 시간의 통제 등을 통하여 국가의 부를 증대시키려는 정책이었다. 이러한 경제 정책은 국가의 특권적 계층의 이익을 목표로 추진된 특수 경제 정책으로, 일반 국민 경제의 발전과는 거리가 멀다. 하지만 절대 왕정은 중세와는 다른 근대적 요소를 많이 가지고 있기도 하였다. 예컨대 상공업과 도시가 발달하여 중세 장원 중심의 자급 자족적 농업 경제를 탈피하여 산업 혁명의 기반을 마련한 점이나 시민 계급이 성장하기 시작하였다는 점, 지방 분권 체제 대신 중앙 집권 체제가 발달하기 시작하고, 봉건 영주의 통치 대신 관료 기구에 의한 통치가 시작된 점 등은 중세의 새로운 요소들이다. 이처럼 절대 왕정은 중세적 요소와 근대적 요소가 혼재되어 있는 과도기였으나 엄밀히 말하면 신분간의 차별이 남아 있고, 일반 국민들의 참정권이 주어지지 않았다는 점에서 절대 왕정 시대의 사회는 중세적 사회라고 할 수 있다.

절대적 윤리설 絶對的倫理設 ■

윤리학에서 중요한 관점 중 하나인 상대적 윤리설에 반대되는 개념이다. 절대적 윤리설에 의하면 삶의 궁극적인 목적은 인간이 마음대로 정하는 것이 선천적으로 주어진 절대적인 것이므로 인간의 행위 가운데 반드시 해서는 안 되는 것과 하지 않으면 안 되는 윤리 규범이 있다는 것이다. 따라서 이상적인 도덕 사회를 구현하려면 보편 타당한 절대적인 행위 법칙이 있어야 하며, 모두 이를 따라야 한다는 주장이다. 절대적 윤리설은 이상적인 도덕 사회를 꿈꾸는 것이지만 현실성이 떨어지는 한계가 있다(→ 상대적 윤리설).

정 · 경 유착 政經癒着 ■

정 · 경 유착은 원래 정치와 경제가 긴밀한 연관 관계를 맺고 있다
는 의미이지만, 우리 사회에서는 경제계가 정치권이 부정을 고리로
연결되어 있는 경우를 일컫는 말로 주로 사용된다. 흔히 과도한 정
부의 규제가 있거나 기업의 자율성이 부족하면 그 규제로부터 벗어
나기 위하여 기업이 공무원이나 정치인들에게 뇌물을 공여하는 등
의 일이 일어날 수 있는데, 이러한 구조는 부정 부패를 가져오고 기
업의 건전성을 떨어뜨린다.

정리 해고 整理解雇 ■

경기 침체 등으로 회사의 정상적인 운영이 어려울 때 인건비를 줄
이고 경영의 효율성을 높이기 위하여 종업원의 일정 수를 해고하는
것을 의미한다. 우리 나라의 경우에는 1980년대 산업 구조의 개편
과 관련하여 정리 해고가 일부 실시되다가 1987년 외환 위기 때 상
당수의 대기업들이 기업 구조 조정의 일환으로 정리 해고를 단행하
여 많은 실업자들이 양산되었다.

정보 격차 情報隔差 ■ ■ ■

정보화 사회에서는 정보를 지배하고 이용하는 능력이 개인과 국가
의 경쟁력을 나타내는데, 이런 능력의 격차가 빈부 격차와 불평
등 · 소외 등의 사회 문제를 심화시키고 있다. 정보 격차는 디지털
혁명의 기초가 되는 컴퓨터와 인터넷에 접근하지 못하는 계층이 있
을 때 발생하며, 소득과 교육 수준의 격차는 이를 더욱 심화시키는
작용을 한다. 또한 사회적으로 인종 · 성별 · 연령 등에 따라 차별받

거나 소외되는 계층이 있을 때 정보 격차가 더욱 커진다.

정보화 사회 情報化社會 ■■■

공업화 사회 다음에 오는, 정보가 중심이 되어 가치를 창조하는 사
회로서 정보 사회 또는 탈산업 사회라고도 부른다. 농업 사회와 공
업화 사회에서는 가치를 생산하는 데 있어 물질과 에너지가 가장 중
요한 자원이었다. 이에 비하여 정보화 사회에서는 정보가 가장 중요
한 자원이 된다. 정보화 사회는 컴퓨터가 중심이 되어 정보와 지식
을 효율적으로 창조, 응용, 배포할 수 있게 되는 사회로서, 지식 산
업이 주요한 산업으로서의 위치를 차지하게 된다. 그리고 사회 생활

| 정보화 사회와 산업 사회 비교 |

특 징	부정적 측면	긍정적 측면
의 미	산업화란 농업 중심의 사회에서 공업과 서비스 업이 중심이 되는 사회로 변화하는 것	세계적인 정보 고속 도로의 형성으로 세계를 하나의 단위로 하는 사고와 행동이 요구되며, 정보가 부가 가치의 원천임과 동시에 개인과 기업의 경쟁력을 결정하는 중요한 요소가 되는 사회
영 향	• 농업 인구의 감소 • 거대 노동자 집단의 형성과 직업의 분화 • 도시화 및 인구의 증가 • 관료제화와 인간 관계의 단편화 • 대중 문화의 발달과 민주주의와 평등 사상의 확산	• 정보의 공유에 따른 제도와 조직의 분권화 • 통신 금융 및 통신 구매 제도의 확산 • 세계적 단일 시장의 형성→무한 경쟁 • 교육, 기업, 관료제 등의 변화 초래
사회 문제	• 도시 문제 발생(교통, 주택, 환경) • 세대간 적대 의식. 아노미 현상 • 조직의 거대화에 의한 인간 소외 • 조직 및 집단 간의 갈등 발생	• 정보의 소유와 통제를 둘러싼 갈등 • 정보 불평등에 따른 빈부차 심화 • 피상적 인간 관계의 보편화 • 익명성에 따른 개인의 사생활 침해

에서 많은 혁신적인 변화를 이루어져 여가와 풍요로운 생활이 보장
되며 문화의 대중화와 소비재화 현상, 일반 대중의 문화 지향적 성
격이 강해진다. 아울러 개인주의적 경향이 심해지고, 가치관의 다양
화 현상이 뚜렷해진다. 앞으로 정보화 사회가 더욱 가속화될 것이라
는 데에는 이론의 여지가 없다. 하지만 정보화 사회의 모습이 어떻
게 변화될지에 관해서는 낙관론과 비관론이 있다. 미래학자인 토플
러나 드러커 등은 정보화 사회는 풍부한 정보량·신속한 정보 전
달·효과적인 정보 응용·값싸고 편리한 정보 접근 등 산업 사회에
서는 누릴 수 없는 여러 가지 이점들이 있다고 보았다. 반면에 정보
화 사회가 초래하는 여러 가지 사회적 문제점, 특히 기술적, 구조적
실업과 부와 빈곤의 격차 심화 및 사회적 통제의 강화 등을 들어 미
래를 비관적으로 전망하는 견해도 있다. 문명 비평가로 널리 알려진
제레미 리프킨의 《노동의 종말》이나 사회학자인 해리 브레이버맨의
《노동과 독점 자본》 등의 내용은 이러한 비관론을 담고 있다.

| 정보화 사회를 보는 두 견해 |

긍정적 견해	비관론적 견해
정보 접근이 용이하고 정보 선택의 양과 폭이 증가함→삶의 질 향상	중요 정보의 권력자 독점, 컴퓨터 기술의 소수 독점→빈부 격차 심화, 소수 엘리트에 의한 대중 조작
직접 민주 정치의 가능성 : 소수 정치인에 의한 간접적 의사 표현에서 인터넷 등을 통한 직접적 참여 가능	컴퓨터의 감시와 관리, 정보 처리 감시→비인간화 현상 심화
다원적 가치와 다양성 존중→자아 실현	사생활의 비밀 침해, 인권 침해, 허위 정보 확산, 인터넷 사기 등 사회 문제 발생

정부의 실패 ■■

무거운 세금 · 관료주의의 폐단 · 방만한 공기업 운영 · 이익 단체의 압력에 의한 공공 지출의 확대 · 대기업과 정부의 유착 등으로 시장에 대한 정부의 개입이 오히려 효율성을 떨어뜨리거나 보장하지 못하는 것을 의미한다.

정부의 역할 ■

시장에서 가격 기구의 기능에 대한 논의가 거듭되면서 정부가 시장에 개입하는 정도가 바뀌게 되는데, 그 과정을 살펴보면 다음과 같다.

| 정부의 역할 변화 과정 |

소극적 정부	→	큰 정부	→	작은 정부
• 자유 방임주의 • 18~19C • 가격 기능 선봉 　— 정부는 치안, 　국방, 교육 담당	↑ 경제 공황 (1929)	• 수정 자본주의 • 국민 경제 활동에 　전면적으로 개입 　— 빈부차 교정, 　독점 규제, 환경 　오염 방지, 경제 　안정화 정책	↑ 스태그플 레이션 (1970년대)	• 신자유주의 • 정부 실패의 교 　정 시장 경제 원 　리 강화 — 규제 　완화, 공기업 민 　영화 등

정부 투자 기관 政府投資機關 ■

중앙 정부가 50퍼센트 이상의 지분을 보유하면서 경영에 참여하는 공기업으로, 전력 · 가스 · 전화 · 도로 · 토지 및 주택 개발 · 자원 개발 · 방송 · 담배 · 특수 금융 등의 분야가 이에 해당한다.

정의 正義 ■

이성적 존재인 인간이 언제 어디서나 추구하고자 하는 바르고 곧은 것을 정의라고 한다. 정의의 개념은 다양하여 학자에 따라 다르게 정의된다. 소크라테스는 '인간의 선한 본성'을 정의라고 하였고, 아리스토텔레스는 '정의의 본질은 평등, 평균적 정의와 배분적 정의'로 구분하였으며, 고대 로마의 법학자인 울피아누스는 '각자에게 그의 몫을 돌리려는 항구적인 의지'라고 규정하였다. 현대 철학자 중에서 정의론을 가장 잘 정립한 사람은 철학자인 롤스이다. 그는 정의에 관한 다음 두 가지 원칙을 내세웠다. ① 모든 사람이 다른 사람의 자유와 양립할 수 있는 한에서 가장 광범한 자유에 대하여 동등한 권리를 가져야 한다(제1원칙). ② 사회적, 경제적 불평등은 다음 두 조건을 만족시키도록 배정되어야 한다. ㉠ 최소 수혜자에게 최대의 이득이 되고, ㉡ 공정한 기회 균등의 조건에서 모두에게 개방된 직위와 직책이 결부되도록 하여야 한다(제2원칙). 제1원칙은 평등한 '자유의 원칙'이다. 제2원칙의 첫 부분인 '차등의 원칙'은 불평등이 최소 수혜자에게 최대 이득이 돌아가도록 배치되어야 한다는 것이고, 두 번째 부분은 '공정한 기회 균등의 원칙' 아래 직책과 직위가 모든 이에게 개방되어야 한다는 것이다. 차등의 원칙에서는 불평등이 모든 이에게 이득이 될 수 있을 때에만 정당화될 수 있다. 차등의 원칙의 논리적 연장이 '최소 극대화의 원칙'으로서 최소 수혜자에게 최대의 이득이 될 때에만 불평등이 정의로운 것으로 정당화될 수 있다. 그는 제1원칙이 제2원칙보다 우선시되고 제2원칙 안에서는 기회 균등의 원칙이 우선시되어야 한다고 본다. 즉 부와 소득의 불평등한 분배와 권력의 계층화는 반드시 시민권과 기회 균등을 보장하는 기회 균등의 원칙 하에서만 가능하다는 것이다.

정의의 여신상 ■

법을 대표하는 상징물로서 정의의 여신상이
있다. 이집트에는 정의의 여신 마아트(Maat)
가 있다. 마아트는 정의뿐 아니라 진리와 질서
를 함께 상징하여 포괄적인 의미를 나타낸다. 또한
희랍 신화에 나오는 정의의 여신 디케(Dike)는 질서
와 계율의 상징인 테미스(Themis)의 딸로서, 오늘날
의 정의의 개념에 가장 가까운 여신이다. 정의의 디케
에 형평성의 개념이 추가되면서 오늘날 정의의 여신인
유스티치아(Justitia)가 탄생하였다. 오늘날 정의를
의미하는 Justice는 Justitia에서 생겨났다. 정의의
여신상은 대개 한 손에 저울을, 다른 한 손에는 칼
을 쥐고 있다. 여기서 저울은 개인간의 권리 관계에 대한 다툼을 해
결하는 것을 의미하고, 칼은 사회 질서를 파괴하는 자에 대하여 제
재를 가하는 것을 의미한다. 또한 선악을 판별하여 벌을 주는 정의
의 여신상은 대개 두 눈을 안대로 가리고 있다. 이는 정의를 실현하
기 위해서는 어느 쪽에도 기울지 않는 공평 무사한 자세를 지킨다
는 것을 의미한다. 그리스에서의 법(Dike)과 정의(Dikaion), 로마
에서의 법(Ius)과 정의(Iustitia)의 관계에서 알 수 있듯이 서구에서
는 법과 정의의 밀접성을 이해하고 정의를 인격화시킨 정의의 여신
상이야말로 곧 법을 대표하는 상징물로 여기고 있다.

정치적 무관심 政治的無關心 ■■

사회 정치적 상황에 대하여 일체의 관심을 두지 않는 태도로, 정치
문제에 주체적인 인식이나 실천적 행동을 보이지 않는 상태이다. 근
대 이전에는 정치에 대한 무지와 권력자에 대하여 절대 복종의 심리

에서 정치적 무관심이 발생하였다면, 현대인은 정치에 대하여 상당한 지식과 정보를 가지고 있는데도 불구하고 정치를 거부하며 시민으로서의 정치적 책임을 벗어나려고 애쓴다. 현대인들의 정치적 무관심을 조장하는 요인은 여러 가지가 있다. 우선, 현대 정치의 거대화와 복잡화 현상이 일반 대중으로 하여금 무력감과 왜소감을 갖게한다. 자신들의 생활에 중요한 영향을 끼치는 정치적 결정이 자신들이 알 수도 없고 통제할 수 없는 곳에서 복잡한 기구를 통하여 행해지고 있다는 의식이 일반 국민을 사로잡게 될수록 정치적 체념과 절망감은 깊어진다. 아울러 현대 사회의 조직화와 분업화로 인하여 사람들은 심신의 피로와 인간 정신의 수동화를 가져오고 있다. 기계적인 일의 반복은 심한 피로감을 자아내며 외부 세계에 대한 관심을 줄이고 사생활에서의 평안한 휴식만 요구하게 된다. 저속한 상업적 저널리즘, 영화 · 연극 · 스포츠 등과 같은 대중 오락이 또한 정치적 무관심을 부추긴다. 넷째로, 경제적 성장에 따라 번영된 사회의 신화 속에서 사적인 관심과 야망이 이상 사회를 대신하게 되었다. 이러한 가운데 사람들은 정치와 같은 공공의 문제에 대하여 관심을 갖기보다는 삶을 즐기려는 경향을 갖게 되었다. 따라서 아리스토텔레스 이래로 수많은 정치 사상가들은 사회 구성원의 정치 운영 에너지원천으로, 집단적 지혜를 발휘하게 하는 수단으로, 또는 폭정에 대한 하나의 보루로 정치 참여를 중요하게 생각하였다. 정치적 무관심은 무책임한 소수 권력자들에 의하여 좌우되는 정치 풍토를 초래하고, 집권자에 의한 대중 조작이 이루어지며, 시민의 의사에 반하는 정책 결정을 가져오고, 권위주의적 전체주의가 대두될 가능성이 커져 민주주의를 근본적으로 위협할 수 있다. 따라서 민주 정치는 시민들의 적극적이고 능동적인 참여를 통해서만 발전할 수 있다. 미국의 정치학자인 라스웰은 정치 사회의 역사적 성격과 정치적 무관심자의 태도와 내용을 연관시켜 이들을 다시 세 가지로 구분, 설명하였다. 첫째는 무정치적 무관심으로, 이는 다시 전통형과 현대형으로 구분할 수 있다. 전통형은 처음부터 정치에 대하여 관심과 참여 열정이 낮은, 천성적으로 정치에는 관심을 가지지 않는 경우이다. 현대형인 무정치적 무관심은 정치에 참가하여 얻을 수 있는 결과가 다른 활동에 비하여 낮다고 생각해서 정치에 관심이나 참여를 보이지 않는 경우이다. 두 번째로 탈 정치적 무관심이 있다. 이는 정치에 대하여 이전부터 가지고 있던 기대나 욕구가 현실 속에서 좌절되어 심한 환멸과 무력감을 느끼게 되었을 때 나타나게 되는 반사 작용으로서, 정치적 관심이 약해진 경우이다.

정치적 참여 政治的參與 ■

소유하는 것이 아니라, 올바로 사는 것을 추구하는 사회를 만들기 위해서는 사람들이 자기의 경제적인 역할을 수행하면서 동시에 한 사람의 시민으로서 정치에 능동적으로 참여하여야 한다. 소유하는 것으로부터의 해방은 정치적 참여와 민주주의의 완전한 실현에 의해서 가능하다. 이에 대하여 사회 심리학자인 에릭 프롬은 그의 저서인 《소유냐 존재냐》에서 정치적 참여의 중요성을 다음과 같이 말하였다. "권위주의의 위협에 저항하기 위해서는 수동적인 관객 민주주의로부터 능동적인 참여 민주주의 변모하지 않으면 안 된다. 능동적인 참여 민주주의에서는 공동체의 일들이 시민 개개인들 자신의 사적인 일처럼 중요하며, 더 나아가 공동체의 복리가 시민 개개인들 자신의 사적인 관심사가 된다. 곧, 사람들은 공동체에 참여함으로써 한층 더 보람 있는 삶을 살게 된다." 이 글은 수동적인 소유의 굴레에서 벗어나 존재의 삶을 살기 위해서는 정치에 능동적으로 참여하여야 한다는 것으로, 관객 민주주의로부터 참여 민주주의

로 변모하여야만 나치와 같은 전체주의의 출현을 막을 수 있다는
주장이다.

제국주의 帝國主義 ■

군사력을 배경으로 정치적, 경제적 지배권을 다른 민족, 국가의 영
토로 확대시키려는 대외 팽창 정책이나 사상을 지칭하는 말이다.
일반적으로는 1870년부터 20세기 초에 걸쳐 서구 독점 자본주의
국가들이 아시아, 아프리카와 라틴 아메리카 지역에 식민지를 확장
하려던 정책을 말한다.

제3신분 第三身分 ■

프랑스 혁명 전의 프랑스 사회는 제1신분, 제2신분, 제3신분 등 세
개의 신분층으로 이루어져 있었다. 제1신분은 성직자, 제2신분은
귀족으로 토지와 관직의 독점, 면세 혜택이 있었다. 이에 비하여 시
민 · 농민 · 수공업자 · 소상인 등 귀족과 성직자를 제외한 프랑스 국
민 전체를 지칭하는 제3신분은 국가의 재정 대부분을 부담하는 등
무거운 과세의 대상이면서 참정권이 없었고 지위 보장도 되지 않았
다. 이러한 신분 제도의 모순은 프랑스 혁명의 발발 원인이 되었다.

제3의 물결 ■ ■ ■

미국의 미래학자 앨빈 토플러의 저서 《제3의 물결》(1980)에서 비
롯된 말이다. 토플러는 처음 농경 기술을 발견하여 농사를 짓고 살
았던 수 천 년 동안의 농업 시대를 '제1의 물결'로, 산업 혁명 후 약
300년 동안 진행된 산업 시대를 '제2의 물결'이라는 말로 정의하
였다. 이어 과학 기술 발전으로 이전 시대보다 훨씬 빠른 속도로 변
화하고 있는 변혁기의 현대를 '제3의 물결'로 설명하였다. 토플러

는 사회 변동에 따른 가족 관계 붕괴나 가치관 분열 등이 제3의 물결의 증거라고 하였다. 아울러 그는 인류가 새로운 정신 체계를 설계하여 3의 물결에 대처한다면 풍요로운 미래 사회를 맞이할 수 있다고 하였다. 그는 이 책에서 다음과 같이 말하고 있다. "제3의 물결은 전혀 새로운 생활 양식을 초래하였다. 그 기반이 되는 것은 다양하고 재생이 가능한 에너지 자원과 조립 작업에 의한 공장 생식 방식을 후진 시대의 것으로 만들어 버리는 새로운 생산 방식이다. 또 핵가족과는 다른 새로운 가족 제도와 전자 주택이라고 부를 수 있는 직장과 주택 일치의 생활, 그리고 미래의 학교와 기업 등도 그 기반이 된다. 다가올 문명은 우리의 새로운 행동 규범을 세우고 제2의 물결 사회의 특징인 규격화, 동시화, 중앙 집권화라는 산업 사회의 제약을 뛰어넘어 에너지·부·권력의 집중화를 초월하는 길을 열어 줄 것이다."

조례 條例 ■

지방 자치 단체가 법령의 범위 내에서 그 지방의 사무에 관하여 제정하는 자치 법규를 조례라고 한다.

조세 법률주의 租稅法律主義 ■

조세의 종목과 세율은 반드시 국회가 법률로 정하여야 한다는 원칙으로, 국가 권력에 의한 자의적인 세금 징수를 막아 국민의 재산권을 보호하려는 데 목적이 있다.

조용한 혁명 ■

고도의 경제 성장과 사회 변동은 사람들의 가치관과 삶의 목표를 급격히 변화시키고 있다. 생존 내지 안전의 욕구가 존재하고 있는 경우에는 사람들은 그들의 관심을 다른 곳으로 돌릴 수 없다. 그러나 경제적, 신체적 안전이 보장되는 경우에는 사랑 · 존경 · 소속의 욕구가 점차 증가하게 된다. 좀더 조건이 좋아지면 지적 및 심미적 만족과 연결된 일련의 목표가 크게 부각된다. 정치학자인 잉글하트는 이러한 삶의 가치관의 변화를 조용한 혁명이라고 하였다.

조작적 정의 操作的定義 ■

추상적인 개념을 경험적으로 관찰할 수 있는 속성으로 바꾸어 정의하는 것을 조작적 정의라고 한다. 예컨대 A라는 사람이 C를 B보다 더 사랑한다는 것을 증명하기 위해서는 먼저 사랑을 조작적으로 정의하여 행동을 관찰하여야 한다. 즉, 실증주의자들은 다른 조건이 모두 동일하다면 만나는 시간의 길이, 교환하는 선물의 정도, 신체적 접촉의 정도 등 수량적 측정이 가능한 행동에 관한 자료를 수집하여 분석하는 것이다.

주식 회사 株式會社 ■

상법에 따라 형성되고 출자액에 대해서만 법적 책임을 지는 회사로서 주식의 발행으로 설립된다. 출자자인 주주는 주식의 인수 가액 한도 내에서 출자 의무를 지고, 회사 채무에 관하여는 책임질 의무가 없다. 주식 회사는 회사의 한 형태로 사단 법인이며 영리를 추구하는 목적이 있다. 주식 회사는 법률상 의사 결정 기관인 주주 총회, 업무 집행과 대표 기관인 이사회 · 대표 이사, 감독 기관인 감사의 세 기관이 반드시 있어야 한다. 주식 회사의 특징은 대규모 자금 조달이 용이하고, 기업의 위험이 분산되며, 출자자의 수명과 무관하게 기업 활동이 지속될 수 있다는 점이다.

준거 집단 準據集團 ■

한 개인이 어떤 판단이나 행동의 기준으로 삼고 있는 집단을 준거 집단이라고 한다. 보통 소속 집단과 준거 집단이 일치하면 만족감과 안정감을 가지지만, 그렇지 못할 경우에는 상대적 박탈감을 느끼거나 소속 집단에 대한 불만을 가지게 된다.

중상주의 重商主義 ■

15세기 말부터 18세기 후반 자유주의 경제가 확산되는 시기까지 서유럽 제국들이 채택한 사상 및 경제 정책을 총칭하는 말이다. 중상주의 사상의 핵심은 초기 산업 자본 축적을 위한 국내 시장 확보와 국외 시장 개척을 중시하는 보호 무역주의 정책이다. 즉, 한 나라의 재산을 증진시키기 위해서는 그 나라로 금과 은을 유입시켜 그것을 보유하여야 한다고 여기고, 국부의 증진을 위하여 외국에 대하여 수출을 촉진하고, 외국으로부터의 수입 억제하는 정책을 시행하였다. 중상주의의 대표적인 이론가로는 토마스 먼, 콜베르과 크롬웰 등이 있다.

지구 온난화 地球溫暖化 ■

대기중의 이산화탄소의 양이 계속 늘어나면서 지구가 점차 따뜻해져 많은 지역이 바다에 잠기게 되고, 기후 균형도 무너져 가뭄 · 태풍 · 혹서 등 기상 이변으로 갖가지 재난이 세계 곳곳에서 발생하게 되는 문제를 말한다. 지구 온난화 문제는 1972년 로마 클럽의 보고서를 통해 처음 제기되었다. 그 후 1985년 세계 기상 기구(WMO와 국제 연합 환경 계획(UNEP)이 지구 온난화의 주요인이 이산화탄소임을 공신 선언하였다. 이어 2000년 7월, 미국 항공 우주국(NASA)이 지구 온난화로 인하여 그린란드 빙원이 녹아 내려 지난 100년 동안 바다 표면이 23센티미터 가량 높아졌다고 발표했다. 즉 빙원이 녹으면서 1년에 500억 톤 이상의 물이 바다로 흘러 해수면이 0.14밀리미터씩 상승하고 있고, 그에 따라 그린란드 빙하의 두께가 매년 2미터씩 얇아지고 있다는 것이다. 이러한 지구 온난화 현상은 산업 사회 이전에도 존재하였지만, 산업 혁명 이후 석탄 · 석유와 같은 화석 연료 사용량의 증가와 삼림 벌채 등으로 인하여 그 속도가 빨라지고 있다. 지구 온난화를 촉발시키는 물질은 이산화탄소 외에 메탄 · 아산화질소 · 염화불화탄소(프레온) · 수증기 등이다. 이 중 이산화탄소에 의한 영향이 55퍼센트로 가장 많고 다음으로 염화불화탄소 24퍼센트, 메탄 15퍼센트 순이다. 이 중에서 산업화와 관계가 특히 깊은 것이 염화불화탄소로, 최근에는 국제적으로 이 물질의 사용을 금지하고 있다. 현재 지구촌은 지구 온난화 현상 방지책으로 대체 에너지 및 이산화탄소 고정화 기술 개발에 힘을 쏟고 있다. 아울러 전 세계적으로 에너지 절약을 강조하여 지구 온난화 문제에 대한 경각심을 일깨우고 있다.

G-7 ■

미국 · 일본 · 영국 · 프랑스 · 독일 · 이탈리아 · 캐나다 등 7개 선진국을 통상 G-7(Group of Seven)이라고 말한다. 이들 국가들은 1년에 두세 차례씩 재무 장관과 중앙 은행 총재들이 연석으로 회동하여 세계 경제 방향과 각국간의 경제 정책 협조 조정 문제를 논의하며, 각국 대통령 및 총리가 참석하는 정상 회담도 1년에 한 번씩 개최하고 있다.

지속 가능한 개발 ESSD ■■■

1992년의 유엔 환경 개발 회의에서 채택된 리우 환경 선언에서 추구한 이념으로 '환경적으로 건전하고 지속 가능한 계발'을 의미한다. 이는 결국 현 세대의 과도한 개발과 소비가 미래 세대에게 자원의 고갈과 환경 오염을 가져와 미래 세대의 삶을 침해하게 될 것이라는 점을 중시하여 '미래 세대의 필요를 충족시킬 능력을 저해하지 않으면서 현 세대의 필요를 충족시키도록' 자연 자원과 환경을 이용하는 것을 의미한다. 이는 결국 생태계를 파괴해 온 지금까지의 성장 위주 정책을 바꾸어 환경 보전과 경제 성장을 동시에 달성할 수 있는 방향성을 찾아가겠다는 의도이다.

지식 기반 경제 知識基盤經濟 ■

지식의 중요성은 오래 전부터 인식되어 왔다. 그러나 지식을 경쟁력의 원천으로 인식하고, 이를 중요하게 관리하기 시작한 것은 최근의 일이다. 지식 기반 경제는 지식이 중요한 생산 요소로 사용되는 산업, 예를 들면 인터넷·정보 통신·생명 공학 등 첨단 산업에만 해당되는 것은 아니다. 지식 기반 경제란 지적 자본을 가치 자산으로 전환하여 사용하는 경제를 말한다. 즉, 지식을 창출, 획득, 전파, 공유, 활용, 축적하여 새로운 부가 가치를 생산하는 경제 구조를 말한다. 따라서 전통적인 산업에도 지식이 중요한 요소로 사용될 수 있고, 지식 기반 경제가 필요하다. 결국 지식 기반 경제는 지식이 개별 경제 주체 및 국민 경제 전체의 성과와 경쟁력을 결정하는 핵심 요소임을 강조하는 개념으로서, 지식의 창출과 확산, 습득과 활용을 통하여 경제 주체들의 생산 능력을 높이고, 이러한 능력이 성장의 기반을 이루는 경제를 일컫는다.

지식 사회 知識社會 ■

미래학자이자 현대 경영 이론의 창시자인 피터 드러커는 자본주의 이후에 오는 지식이 유일한 생산 수단이 되며, 자본주의 사회의 원동력이었던 전통적인 생산 요소, 즉 토지, 노동, 자본은 이제 경제 발전에 오히려 제약이 되는 사회를 지식 사회라고 칭하였다. 이러한 지식 사회에서는 부를 창조하는 중심적 활동도 자본의 배분이나 노동의 투입이 아닌, 지식을 배분하고 적용하는 활동으로 바뀌며, 주도적인 사회 집단도 지식을 배분하고 적용하는 지식 노동자로 바뀌게 된다. 그에 의하면 지식 사회는 이미 제2차 세계 대전 직후부터 기업 경영 등에 적용되어 경영 혁명의 형태로 도래하기 시작하였으며, 앞으로 지식 사회에서는 지식이 없으면 국가든 사회든 개인이든 망할 수밖에 없다. 이에 따라서 교육의 중요성은 어느 때보다도 커지게 될 것이다.

지역주의 地域主義 ■

지역의 특수성과 자치성을 조화롭게 유지하면서 협력하고자 하는 주의다. 지역주의는 지역 특유의 연대 의식과 공통의 이익과 일체감을 지니고 있다. 하지만 오늘날 우리 사회에 나타나고 있는 지역주의 문제는 민주화와 국민 통합의 가능성을 가로막는 최대 변수로 지적되고 있다. 이는 지역주의가 한국의 정치 현실에서 역기능을 반복해 온 사실에 기인한다. 역대 선거를 통하여 나타난 지역주의적 정치 동원화가 한국 정당 정치의 발전을 저해한 결정적 요인이었음은 누구도 부인하기 어렵다. 이처럼 정치적 성격이 강한 지역주의는 지역에 대한 의식 또는 감정 등이 체계적으로 조직화되어 하나의 실천적 측면에서 이데올로기 화된 신념 체계를 이루고 있다. 우리 나라에서 지역주의가 정치적으로 동원되기 시작한 것은

1960년대부터이다. 1967년의 제6대 대통령 선거에서 등장한 지역주의의 맹아는 1971년의 제7대 대통령 선거를 계기로 영·호남 대립 구도로 노골화되었다. 이후 지속된 지역 대립의 첨예화와 지역 할거주의에 기초한 정치 구조의 구축이 오늘날 문제가 되고 있는 지역 갈등, 지역주의의 근본 원인을 제공한 셈이다.

지적 재산권 知的財産權 ■■■

지적 활동으로 인하여 발생하는 모든 재산권으로 지적 소유권이라고도 한다. 국제 연합(UN)의 지적 재산권 담당 전문 기구인 세계 지적 재산권 기구(WIPO)는 지적 재산권을 다음과 같이 정의하였다. "문학·예술 및 과학 작품, 연출, 예술가의 공연·음반 및 방송, 발명, 과학적 발견, 공업 의장·등록상표·상호 등에 대한 보호 권리 및 공업·과학·문학 또는 예술 분야 활동에서 발생하는 모든 권리를 포함한다." 이것은 인간의 지적인 창작물에 대한 권리를 보호하려는 무형의 재산권으로 산업 소유권(공업 소유권)과 저작권으로 구분한다. 공업 소유권은 특허청의 심사를 거쳐 등록하여야만 보호되고, 저작권은 출판과 동시에 보호되며, 보호 기간은 공업 소유권이 10~20년 정도이고, 저작권은 저작자의 사후 30~50년까지이다. 최근에는 급속한 기술 혁신에 따라 새로운 기술들이 속출, 산업 재산권과 저작권 중 어느 부류에도 속하지 않거나 두 부류에 공통으로 속할 수 있는 분야가 나타났는데, 가장 대표적인 것이 컴퓨터 소프트웨어이다.

직접세 直接稅 ■

납세자와 담세자가 동일하며 조세 전가가 불가능한 세금으로, 소득세나 재산세 등이 대표적이다. 대부분의 경우 누진세를 부과하여 소득 재분배 효과를 가져오는 조세 제도이다.

질적 연구 質的研究 ■

질적 연구란 연구자의 직접적인 경험과 직관적 통찰을 통하여 인간의 동기와 의도, 상호 관계를 이해하려는 문화 연구 방법이다. 이러한 질적 연구는 인간의 주체적인 선택을 중시하고, 사회 · 문화 현상의 내면적인 측면을 부각시킨다는 긍정적인 측면도 있지만 보편적인 원리를 찾는 데에는 한계가 있다는 지적을 받고 있다(→ 양적연구).

차티스트 운동 Chartism ■■■

1838~1848년 사이 노동자층을 중심으로 전개된 영국의 민중 운동을 일컫는다. 영국에서 산업 혁명의 결과 사회 전체적인 부(富)는 증가하였음에도 불구하고 부익부 빈익빈이 심화되어 노동자들의 노동 환경은 더욱 열악해졌다. 이에 따라 노동자들이 자신들의 대표를 의회로 보내 노동자의 권리를 보장받기 위한 선거권 확대 운동을 벌였는데, 이를 차티스트 운동이라고 한다. 1838년, 이 운동의 지도자들이 모여 그들의 요구를 담은 인민 헌장을 발표하여 차티즘의 원칙을 제시하였다. 그 내용에는 성인 남자의 보통 선거, 무기명 비밀 투표, 동등한 선거구 설정, 하원 의원의 재산 자격 철폐 등이 들어 있었다. 그 결과 부유한 사람에게만 한정되었던 선거권이 점차로 노동자, 농민, 여성들에게 확대되었다.

착한 사마리아 인 법 ■■

자신에게 특별한 부담이나 피해가 오지 않는데도 불구하고 다른 사람의 생명이나 신체에 중대한 위험이 발생하고 있음을 보고도 구조에 나서지 않는 경우에 처벌하는 법을 이르는 말이다. 이는《성서》에 나오는 비유로서, 강도를 만나 죽게 된 사람을 제사장이나 레위 사람도 그냥 지나쳤으나 한 사마리아 사람만은 성심껏 돌봐 구해 주었다는 데에서 비롯되었다. 결국 '착한 사마리아 인 법'은 도덕적인 의무를 법으로 규정하여 강제하는 것을 말한다. 이러한 입법의 예는 프랑스 형법의 제63조 제2항에서 찾을 수 있다. "위험에 처해

있는 사람을 구해 주어도 자신이나 제3자에게 위험이 없는데도 도
와 주지 않는 자는 3개월에서 5년까지의 징역과 360프랑에서 15만
프랑까지의 벌금을 물거나 이 둘 중 한 가지를 받게 된다."

참여 관찰법 參與觀察法 ■

연구하려는 지역이나 집단의 한 구성원이 되어 직접 활동에 참여하
면서 자료를 수집하여 분석하는 방법이다. 사람들의 의식을 올바르
게 이해하려고 하거나 인간의 행동과 관련된 동기 또는 의도와 같
은 개인적 사회적 의미를 파악하려고 할 때 선호하는 방법으로, 질
적 연구나 인류학에서 많이 사용한다.

청소년 문화 靑少年文化 ■

청소년들이 가지는 공통적인 행동 양식, 태도, 가치관을 총칭하여
청소년 문화라고 한다. 청소년은 미래 지향적이고 창조적이므로 현
실 지향적인 기성 문화에 저항하기도 하고, 각종 부조리에 맞서기
도 하며, 감각적이고, 쉽게 실증을 느끼는 경향을 지닌다. 이 때문
에 문화도 일시적이고 미완성의 특성을 지니는 경우가 많으며, 급
격한 사회 변화에 따른 가치관의 혼란으로 기성 세대와의 갈등, 이
상과 현실 사이의 갈등, 전통과 서구 문화 사이에서의 갈등 등의 특
징을 지니기도 한다.

체르노빌 원자력 발전 사고 ■

1986년 4월 26일 새벽 1시 24분, 두 차례의 격렬한 폭음과 함께
체르노빌 원자력 발전소의 원자로가 붕괴되면서 다량의 방사선이
누출된 사고이다. 아직까지도 구소련 정부는 사고의 구체적 피해를
밝히지 않고 있다. 하지만 이 사고의 결과 수많은 사람들이 죽고 방

사선 노출로 인하여 기형아가 태어나는 등 그 피해는 실로 엄청나며 인근 유럽 국가에까지도 영향이 미쳤다. 결국 체르노빌 원자력 발전소 사고는 인간이 만들어 낸 인위적인 재난의 대표적인 사례라고 할 수 있다.

초고속 정보 통신망 超高速情報通信網 ■

첨단 광케이블 망을 연결하여 문자·음성·영상 등의 정보를 초고속으로 접속하는 통신 시스템이다. 정보 고속 도로라고도 불리는 초고속 정보 통신망의 핵심은 광케이블 망을 주축으로 영상·음성·문자 등 멀티미디어 정보를 쌍방향으로 오고 가게 하는 것으로, 일반 사진은 물론 비디오와 오디오 정보도 실시간으로 전송할 수 있으며, 영상 전화나 원격 의료 및 원격 화상 회의 등도 가능하다.

최고 가격 最高價格 ■

특정 상품의 공급 부족으로 물가가 많이 오를 경우 정부가 물가 상승을 억제하거나 저소득층을 보호하기 위하여 시장 가격보다 낮은 수준에서 가격의 상한선을 설정하고 통제하는 제도를 말한다. 전쟁 등 비상 사태 시 물자가 부족한 경우에 취해지는 비상 정책이지만, 서민들을 위한 아파트 분양가 상한선 설정 등이 이에 해당한다. 최고 가격제가 시행되면 가격 기구가 자원 배분의 기능을 수행하지 못하며, 암시장이 형성되거나 선착순 판매나 판매자의 선호에 따른 결정(단골 판매) 등 가격 이외의 방법에 의한 자원 배분이 이루어진다.

최저 가격 最低價格 ■

공급 과잉에 대비하거나 생산자간의 과도한 경쟁을 방지하여 생산자를 보호하기 위해 농산물 시장이나 노동 시장 등에서 시행되는 가격 정책이다. 정부가 농가 소득을 높이기 위해 농산물 가격 지지 정책에 의해 최저 농산물 가격을 설정하거나, 최저 가격제의 일종이라고 할 수 있는 최저 임금제를 실시하는 경우가 이에 해당한다.

최저 임금 제도 最低賃金制度 ■■

근로자의 최소한의 생계 보호를 위하여 최저 임금 심의 위원회의 심의 · 의결을 거쳐 노동부 장관이 매년 일정 수준의 최저 임금을 정하고 기업주로 하여금 같은 금액 이상의 임금을 지급하도록 법으로 강제하는 제도이다. 복지 국가적 개념에서 나온 사회 정책, 노동 보호 정책의 하나로, 우리 나라는 근로 기준법에서 최저 임금에 관한 규정을 두고 이를 시행하고 있다. 우리 나라는 2000년 11월 24일부터 4인 이하 사업장에도 최저 임금을 적용하도록 하였으며, 상용 근로자뿐만 아니라 임시 근로자 · 일용 근로자 · 시간제 근로자 등 모든 근로자에게 적용된다. 2001년 현재 최저 임금은 시간당 1,865원 이상씩 하루 8시간 근로 기준 1급 1만 4,920원이며 226시간을 기준으로 한 월 최저 임금액은 42만 1,490원이다.

친족 親族 ■

혈연과 혼인을 매개로 이루어진 가족들의 집합을 친족이라고 한다. 친족은 보통 친가, 외가, 처가로 구성된다. 친족간에는 일정한 법률 관계가 형성되기 때문에 민법에 법정 친족의 범위가 규정된다. 현행 민법에 규정된 친족의 범위는 ① 8촌 이내의 혈족, ② 4촌 이내의 인척, ③ 배우자이다(민법 777조).

7·4 남·북 공동 성명서 七四南北公同聲明書 ■

1970년대 초 미국 대통령 닉슨의 중국 방문을 계기로 중국과 미국 및 일본의 관계가 개선되면서 국제적 분위기가 냉전에서 화해의 분위기로 바뀌는 여건에 맞추어 남·북한도 1972년에 분단 이후 최초로 남·북 공동 성명을 발표하였다. 이것이 7·4 남·북 공동 성명이며, 그 내용의 핵심은 '자주, 평화, 민족 대단결'이라는 통일의 기본 원칙이었다. 이 원칙은 아직도 남·북 통일과 관련된 협상에서 통일의 기본 원칙으로 인정되고 있다. 이 성명서의 주요 내용은 다음과 같다. "쌍방은 다음과 같은 조국 통일 원칙들에 합의하였다. 첫째, 통일은 외세에 의존하거나 외세의 간섭을 받음이 없이 자주적으로 해결하여야 한다. 둘째, 통일은 서로 상대방을 반대하는 무력 행사에 의거하지 않고 평화적 방법으로 실현하여야 한다. 셋째, 사상과 이념, 제도의 차이를 초월하여 우선 하나의 민족으로서 민족적 대단결을 도모하여야 한다."

ㅋ

카르텔 cartel ■

기업 간의 경쟁을 제한하기 위하여 유사 사업 분야 기업 간에 결성하는 기업 결합이다. 다른 말로는 기업 연합이라고도 한다. 카르텔은 가맹 기업간의 협정을 통하여 한 개의 기업처럼 행동하여 시장의 독점적 상태를 만들어 내기 위한 조직이다. 어떤 부문을 주요 쟁점으로 삼느냐에 따라 구매 카르텔, 생산 카르펠, 판매 카르텔로 구분한다. 결국 카르텔은 시장에서 한 공급자만 있는 독점과 같은 결과를 가져오므로 경제의 비효율화를 가져와 경제 발전에 악영향을 미치므로 국가는 이를 금지하거나 규제하는 것이 일반적이다. 우리나라도 기업 독점을 막기 위하여 1980년 '독점 규제 및 공정 거래에 관한 법률'을 제정하여 건전한 기업 경제를 정착시키려 하고 있다.

카오스 이론 chaos理論 ■

우주 만물이 생겨나기 이전의 원초 상태를 뜻하는 말로, 그리스 인의 우주개벽설(kosmogonia)에서 유래하였으며 카오스라는 말은 흔히 '혼돈'이라는 의미로 많이 사용된다. 원래 혼돈이란 원래 '캄캄한 텅빈 공간'으로, 질서가 없는 뒤죽박죽 상태를 의미한다. 하지만 여기에서는 장래의 예측이 불가능한 현상을 말한다. 이러한 카오스 연구는 무질서하고 예측 불가능한 현상 속에 숨어 있는 정연한 질서를 집어내어 새로운 사고 방식이나 이해 방법을 찾는 것이다. 지금까지의 과학이 어떤 하나의 결과를 이끌어 내는 데 비하여 카오스는 몇 가지 효과가 서로 작용하여 질서 상태가 된다는 점을 다룬다. 나뭇잎의 낙하 운동·전력의 흔들림·지진 발생의 메커니즘 등과 우주에 대해서는 시공의 구조와 블랙홀 부근의 별의 운동 등에서 카오스적인 현상이 발생한다고 한다.

커밍아웃 Coming-out ■

동성애자들이 자신이 성 지향성을 공개적으로 드러내는 것을 뜻하는 말로, 'Come out of closet'(벽장 속에서 나오다)에서 유래한 말이다. 스스로 동성애자임을 인정하고 동성애 사회나 동성애자에게 자신의 성향을 드러내는 것과 가족이나 동료·직장·학교 등에서 자신이 동성애자임을 드러내는 것도 커밍아웃이다.

케인즈 Keynes ■ ■ ■

영국 케임브리지에서 출생한 케인즈는 20세기 전반을 대표하는 근대 경제학자로서, 그의 저서 《고용과 이자 및 화폐의 일반 이론》(약칭 일반 이론)은 당시까지의 경제학자들이 상정할 수 없었던 불완전 고용화의 균형, 예컨대 실업자가 존재하여도 유효 수요가 부족한 상태에서는 균형이 존재하는 것을 논증하여, 실업과 불황에 허덕이는 1930년 자본주의 모순을 해명하고 새로운 경제 체제를 이론화하였다. 그는 경제 문제 해결을 위한 정부의 적극 개입을 주장하면서 수정 자본주의의 기초를 세웠다. 여기에는 정부란 합리적으로 행동하며 공익을 위하여 헌신하는 존재라는 가정이 깔려 있다. 1936년에 완성된 이 책은 케인스 자신의 이전 저작들은 물론 이른바 고전파 경제학이라고 불리는 기존의 경제 이론 틀을 벗어나는 혁명적 저작으로 알려져 있다. 이 책의 출간으로 현대 화폐 금융론과 거시 경제학의 기초가 정립되었고, 이후 수십 년 간 경제학의 지배적인 패러다임으로 유행하였기 때문이다. '일반 이론'의 핵심은 국민 경제가 항상 완전 고용 상태에 머물 수 없을 뿐만 아니라 영속적인 비자발적 실업이 가능하다는 것을 보여준 데 있다. 케인스의 '일반 이론'은 1929년 대공황으로 인하여 당시의 주요 경제 문제로 떠올랐던 만성적 실업에 대하여 '보이지 않는 손'에 의한 시장의 자동적인 균형 회복 기능을 강조하는 고전파 경제학이 만족스러운 원인 규명과 해결책을 제시하지 못하고 있다는 비판에서 시작되었다. 따라서 케인스의 경제관은 한 마디로 불안정한 시장 경제를 정부 개입에 의하여 보완함으로써 자본주의를 강화할 수 있다는 것으로 요약된다. 그는 공공 투자는 민간 투자를 구축할 이유가 없으며 오히려 이에 의하여 생긴 소득 증대는 민간 기업에 투자 증대에 대한 유인 및 낙관적인 전망을 줄 수 있고, 공공 및 민간 부문의 총투자가 증가한다면 주어진 소비 성향하에서 총수요 및 고용이 늘 뿐만 아니라 승수 효과(multiplier effect)를 통하여 최초 투자 증가보다 더 큰 비율로 늘어난다고 주장하였다. 이와 함께 정부의 적극적인 재정 정책을 강조하면서 필요하다면 통화량도 적절하게 조절할 것을 주장하였다.

코스닥 KOSDAQ ■

미국 주식 시장은 뉴욕 증권 거래소와 나스닥(NASDAQ)이 있는데, 이 중에 나스닥에서는 주로 첨단 산업 분야의 회사들이 등록되어 있다. 이러한 미국 시장을 본따 우리 나라도 증권 거래소에 상장할 자격은 되지 못하더라도 벤처 기업을 비롯한 성장 가능성이 큰 회사들의 자금 조달 및 투자 시장으로서 만든 장외 주식 거래 시장을 세웠다. 이것을 코스닥이라고 한다. 코스닥은 1996년 7월 1일에 개설되었다. 상장 기업들의 주식이나 채권을 사고 팔 수 있는 증권 거래소와는 달리, 코스닥 시장에서는 매매를 위한 건물이나 플

로어 등이 없이 컴퓨터와 통신망을 이용하여 장외 거래 주식을 매매하는 전자 거래 시스템으로 주식 매매가 이루어진다.

큰 정부론 ■■■

'큰 정부'란 20세기 이후 시장 경제의 문제점(시장의 실패)을 극복하기 위하여 정부가 시장 경제에 전면적으로 개입하는 과정에서 생겨난 개념이다. 초기 자본주의에서는 정부의 역할은 최소화되어 국방과 치안·교육 및 공공 토목 사업 등에 국한되고, 경제는 민간이 맡는 야경 국가(夜警國家)를 지향하였다. 그러나 독점 기업이 나타나 초과 이윤을 올리기 위하여 가격을 올리고, 시장 가격의 자동 조정 능력이 약화되어 생산이 수요를 초과하는 과잉 생산 현상이 발생하여 1930년대의 대공황을 초래하였다. 이러한 대공황을 극복하기 위하여 미국의 루즈벨트 대통령은 뉴딜 정책을 실시하였다. 이 정책은 정부가 댐이나 도로 공사 등을 통하여 적극적으로 지출을 늘려나가 새로운 수요를 창출하는데, 이 때부터 정부의 시장 개입이 확대되는 큰 정부의 출현을 가져왔다. 그 후 복지 국가의 개념이 적극 도입되면서 정부 역할은 사회 간접 자본 및 공공재의 공급 증대와 함께 국민의 '삶의 질'을 향상시키기 위한 육아·교육·의료·복지·주택·수도 등과 같은 사회적 서비스의 증대뿐만 아니라 국토와 환경 보전, 빈부의 격차 교정과 독과점 규제, 완전 고용의 달성과 물가 안정, 환경 오염 방지 및 공공재의 공급 등에까지 확대되었다.

탄저병 炭疽病 ■

피부가 까맣게 썩어 가며 사망에 이르는 병으로, 병명 anthrax는 그리스 어로 anthrakis(석탄)에서 유래되었다. 19세기 중반 독일에서 처음 발견되었으며, 감염 부위에 따라 피부 탄저병, 위장관 탄저병, 호흡기 탄저병 등으로 나뉜다. 피부 탄저병은 대개 토양이나 풀 속의 탄저균에 감염된 가축과 접촉하였을 때 상처를 통하여 감염되며, 초기에 감염 부위가 붓고 가렵다가 물집이 생긴다. 대부분 페니실린 등의 항생제를 쓰면 어렵지 않게 치료된다. 가장 무서운 유형이 얼마 전 미국에서 발병한 호흡기 탄저병으로, 호흡기를 통하여 전염되어 확산성이 매우 높으며, 초기에 고열 · 기침 등 감기와 비슷한 증세를 보이다가 호흡 곤란 · 오한 · 부종 등의 증상이 이어지면 혼수 상태에 빠지거나 정신 착란을 일으키는 경우도 있다. 탄저균이 몸 안에 침투하면 5~6일의 잠복기를 거쳐 발병하는데, 일단 발병하면 몸 속의 조직 세포를 급속히 파괴하는 독소를 만들어 1~2일 만에 70~80퍼센트가 사망한다.

탄핵 소추 彈劾訴追 ■

고위 공직자가 헌법을 위반하였을 때 헌법 존속을 위하여 시행하는 헌법 재판 제도이다. 대통령 · 국무 총리 · 국무 위원 · 행정 각부의 장 · 헌법 재판소 재판관 · 중앙 선거 관리 위원회 위원 · 법관 · 감사 원장 등 고위직 공직자가 직무 집행에 있어서 헌법이나 법률을 위배한 경우에 일반적인 징계 절차를 통하여 파면시키거나 일반 사법 기관에서 소추하기 곤란하므로 국회가 탄핵의 소추를 통하여 그 책임을 묻는 제도이다. 탄핵 소추권이 발동되면 탄핵 여부가 가려질 때까지 권한 행사가 정지되며, 탄핵 결정은 공직의 파면에 그치지만 이로 인하여 민·형사상의 책임이 면제되지는 않는다. 탄핵 소추는 국회가 행하는데, 국회 재적 의원 3분의 1 이상의 발의가 있어야 한다. 다만, 대통령에 대한 탄핵 소추 발의는 국회 재적 의원 과반수의 발의가 있어야 한다. 국회 재적 의원 과반수의 찬성이 있어야 탄핵 소추는 의결된다. 다만 대통령에 대한 탄핵 소추의 의결만은 국회 재적 의원 3분의 2 이상의 찬성이 있어야 한다. 탄핵의 결정은 헌법 재판소의 재판관 6인 이상의 찬성으로 탄핵 결정을 할 수 있다.

탈산업 사회 脫産業社會 ■ ■ ■

미래 사회학자인 다니엘 벨은 산업 사회 이후에 나타날 정보화된 사회를 탈산업 사회라고 칭하면서 다음과 같은 특징을 가진 사회가 될 것이라고 주장하였다. "탈산업 사회에서는 ① 노동 인구의 대부분이 전문 서비스 업 종사자이고, ② 광범위하게 적용할 수 있는 이론적 지식이 기술 혁신 주도하며, ③ 정보와 지식이 부가 가치의 원천이 되고, ④ 운송과 통신 혁명으로 세계화 사회가 도래할 것이다." 따라서 탈산업 사회에서는 과거보다는 미래를 지향하고, 재화보다 서비스에 기초한 경제가 나타나며, 생산 방식도 다품종 소량 생산이 이루어지는 한편 중앙 집중적인 관료제는 약화될 것이다. 또한 새로운 기술 혁신에 적응할 수 있는 고도의 사고 능력과 전문성을 갖춘 사람이 요구되는 사회가 될 것이다. 탈산업 사회는 탈공업 사회라고도 한다.

터널 효과 tunnel效果 ■ ■

경제 발전의 초기에는 소득 불평등을 어느 정도 용인하지만, 경제
발전이 이루어져도 그 분배가 고르게 이루어지지 않으면 정치 사회
적 불안을 초래하여 경제 발전의 원동력을 상실할 우려가 있다는
주장을 터널에서의 교통 지체에 비유하여 설명한 이론이다. 즉 후
진국의 침체를 터널 속 자동차의 정체 현상으로 비유하면, 발전 초
기에는 두 차선 중 어느 차선 하나가 움직이면 다른 차선에 기다리
는 사람도 자기 차선이 곧 움직이리라는 기대에 부풀게 되지만, 계
속 한 차선만 움직이고 자신이 서 있는 차선의 정체가 계속되면 기
대에서 오는 좌절감으로 불만이 쌓여 차량 소통을 규제하는 교통
경찰을 무시하고 교통 법규를 무시하게 되어 터널 속은 더욱 정체
가 심해진다는 이론이다. 어떤 사회에 불로 소득이 만연하면 국민
들은 상대적 빈곤을 느끼게 된다. 그러면서 경제, 사회적으로 불평
등이 심한 나라라고 생각하게 된다. 이것은 그 자체로서도 매우 중
대한 문제이며 국민적 일체감을 형성하고 국력을 신장시키는 데에
도 결정적인 장애가 될 수 있다. 경제학자인 허시만이 개발 도상국
이 저개발 상태에서 선진국에 이르는 과정을 긴 터널을 빠져나가는
것에 비유하면서 생겨난 말이다.

테러리즘 terrorism ■

일반적으로 '정치, 사회적 목적에서 정부나 시민들을 협박 및 강요
하기 위하여 사람이나 재산에 가하는 불법적인 폭력을 사용'하는
것을 말한다. 프랑스 혁명 이후 공포 정치 시대에 테러리즘이란 말
이 처음 탄생하였는데, 당시 혁명파의 테러를 적색 테러, 반혁명파
의 보복을 백색 테러라고 불렀다. 이후 19세기에는 무정부주의자
(아나키스트)들이 자신들의 정치적 목적을 위하여 테러를 일삼으며

"현실 정치 제도를 바꾸는 유일한 수단은 폭력"이라면서 테러리즘을 옹호하기도 하였다. 오늘날의 대표적인 테러 공격 형태는 고전적인 테러 전술 중 하나인 폭탄 공격, 항공기 납치가 주대상인 하이재킹, 인질 납치 등으로 나눌 수 있다.

테일러리즘 Tayorism ■

경영학자인 테일러가 창시한 과학적 관리 기법이다. 노동자의 움직임, 동선, 작업 범위 등 노동 표준화를 통하여 생산 효율성을 높이는 체계로서, 노동의 관리 방법은 작업 과정에 대한 세밀한 연구를 통하여 각각의 작업들을 정확하게 시간이 부여되고 조직화된 단순 조작들로 세분화하는 것이다. 테일러리즘은 많은 나라의 생산과 기술의 조직화 형태에 지대한 영향을 끼쳤으며 그 영향 또한 다양하다. 하지만 인간은 기계처럼 취급받는 것에 분노를 느낀다는 점을 간과한 한계가 있다. 즉, 직무가 단조로운 작업들로 세분화되어 있는 경우에는 노동자의 창의성이 개입될 여지가 거의 없다.

통일 정책 統一政策 ■■

남한의 통일 정책을 살펴보면 이승만 정권은 북진 통일론을 주장하였고, 박정희 정권 하에서의 통일 정책은 '선 평화 후 통일'이라는 명분으로 실질적인 통일은 유보하는 선에서 이루어졌다. 1972년에는 미·중, 미·소의 화해의 관계(데탕트)로 인하여 역사적인 7·4 남·북 공동 성명이 발표되었고 여기에서 평화 통일의 원칙이 구체화되기도 하였다. 그 후 전두환 정권은 1982년 초에 '민족 화합 민주 통일 방안'을 제시하였다. 1984년부터 1986년 사이에는 체육 회담·경제 회담·국회 회담·적십자 회담 등이 진행되고, 1984년 9월 29일에는 북한의 구제 물자가 남한으로 인도되고, 1985년 9월

20~23일의 이산 가족 고향 방문단 및 예술 공연단이 서울과 평양에서 동시에 교환 방문이 이루어지기도 하였다. 1980년대 후반 사회주의 국가들의 개혁과 개방 정책의 영향을 받으면서 노태우 정권은 북방 정책을 추진하였다. 그 결과로 구소련을 비롯한 동구 공산권 국가와의 수교가 이루어졌다. 1980년대 후반 이후 남한의 통일 정책은 한민족 공동체 통일 방안에 근간하고 있으며, 김대중 정부에서는 햇볕 정책을 적극 추진하여 남·북 정상 회담이 열리기도 하였다.

| 남·북한 통일 정책 비교 |

구 분	남 한	북 한
명 칭	한민족 공동체 통일 방안	고려 연방제 통일 방안
통일 이념	자유 민주주의(인간 중심)	주체 사상(계급 중심)
통일 과정	화해·협력→남·북 연합→통일 국가	연방 국가의 점차적 완성
실현 절차	통일 헌법에 의한 민주적 총선거	연방 국가의 점차적 완성
통일 국가 형태	1민족 1국가 1체제 1정부의 통일 국가	1민족 1국가 2체제 2정부의 연방 국가
통일 주체	민족 구성원 모두	프롤레타리아 계급

통화량 通貨量 ■

시중에 돌아다니는 돈의 유통량을 통화량이라고 하는데, 측정하는 지표에 따라 다양하게 나타낼 수 있다. 가장 기본적이고 좁은 의미의 통화량은 민간인이 보유하고 있는 현금에 은행의 요구불 예금을 합한 것이다. 이는 주로 화폐의 지불 수단으로서의 기능을 중시한 것이다. 이 밖에 저축성 예금과 거주자 외화 요금까지 합한 것을 총통화라고 한다. 통화량은 한 나라의 국민 경제에 매우 큰 영향을 미치는데, 일반적으로 통화량이 너무 많아지면 통화의 가치가 떨어지고 물가가 상승하는 인플레이션이 나타나며, 반대로 통화량이 부족하면 경제 활동이 위축될 우려가 있다. 따라서 정부나 중앙 은행은 시장이 필요로 하는 통화량을 적절하게 조절하는데, 이를 금융 정책이라고 한다. 우리 나라는 한국 은행에 금융 통화 운영 위원회를 설치하여 매년 통화 증가율의 목표치를 설정하여 통화량을 적절하게 조절하고 있다.

투자 投資 / 투기 投機 ■

공장 · 기계 · 건물이나 원료 · 제품의 재고 등 생산 활동과 관련되는 자본재의 총량을 유지 또는 증가시키는 활동을 투자라고 한다. 이에 비하여 투기는 생산 활동과는 관계없이 오직 이익을 추구할 목적으로 실물 자산이나 금융 자산을 구입하는 행위를 일컫는다. 투자와 투기는 이익을 추구한다는 점에서는 같지만, 그 방법에 있어 투자는 생산 활동을 통한 이익을 추구하지만 투기는 생산 활동과 관계없는 이익을 추구한다. 경제 행위에서 일반적인 매매는 실제의 필요성에 의하여 이루어지는 반면에 투기는 가격의 오르내림의 차이에서 오는 이득을 챙기는 것을 목적으로 한다. 따라서 부동산을 구입할 때 그곳에 공장을 지어 상품을 생산할 목적을 지닌 경우는 투자가 될 수 있지만, 부동산 가격의 인상만을 노려 일정 기간 후에 이익을 남기고 다시 팔려는 목적을 가진 경우에는 부동산 투기 행위가 된다고 볼 수 있다.

특별 소비세 特別消費稅 ■

사치성 물품의 소비에 부과되는 소비세로, 호화 사치성 소비를 억제하고 소득 재분배를 이루려는 목적을 지닌 세금이다. 과세 대상은 소비 억제 품목, 사치성 품목, 고급 소비재 등 30여 개 품목 및 서비스로, 고급 오락 시설이나 그 장소를 이용하는 행위 등에도 세금이 적용된다. 세율은 과세 물품에 따라 다르다.

팔레스타인 해방 기구 PLO ▪

팔레스타인 인을 대표하는 정치 조직으로, 1964년 팔레스타인 국
가 건설을 목표로 수립되었다. 전 세계적으로 445만 명으로 추산되
는 팔레스타인들은 1948년, 이스라엘이 수립되기 이전에 팔레스타
인 지역에 살고 있던 아랍 인과 그들의 후손들을 말한다. PLO
(Palestine Liberation Organization)는 1967년 6월에 발발한
중동 전쟁 직후 국제적으로 부각되었고, 그동안 이스라엘과 팔레스
타인 독립 국가 건설 문제를 놓고 지속적인 대립과 갈등을 지속해
왔다. 1988년 11월, PLO는 팔레스타인 독립 국가 건설을 선언하
였다. 나아가 이스라엘의 존재를 인정하면서 웨스트뱅크와 가자 지
구에 팔레스타인 국가를 건립하는 안을 수락하였다. 이후 1993년
9월, 팔레스타인과 이스라엘은 평화 협정을 맺고 PLO 의장이 팔
레스타인 자치구 의장을 맡았다. 1996년 1월에는 팔레스타인 자치
를 위한 총선거를 실시하였는데, 아라파트 의장이 압도적인 지지로
당선되어 자치 정부 초대 행정 수반으로 취임하였다.

패권 霸權 ▪

어떤 분야에서 으뜸의 자리를 차지한 권력 또는 국제 정치에서 힘
이나 경제력으로 다른 나라를 압박하고 자기의 세력을 넓히려는 권
력을 말한다. 중국의 정치에서 패권은 다음과 같은 의미를 지니고
있다. 중국에서는 전통적으로 나라를 다스리는 데 두 가지 방법을
제시하였는데, 그 중 하나는 인의 도덕(仁義 道德)을 중요시하는 왕

도 정치 사상으로, 공자나 맹자의 유가 사상이 있다. 다른 하나는
전 백성을 군사화하고 무력을 증강하여 패권을 차지하려는 패도 정
치(覇道政治)로 법가 사상이 이에 속한다.

포디즘 Fordism ■

산업 사회에서의 대량 생산은 대규모 시장을 필요로 하는데, 미국
의 실업가인 포드가 이 사실에 주목하여 대량 생산 체계를 만들어
냈다. 1913년, 포드가 미시간 주에 설립한 공장에서는 T형 포드 자
동차 한 종류만을 생산하였는데, 이 작업에서 작업 속도, 정밀도 및
조작의 간편화에 맞추어 설계된 전문화된 작업 용구와 기계가 사용
되었다. 포드 공장의 조립 라인에서 각 노동자들은 차체가 라인을
따라 움직일 때 각기 특정한 업무를 맞게 되었다. 이러한 방법으로
생산 효율성의 극대화는 이루어졌다. 하지만 포드 조립 라인은 곧
결근률과 이직률의 급격한 증가라는 문제점에 직면하였다.

폴리스 polis ■■

고대 그리스의 도시 국가로서, 산과 섬이 많은 자연 환경으로 통일
된 국가를 이루지 못한 그리스에서 지역별로 도시 국가의 형태로
이루어진 정치 공동체를 폴리스라고 하였다. 당시 폴리스는 그리스
인의 정치, 경제, 사회 생활의 기본적인 요소이며 배타적인 단위였
다. 폴리스의 한복판 산 언덕 위에 아크로폴리스라는 성채가 있고,
그 아래 시민들이 집회 장소와 시장으로 이용하던 아고라라는 광장
이 있었다. 성벽 안에는 시민들이 거주하고 밖에서는 외국인들의
거주가 허용되었다. 폴리스는 그리스 본토에 100여 개, 식민지까지
합하면 1,000여 개가 넘었고, 그 규모는 다양하여 인구가 수천에서
20~30만 명에 이르렀으며, 평균 인구는 5,000명 정도였다. 폴리

스 상호간에는 정치적 지배 관계가 없는 독립된 사회였으나, 그리스 인들은 동일한 언어, 종교, 생활 습관을 가지고 있었고, 다른 민족에 대하여는 바르바로이(barbaroi)라고 하여 차별하였다.

그리스 도시 국가의 중심지에 있는 언덕인 아크로폴리스와 파르테논 신전

표본 조사 標本調査 ■

조사 대상 중 일부만을 대상으로 한 조사로서, 적은 비용으로 전체의 특성을 파악할 수 있다. 시간과 비용이 적게 드는 장점이 있으며, 조사 결과의 타당성에 대한 의문이 제기되기도 하지만, 표본의 선택과 분석에 과학적 기법이 도입되면서 사회 조사에서 많이 사용하고 있다.

퓨전 fusion ■

최근 문화뿐 아니라 사회 전반에 불고 있는 퓨전 현상은 라틴 어의 'fuse'(섞다)에서 유래한 말로, 어원적으로는 '이질적인 것들의 뒤섞임, 조합, 조화'를 뜻한다. 퓨전은 예술의 각 장르들이 기존의 자신의 고유함을 해체하고 다른 것과 합쳐지면서 대안을 모색하는 예술의 한 경향이다. 따라서 퓨전 문화에서는 일상의 고정 관념이나

퓨전 재즈

틀은 과감히 제거되고 새로운 어울림의 문화가 나타난다. 하지만 퓨전 현상이 기존의 문화 장르를 배격하거나 완전히 해체하자는 의미는 아니다. 오히려 각각의 문화가 조화를 이루면서 발전해 나가는 것을 기본 바탕으로 하며, 중심적인 트랜드로 자리잡고 있는 세기말적인 의식과 전 세계가 공동체라는 의식이 함께 하면서 표현된 미래 지향적인 문화 현상이라고 볼 수 있다. 대중 문화의 획일성에 식상해 있는 현대인들의 감성을 자극하여 크게 유행되고 있는 추세이다. 이에 따라 동 · 서양의 공간이나 과거와 현재의 시간의 벽을 넘어서 퓨전 현상이 나타나고 있으며, 영역적으로도 예술뿐 아니라 요리 · 패션 · 영화 · 인테리어 등 우리의 일상 생활에서 일반화되고 있다. 개성과 다양성이 존중되고 모방이 아니라 창조가 이루어지는 새로운 영역이 되고 있다.

프롤레타리아 계급 proletariat ■

마르크스 계급 이론에서 유산 계급인 부르주아지(Bourgeoisie)에 대비되는 무산 계급을 지칭하는 말이다. 어원적으로는 고대 로마에서 최하층 계급을 뜻하는 proletariatus에서 유래하였다. 마르크스는 자본주의 사회에서 노동 임금을 받고 살아가는 무산자(proletaria) 계급 곧, 노동자 계급을 프롤레타리아라고 규정하였다. 그는 사회 계급을 생산 수단을 가졌느냐 못 가졌느냐에 따라 부르주아지와 프롤레타리아로 구분하였다. 부르주아지 계급은 자본과 생산 수단을 토대로 상품을 생산하여 자본을 재축적하지만, 프롤레타리아는 무일푼으로 자본가에게 고용되어 노동력만을 팔고 그 대가로 임금을 받아 생활하는 계급이라고 하였다. 마르크스는 자본가들이 노동자들에게 노동 생산성보다 훨씬 낮은 임금을 지불함으로써 노동자와 자본가는 대립의 관계를 가지게 되고, 소수의 자본가들이 자본을 집중적으로 소유하여 상품 생산은 증대하는 반면에, 무산 계급인 다수의 노동자들은 구매력을 상실하기 때문에 자본주의적 생산 관계가 자연히 붕괴된다고 주장하였다. 이러한 자본주의적 질서 붕괴를 단축시키고 착취 관계를 조기에 없애기 위해서는 프롤레타리아가 혁명을 일으켜야 한다는 프롤레타리아트 혁명론을 주장하였다.

프랑스 2월 혁명 France二月革命 ■

1830년 7월에 있었던 7월 혁명에서 샤를 10세를 몰아내고 루이 필립이 왕위에 올라 스스로를 '시민의 왕'이라고 불렀다. 그러나 7월 왕정이 시민의 의사를 무시하고 소수의 부유층에게만 선거권을 부여하자 상공 시민층과 노동자들이 선거권의 확대를 요구하였다. 마침내 1848년 2월에 7월 왕정이 붕괴되고 새 헌법에 따라 루이 나폴레옹이 집권을 한 제2공화정이 수립되었는데, 이를 2월 혁명이라고 한다.

프랑스 인권 선언 France人權宣言 ■■

프랑스 인권 선언은 절대 왕정을 타도하고 봉건적 특권을 타파하여 자유와 평등의 이념을 유럽에 전파하고 시민 사회를 형성하는 데 결정적인 역할을 한 프랑스 혁명의 목표와 의의가 잘 담겨져 있는 세계 최초의 인권 선언이다. 이 선언에는 천부 인권(제1조)과 사회 계약설(제2조)이 나타나 있고, 주권 재민(제3조)을 천명하여 국민이 국가 권력 창출의 주체임을 밝히고 있다. 또한 언론·결사의 자유, 소유권의 불가침, 법치주의와 권력 분립의 원칙도 담고 있다. 프랑스 인권 선언의 주요 내용을 살펴보면 다음과 같다. 인간은 나면서부터 자유이며 평등한 권리를 가진다(제1조). 모든 정치적 결사의 목적은 인간의 자연적이고 소멸할 수 없는 제 권리를 보전함에 있다. 그 권리란 자유, 재산, 안전, 그리고 압제에의 저항이다(제2조). 모든 주권의 원리는 본질적으로 국민에게 있다(제3조). 자유란 타인에게 해롭지 않은 모든 것을 행할 수 있는 것이다. 그 제약은 법에 의해서만 규정될 수 있다(제4조). 재산은 불가침 또는 신성한 권리이므로 법적으로 공공의 필요가 분명한 경우가 아니거나 미리 정당한 배상을 지불한다는 조건이 붙지 않는 한 빼앗기지 않는다(제17조).

프랑스 혁명 France革命 ■ ■ ■

1789년 7월에 프랑스에서 일어난 시민 혁명으로, 구제도의 모순에 대응하여 부르주아 계급들이 계몽 사상의 영향을 받아 일으킨 혁명이다. 직접적인 계기는 루이 16세가 미국 독립 혁명을 지원한 군사비로 인하여 재정이 궁핍해져 정부가 세금을 거두려 하자, 귀족들은 신분별 회의인 삼부회의 동의를 요구하였다. 이에 대하여 제3신분은 제1, 제2신분 대표자의 참석을 요구하였고, 이 삼부회에서 신분별로 각 1 대 1 대 1의 투표권만 인정하겠다고 발표하자 제3신분은 분노하였다. 제3신분은 삼부회를 포기하고, 독자적인 국민 의회 결성을 선언하였다. 그러나 왕이 국민 의회가 사용하는 방을 폐쇄하는 방법으로 국민 회의를 탄압하자 의원들은 근처 실내 테니스 코트로 옮겨 농성을 시작하였다. 국민 의회는 "국민의 대표인 우리는 헌법이 제정될 때까지 해산하지 않을 것이며, 주권은 바로 우리에게 있다"라는 테니스 코트의 선언을 하였다. 왕의 계속되는 탄압에 시민들은 병기고를 습격해 총과 대포를 확보하고, 전제 정치의 산물이던 바스티유 감옥을 습격하여 혁명은 절정에 이르게 된다. 시민 혁명의 결과 전제 군주제가 타파되고 법치주의와 국민 주권의 시대를 열게 됨으로써 프랑스 혁명을 전형적인 시민 혁명이라고 한다.

프로테스탄트 윤리 Protestant倫理 ■

19세기 독일의 사회학자인 막스 베버가 그의 논문인 〈프로테스탄트 윤리와 자본주의 정신〉에서 칼뱅이 재화의 축적과 합법적 이윤의 추구를 적극적으로 공헌하였으며, 사치와 낭비를 배격하는 등의 금욕적인 생활 윤리를 주창하여 자본주의 발달에 이바지하였다고 주장하였다. 그에 의하면 프로테스탄트 윤리는 사람들로 하여금 생산적이며 근면하고 물질적으로 향상하게끔 고무시켰다. 자본주의 정신에 부합되는 프로테스탄트 윤리의 요소들은 금욕주의, 현세적 가치관과 정연하고, 체계적이며, 탈사적이며, 개체주의적인 생활을 영위할 수 있는 규제들이다. 그리고 이러한 프로테스탄트 윤리를 당시 등장한 시민 계급이 받아들여 자본의 조직적인 축적이 이루어졌다고 강조하였다.

필립스 곡선 Phillips曲線 ■

물가 상승률과 실업률이 반비례 관계임을 나타내는 곡선을 필립스 곡선이라고 한다. 영국 경제학자인 필립스가 1862년부터 1957년까지의 영국에서의 실업과 명목 임금률의 변화율간의 관계를 연구, 발표하면서 널리 알려진 이 곡선은 실업률이 하락(일손 부족)하면 임금 상승률이 높아지고, 반대로 실업률이 상승하면 임금 상승률이 낮아지는 현상을 설명한 것이다. 이것으로 볼 때 물가의 안정과 고용의 증대를 동시에 달성하기 어려움을 알 수 있다.

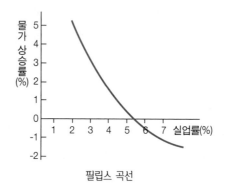

필립스 곡선

한반도 에너지 개발 기구 KEDO ■

1995년 3월, 한반도 경수로 지원 및 자금 조달을 목적으로 결성된 국제 컨소시엄으로 KEDO(Korean Peninsula Energy Development Organization)라고도 한다. 1994년 제네바에서 체결된 미국과 북한과의 합의문 이행과 북한에 대한 한국 표준형 경수로 지원 등을 주요 활동으로 하며, 경수형 원자로(경수로)를 제공하는 목적 외에도 대체 에너지 제공·폐연료봉 처리·기존 핵시설 해체 등이 있다. 참여국으로는 한국·미국·일본을 비롯하여 영국·오스트레일리아·캐나다·브루나이·쿠웨이트·사우디아라비아·벨기에·필리핀·타이·이탈리아·말레이시아·싱가포르·뉴질랜드·독일 등이다. 그러나 한반도 에너지 개발 기구는 북한과 사업에 있어 마찰을 보인 끝에 2006년 5월 31일 경수로 원자로 프로젝트를 공식 파기했다.

합리적 合理的 ■

이치나 논리에 합당한 것을 이르는 말로, 최근에는 설정된 목적을 가장 효율적으로 달성하는 데 도움이 되는 생각을 합리적이라고 하기도 한다.

합리적 사고 合理的思考 ■

주어진 사실에 근거하여 객관적이고 보편적인 기준에 따라 정확하고 공정한 판단을 내리고, 논리적으로 일관성 있게 추론하는 것을 말한다. 합리적 사고를 위해서는 기존 방식에 대한 끊임없는 자기 비판과 대안 제시의 과정이 필요하며, 주어진 정보와 추론에 무조건 의지하지 않고, 여러 대안을 비교함으로써 가장 적절한 정책을 구할 수 있다.

합리적 소비 合理的消費 ■

소비자가 소비 행위를 할 때 가격과 품질을 고려하여 소비에 따른 기회 비용과 만족감을 고려하여 가장 편익이 많은 소비를 하는 것을 말한다.

해석적 연구 방법 解釋的研究方法 ■

직관적 통찰에 의하여 사회 현상의 의미를 해석하는 연구 방법으로, 비공식적 자료의 의미 분석하고 참여 관찰이나 면접법을 주로 이용하여 인간 행동의 동기와 사회적 의미를 파악하는 데 유용한 연구 방법이다. 반면에 정확성과 정밀성이 결여될 우려가 있고 객관적인 법칙의 발견이 곤란하다는 단점이 있다.

해태 海駝 ■

해태는 옳고 그름이나 선악을 구별하는 신기한 힘을 가지고 있다는 상상의 동물로, 중국에서는 이 짐승을 본떠 법관의 관(冠)을 만들었으므로 이 역시 법의 본질이 정의로운 심판에 있음을 상징한다고 볼 수 있다.

경복궁 광화문 앞의 해태

핵가족 核家族 ■ ■ ■

부모와 결혼하지 않은 자녀만으로 구성된 가족을 칭하는 말이다. 일반적으로 전 근대 사회는 일시에 많은 노동력을 필요로 하는 농경 사회였고, 이에 가장 적합한 가족 형태는 확대 가족이었다. 그러나 산업화가 진행되면서 가족의 직업도 제각기 다르고, 직장의 위치도 다르게 됨에 따라 사회적 이동이 빈번해지고, 일시에 많은 노동력을 요구하지도 않았다. 이는 기존의 확대 가족의 존립의 필요성을 상실시켰을 뿐 아니라 새로운 가족 형태를 원하게 되었다. 이에 따라 이동이 용이하고 도시 생활에 적응하기 쉬운 핵가족이 보편화되게 되었다. 한편, 핵가족화 현상은 가족 구성원에 대한 보호나 교육 기능의 약화를 가져와 청소년 문제를 야기하고, 부부 중심의 가족에서 노인의 지위가 주변적인 것이 되고, 가정으로부터 소외되어 노인 문제가 사회의 중요한 문제로 대두되었다.

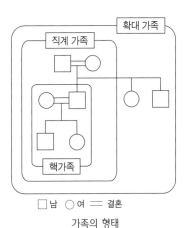

가족의 형태

	전통 가족과 현대 가족의 비교	
구분	전통 가족	현대 가족
특징	확대 가족, 가부장적 권위 중요	핵가족, 부부 중심, 개인 존중
장점	삶의 지혜와 가풍 등을 전수, 심리적 안정감	개성과 창의성 존중, 여성의 지위 향상, 평등한 가족 관계
단점	구성원의 개성과 창의력 무시, 여성 희생 강요	노인 소외, 자녀 교육 문제, 안정감 결여(이혼 증가)

핵의 평화적 이용 ■

1945년 8월 6일, 사상 최초로 원자 폭탄 투하로 일본의 히로시마시 전체가 초토화되었다. 사흘 후, 두 번째 원자 폭탄이 나가사키에 투하되어 7만 4,800여 명이 사망하였다. 이 두 발의 원자 폭탄은 제2차 세계 대전에서 일본이 무조건 항복하는 데 큰 영향을 끼쳤다. 이처럼 핵이 가지고 있는 가공할 파괴력이 알려진 후 인류는 핵을 평화적인 목적으로 사용하기 위하여 노력해 오고 있다. 원자력을 이용한 발전 시설의 가동이 그러한 예 중 하나이다. 그러나 원자력의 이용 과정에서 발생하는 핵 폐기물 문제는 또 다른 골칫거리가 되고 있다.

햇볕 정책 ■■■

그동안 우리 정부의 대북 정책은 다분히 독일식 흡수 통일을 염두에 두어 왔는데, 이러한 정책은 북한을 더욱 강경하게 만들 뿐이라는 점을 인식한 김대중 정부는 대북 유화 정책을 추진하였다. 대북 경수로 사업, 정주영 씨의 소떼 방북, 금강산 관광 사업 등이 그 대표적인 예이다. 그러나 북한은 이를 악용하는 경우가 많았다. 무장 공비 및 잠수정 침투 사건이 끊이지 않고 있음이 이를 나타내고 있다. 이에 대북 유화 정책에 대한 비판도 끊임없이 제기 되고 있다. 한편, 햇볕과 안보를 구분하는 것 자체가 무의미하다. 양자는 국가의 존립과 발전에 모두 필수적이며 동전의 양면과 같기 때문이다. 햇볕론이야말로 역설적으로 최상의 안보 정책이다. 또한 안보야말로 햇볕론을 가능하게 하는 으뜸가는 토대이다. 그것은 "전쟁은 외교의 연속이고 외교는 전쟁의 연속"이라는 오랜 잠언과도 통한다.

허위 문화 虛僞文化 ■■

다양성보다 획일성을 앞세우고, 정신보다 물질을 중요시하여 인간의 행복을 저해하는 문화를 허위 문화라고 한다. 이는 인간의 삶을 안전하고 행복하게 하며, 물질보다는 정신적 가치를 실현하는 순수 문화에 대비하는 사용되는 말로, 감각적이고 쾌락을 추구하는 저질 문화 같은 것이 이에 해당한다. 문화의 양적 발전을 추구하는 사회에서 흔히 나타날 수 있는 현상이다.

혁명 革命 ■

혁명은 일반적으로 단순한 정치 변혁 이외에 사회 · 경제 · 문화 등을 포함하는 구체제의 붕괴와 사회 체제의 근본적인 변혁을 통하여 신체제를 형성하는 것으로, 국민적인 지지와 정당성이 확보되는 정치적 변화인 반면에 쿠데타는 지배층의 일부가 법질서를 무시하고 비합법적인 무력에 의하여 권력을 탈취하는 것을 말한다.

혼합 경제 체제 混合經濟體制 ■■■

사유 재산제와 사장 경제를 기본으로 하면서도 정부가 일정 부분 경제에 관여하는 경제 체제를 혼합 경제라고 한다. 자유 방임의 자본주의 경제는 가격의 자동 조절 기능에 의하여 개별 경제 주체의 자유로운 경제 활동이 조화를 이루면서 경제가 발전해 가는 것을 상정하였다. 그러나 자본주의가 독점기에 들어서자 가격의 기능은 불완전해지고 소득 분배의 불평등, 대량의 실업, 자원 이용의 비효율 등의 결함이 나타나게 되었다. 특히 1930년대에 접어들어 자본주의 시장 경제는 공황을 맞이하고 자본주의가 붕괴 위기에 초래하였다. 이에 영국의 경제학자이자《고용 · 이자 및 화폐의 일반 이론》으로 유명한 케인즈는 자유 방임의 종언을 선언하고, 정부가 민간 경제에 대하여 보다 적극적으로 간섭하고 정부 지출을 늘려 유효 수요를 창출함으로써 대량 실업을 없애고 완전 고용을 달성할 것을 제창하였다. 이에 따라 기존의 경제 체제에 커다란 변화가 생기게 되었다. 즉, 정부가 독점 금지나 소득 재분배 정책, 나아가 대규모 정부 사업이나 국영 기업 등 경제 활동에 적극적으로 참여, 개입하여 시장 경제의 부작용을 억제하고 경제의 안정적 성장을 유도하였다. 이와 같은 경제 체제를 혼합 경제라고 한다. 오늘날 대부분의 국가에서 혼합 경제 체제를 유지하고 있다.

화이트 칼라 범죄 white-collar犯罪 ■

사회 중산층이나 상류층이 직업 등과 관련하여 부정 부패 등의 범죄를 저지르는 경우로, 사람들의 눈에 잘 띄지 않아 발견이 어렵고, 사람들도 무관심하지만 이런 현상이 지속되면 국민들로 하여금 자포자기 의식을 갖게 만들어 사회에 미치는 해독이 큰 범죄를 이르는 말이다.

화해와 불가침에 관한 기본 합의서 ■

남한과 북한은 분단 이후 남·북한 간의 자주적 노력에 의하여 불신과 대결을 청산하고 평화와 통일을 이루어 나갈 수 있는 토대를 마련하기 위하여 1992년 2월 19일, 평양에서 개최된 제6차 남·북 고위급 회담에서 '남·북 사이의 화해와 불가침 및 교류·협력에 관한 합의서'(약칭 남·북 기본 합의서)와 이의 구체적 이행과 실천 대책을 협의하기 위한 '남·북 고위급 회담 분과 위원회 구성·운영에 관한 합의서'를 발효시켰다. 남·북 기본 합의서는 서문과 함께 제1장 남·북 화해, 제2장 남·북 불가침, 제3장 남·북 교류 및 협력, 제4장 수정 및 발효 등 4장 25개 조로 구성되어 있다. 남·북 기본 합의서의 서문과 주요 내용은 다음과 같다.

| 서문 |

"남과 북은 분단된 조국의 평화적 통일을 염원하는 온 겨레의 뜻에 따라 7·4 남북 공동 성명에서 천명된 조국 통일 3대 원칙을 재확인하고 정치 군사적 대결 상태를 해소하여 민족적 화해를 이룩하며 무력에 의한 침략과 충돌을 막고 긴장 완화와 평화를 보장하며, 다각적인 교류 협력을 실현하여 민족 공동의 이익과 번영을 도모하며, 쌍방 사이의 관계가 나라와 나라 사이의 관계가 아닌 통일을 지향하는 과정에서 잠정적으로 형성된 특수 관계라는 것을 인정하고 평화 통일을 성취하기 위한 공동의 노력을 경주할 것을 다짐하면서 다음과 같이 합의한다."

| 제1장 남·북 화해 |

① 남과 북은 서로 상대방의 체제를 인정하고 존중한다.

⑤ 남과 북은 현 정전 상태를 남북 사이의 공고한 평화 상태로 전환시키기 위해서 공동으로 노력하며, 이러한 평화 상태가 이룩될 때까지 현 군사 정전 협정을 준수한다.

| 제2장 남·북 불가침 |

⑨ 남과 북은 상대방에 대하여 무력을 사용하지 않으며, 상대방을 무력으로 침략하지 아니한다.

⑩ 남과 북은 의견 대립과 분쟁 문제들을 대화와 협상을 통하여 평화적으로 해결한다.

| 제3장 남·북 교류 협력 |

⑮ 남과 북은 민족 경제의 통일적이며 균형적인 발전과 민족 전체의 복리 향상을 도모하기 위하여 자원의 공동 개발, 민족 내부 교류로서의 물자 교류, 합작 투자 등 경제 교류와 협력을 실시한다.

⑯ 남과 북은 과학 기술, 교육 문화, 예술, 보건 체육, 환경과 신문, 라디오, 텔레비전, 출판물을 비롯한 출판, 보도 등 여러 분야에서 교류와 협력을 실시한다.

환경 개선 부담금제 環境改善負擔金制 ■

환경 투자 재원 마련을 위하여 환경부가 실시중인 제도로, 오염 원인자 부담 원칙에 따라 오염 물질을 배출한 자에게 오염 물질 처리 비용을 부담하도록 하는 제도이다. 부과 대상자는 폐수나 대기 오염 물질을 많이 배출하는 호텔 · 병원 · 수영장 · 음식점 · 백화점 등의 건물과 경유 자동차이며, 지방 자치 단체는 이들로부터 3월과 9월, 두 차례 부담금을 부과한다.

환경관의 동 · 서양 비교 ■

서양의 환경관은 고대 그리스의 자연 철학에 그 바탕을 두고 있다. 고대의 자연 철학은 자연을 완벽한 조화와 균형을 이루고 있는 합리적인 실체로 인식하고 신과 동일시하였다. 그리고 인간도 이러한 자연 법칙에 순응하여야 한다고 믿었다. 그러나 과학 혁명에 의한 근대 과학의 출현은 기계론적 환경관을 심어 주었다. 즉, 자연은 시계와 같이 정교하게 움직이는 기계와 같으며, 인간이 그 작동 원리를 알기만 하면 자연은 인간을 위하여 무한히 이용될 수 있다고 생각하였다. 이에 따라 신의 위치에 있던 자연은 인간의 뜻에 따라 움직이는 기계로 전락하였으며, 이러한 사상은 산업 혁명을 거치면서 자연의 착취와 파괴를 낳았다. 이에 반하여 동양의 환경관은 자연과 인간이 서로 유기적으로 얽혀 있다는 전체론적 색채를 띠고 있다. 동양에서는 자연이 인간에게 내려 준 것을 인간의 본성이라고 하고, 인간의 본성에 따르는 것을 도(道)라고 하였으며, 이 도를 깨닫는 것이 곧 삶의 이치를 깨닫는 것이라고 생각하였다. 그러나 현재 대부분의 동양 지역은 이러한 전통적 환경관을 무시한 채 서양의 합리적, 기계적 환경관에 바탕을 둔 과학과 기술의 발전을 가속화시킴으로써 심각한 환경 문제에 직면에 있다.

환경 문제 環境問題 ■ ■ ■

생명체가 생명 활동을 이어가는 결과 정상적인 생명 활동에 지장이 있을 정도로 자연 환경에 손상을 주는 것을 말한다. 생명체가 살아가기 위해서는 자연으로부터 영양분과 기타 생활에 필요한 물질을 얻어야 한다. 이러한 과정에서 자연 환경이 손상되는 것은 생명체의 유지라는 면에서 어쩔 수 없다. 자연 스스로도 여러 가지 복합적인 생태계의 작용에 의하여 손상된 부분을 복구, 유지하면서 생명체의 생명 활동을 지속적으로 가능하게 한다. 하지만 환경과 생명 활동 사이의 균형이 무너지면 환경과 생명을 포괄하는 구조 자체가 지속 불가능해지면서 자연 환경은 스스로의 제어 능력을 상실하고 생명체는 생존에 위협을 받는다. 생태계 질서가 무너지는 과정이 엄청나게 가속화한 것은 18세기의 산업 혁명부터이다. 산업 혁명을 계기로 이전과는 비교도 되지 않을 정도로 생산력이 높아졌고 높아진 생산력을 유지하는 데 적합한 소비 경제가 발달하였으며, 그 소비 경제를 유지하기 위하여 생산력의 강화가 더욱 촉진되었다. 이렇게 서로 상승되는 구조 속에서 더 많은 부가 창출됨과 함께 환경 파괴 또한 가속화되었다. 현재 인간이 생활하기 위하여 화석 연료를 태울 때 배출되는 가스나 자동차 매연 등으로 인하여 발생하는 대기 오염 물질은 모두 유독성이고 그 양이 많아 인류의 생태계에 많은 피해를 주고 있다. 질소 산화물과 탄화수소가 대기 중에 농축되어 있다가 태양 광선 중 자외선과 화학 반응을 일으키면서 대기가 안개낀 것처럼 변하는 광화학 스모그는 가장 대표적인 대기 오염 현상이다. 1952년 12월경에 발생한 영국 런던의 광화학 스모그는 9일만에 런던 시민 2,800여 명이 사망하고, 총 8,000명이 목숨을 잃는 등 대기 오염의 치명적 위험성을 보여준 바 있다. 또한 이산화탄소와 같은 오염 물질로 인하여 발생하는 지구 온난화 문제는 전 세계적 관심사가 되고 있다. 지구 온난화 현상은 지금까지 인류 문명의 역사를 이룩한 기후 평형의 파괴를 가져올 수 있다는 점에서 전 지구적 차원의 위기로 여겨지고 있다. 환경 오염에서 대기 오염만큼 중요한 비중을 차지하는 것이 수질 오염이다. 특히 공장에서 무분별하게 정화되지 않은 채 방류된 대량의 폐수는 강물 속에 중금속 및 유기 물질을 쌓이게 한다. 이러한 중금속은 쉽게 제거되지 않고, 오염된 식수를 섭취한 생물체의 체내에 계속적으로 축적, 농축되는 특징을 가지고 있다. 일본에서 있었던 미나마타 병, 이따이이따이 병은 농토에 축적된 카드뮴과 어패류에 농축된 수은에 의하여 일어난 세계적인 수질 오염 피해 사례이다. 공장의 산업 폐기물, 가정의 생활 폐기물, 핵발전소에서 나오는 방사성 폐기물도 무시못할 환경 문제이다. 광합성을 통하여 전 지구의 생물에게 에너지를 공급할 뿐만 아니라 토양 유실을 막고 산소를 공급해 지구의 허파 역할을 하는 산림이 도시나 공업 단지 건설, 가구나 펄프 이용을 위해 급속도로 사라져 가는 점도 주요한 환경 문제이다. 아울러 갯벌과 습지 등의 매립, 과학 기술의 발달에 따른 유전자 조작 문제나 정보 통신의 발달과 함께 확산되는 전자파 문제 등이 새롭게 나타나고 있다. 1970년, 국제적인 미래 연구 기관인 로마 클럽은 《성장의 한계》라는 책에서 "현재의 추세대로 인구 증가, 자원 고갈, 자연 훼손이 지속될 경우 2100년경에는 성장이 멈출 것"이라고 경고하였다. 나아가 1991년, 세계 환경 보호 연맹은 《지구를 위한 배려》라는 책에서 "지구의 한계를 벗어난 자연 자원의 남용으로 인류 문명은 지금 위기에 직면해 있다"고 선언하였다. 이처럼 환경 문제는 어느 특정 분야에 국한된 사회 문제가 아니라, 모든 인간을 비롯한 모든 생명체가 활동을 시작한 이래 지금까지 계속해 온 근본적인 문제이다.

환경 보호론 環境保護論 ■ ■ ■

환경 보호론자나 경제 성장론자 모두 과거의 경제 성장이 인류에게 물질적 풍요를 가져다 주었다는 사실에는 공감하지만, 더 이상의 경제 성장이 필요한가의 여부에 대해서는 첨예하게 대립한다. 이 중 환경 보호론자는 경제 성장을 통한 물질적 풍요가 인간의 행복으로 연결되지 않을 뿐만 아니라 경제 성장 과정에서 사회 문제가 증대되어 결과적으로 인류에게 손해를 끼친다고 본다. 또한 자연 자원의 유한성 때문에 지속적인 경제 성장 자체가 불가능하다고 주장한다(→ 경제 성장론).

| 환경 보호론과 경제 성장론의 비교 |

환경 보호론	경제 성장론
경제 성장의 문제점 강조→환경 파괴와 자원 고갈, 도시화에 따른 사회 문제, 인간 소외 현상	경제 성장의 혜택 강조→생활과 교육 수준 향상, 여가와 평균 수명 연장, 빈곤 타파와 물질적 풍요
지속적인 경제 성장 불가능	지속적 경제 성장 가능
경제 성장은 환경 문제의 원인	경제 성장은 환경 문제의 해결책
환경 보호는 경제 성장보다 우선시 되어야 함.	환경 보호와 경제 성장은 조화가 가능함.
환경 문제 해결을 위한 의식 전환 강조→인간과 자연과의 조화, 정신적 만족 추구 등	환경 문제 해결책으로서의 기술 개발 강조→대체 자원 개발, 오염 방지 기술 개발 등

환경 운동 環境運動 ■■

환경 문제가 날로 부각되면서 환경 운동의 중요성이 더욱 높아지고 있다. 환경 운동을 위해서는 무엇보다 자기 중심적이고 물질 중심적인 가치관을 버려야 한다. 아울러 우리가 지구라는 유기적 생명 공동체의 일원임을 자각하고, 다른 생물종, 미래 세대와 지구 생태계를 공유하고 있음을 인정하여야 한다. 이러한 환경 운동은 구체적인 활동은 특정한 사고로 인하여 직접적인 피해를 입은 시민들의 항의와 시위, 그리고 그에 대한 기업 또는 정부의 대응이 일어나는 형태, 조직을 형성하여 지속적인 감시와 문제 제기를 하는 형태, 새로운 대안적 생활 방식을 제안하고 그것을 실행하는 형태, 연구와 관찰을 통한 분석 자료를 제시하고 기금을 형성해서 환경 보호를 위한 사업들을 전개하는 형태 등 그 유형이 매우 다양하다. 환경 운동에 적극적인 세계적인 단체로는 그린피스, 세계 야생 생물 기금, 월드 워치 등이 유명하다. 그린피스는 네덜란드 암스테르담에 본부를 두고 있는 국제적 단체로, 주로 원자력 발전의 반대 · 방사성 폐기물의 해양 투기 저지 운동 · 고래 보호 운동 등을 하고 있다. 스위스의 그란에 본부를 둔 세계적 민간 자연 보호 단체인 세계 야생 생물 기금은 생물의 다양성 보전 · 자원의 지속적 이용 추진 · 환경 오염과 자원 및 에너지의 낭비 방지 등 생물 보호를 위한 운동을 펼치고 있다. 미국 환경 문제 연구 기관인 월드 워치는 특정 캠페인보다는 정기적으로 환경 실태에 대한 연구 보고서를 작성하는 곳이다. 1988년부터 발행하는 격월간지 《월드 워치》는 열대림 파괴 · 산성비 · 오존층 파괴 · 지구 온난화 등 외에도 가족 계획 · 쓰레기 문제 등을 다루고 있으며, 시리즈 보고서인 《월드 워치 페이퍼》와 한 해에 한 번씩 발간하는 《지구 환경 보고서》도 발행하고 있다. 우리 나라의 경우 1980년부터 여러 환경 운동 단체들이 활동하였고, 1992

년 지구 온난화 · 산업 폐기물 등 지구 환경 문제를 논의한 리우 회의를 계기로 더욱 확대되었다. 현재 환경 운동 연합과 녹색 연합 등을 비롯한 크고 작은 단체들이 사회적, 지역적 이슈를 가지고 운동을 펼치고 있다.

환경 호르몬 環境 hormone ■

우리 몸에서 정상적으로 만들어지는 물질이 아니라, 산업 활동을 통해 생성, 분비되는 화학 물질이다. 생물체에 흡수되면 내분비계 기능을 방해하는 유해한 물질이기도 하다. 외인성 내분비 교란 화학 물질이 정확한 명칭인 환경 호르몬은 신체 외의 물질이 원인으로, 호르몬, 즉 내분비가 교란되는 것을 의미한다. 1997년 5월, 일본 학자들이 NHK 방송에 출연하여 "환경중에 배출된 화학 물질이 생물체 내에 유입되어 마치 호르몬처럼 작용한다"고 하여 환경 호르몬이라는 용어가 생겨났다. 환경 호르몬은 생체 내 호르몬의 합성, 방출, 수송, 수용체와의 결합, 수용체 결합 후의 신호 전달 등 다양한 과정에 관여하여 각종 형태의 교란을 일으킴으로써 생태계 및 인간에게 영향을 주며, 다음 세대에서는 성장 억제와 생식 이상 등을 초래하기도 한다. 구체적으로 살펴보면, 1970년대 합성 에스트로겐인 DES라는 유산 방지제를 복용한 임산부들의 2세에게서 불임과 음경 발달 부진 사례가 나타났다. 이후 1980년대에는 살충제인 디코폴 오염 사고로 미국의 플로리다 악어의 부화율이 감소하고, 수컷 악어의 생식기가 퇴화되어 성기가 왜소화되는 증상이 관찰되기도 하였다. 1990년대에는 남성의 정자수 감소, 수컷 잉어의 정소 축소, 바다 고등어류의 자웅 동체 등이 밝혀졌다. 환경 호르몬으로 추정되는 물질로는 각종 산업용 물질, 살충제, 농약, 유기 중금속류, 다이옥신 류, 의약품으로 사용되는 합성 에스트로겐 류 등을 들 수 있다. 이 중 다이옥신은 소각장에서 피복 전선이나 페인트 성분이 들어 있는 화합물을 태울 때 발생하는 대표적인 환경 호르몬이다. 아울러 컵 라면의 용기로 쓰이는 스티로폼의 주성분인 스티렌 이성체 등이 환경 호르몬으로 의심받고 있다. 이러한 환경 호르몬은 생태계 및 인간의 생식 기능 저하, 기형, 성장 장애, 암 등을 유발하는 물질로 추정되고 있다. 이에 따라 전 세계적으로 생물종에 위협이 될 수 있다는 경각심을 일으켜 오존층 파괴, 지구 온난화 문제와 함께 세계 3대 환경 문제로 등장하였다. 세계 야생 동물 보호 기금 목록에서 67종, 일본 후생성에서 143종, 미국에서 73종의 화학 물질을 환경 호르몬으로 규정하고 있지만 얼마나 더 늘어날지는 아직 예측할 수 없는 상태이다.

환율 換率 ■ ■

한 나라 통화와 다른 나라 통화의 교환 비율을 환율이라고 한다. 일반적으로 환율은 각국의 통화의 가치를 결정하는 척도가 되며, 국가가 교역에 필수 불가결한 개념이다. 자국의 화폐 가치가 상대적으로 떨어지는 것, 즉 평가 절하되는 경우를 환율이 오른다고 하며, 반대로 자국의 화폐 가치가 상승하는 평가 절상의 경우를 환율이 떨어진다고 한다. 환율은 외화에 대한 수요 공급의 관계에 의하여 결정되지만, 결국 그 나라의 경제가 안정적이고 강하면 그 나라의 화폐 가치가 높아지므로 그 나라의 경제 상황과 밀접한 관련이 있다. 일반적으로 환율이 오르면 자국 상품의 가격 경쟁력이 높아져 수출은 유리해지고, 수입 상품의 가격은 인상되어 수입은 감소하게 된다. 하지만 환율이 인상되면 수입 원자재 가격이 인상되므로 물가 상승의 압력을 받게 된다.

효율성 效率性 / 형평성 衡平性 ■■

효율성은 '최소의 희생으로 최대의 효과를 구한다'는 경제 행위의 원칙을 말한다. 형평성은 공정과 불공정 또는 옳음과 그름에 적용되는 개념으로, 사회 정의에 비추어 판단되는 규범적 기준에 해당한다. 결국 효율성은 비용과 편익을 고려하여 자원의 효율적 배분을 가져오려는 양적인 측면의 개념이고, 형평성은 가치가 내재된 규범적인 것으로 객관적으로 측정하기는 어렵다.

후기 산업 사회 後期産業社會 ■

산업 사회 이후(post-industrial)에 나타난 정보화 사회를 가리키는 말로서, 사회학자인 다니엘 벨과 미래학자인 앨빈 토플러 등이 후기 산업 사회, 정보화 사회라는 용어를 사용하면서 보편화되었다. 후기 산업 사회는 서비스 업이 산업 구조의 중심을 이루고, 전문직·기술직·과학자 등 지식을 다루는 전문가 집단의 영향력이 커지는 것이 특징이다. 또한 산업 사회에서 강조된 자본보다는 정보나 노하우의 중요성이 강조되는 사회이다. 즉, 지식과 정보가 사회를 움직이는 원동력이 되고 생산 체제도 대량 생산 체제 대신에 소비자의 기호를 충실하게 반영하는 다품종 소량 생산이 보편화될 것이다.

희소성의 원칙 ■■

인간의 욕망은 무한한데 이를 충족시킬 재화나 용역은 유한하고 희소하다는 것으로, 모든 경제 문제의 출발점이 되는 것을 희소성(稀少性)의 원칙이라고 한다. 이 때 '재화나 용역이 희소하다'는 것은 단순히 양이 물리적으로 부족하다는 것을 의미하는 것은 아니다. 이는 그 재화나 용역이 인간의 욕망에 비하여 상대적으로 부족하다는 것을 의미한다. 어떤 것이 희소하기 위해서는 그 재화나 용역 또는 서비스가 사람들에게 가치가 있거나 유용하여야 하며, 사람들이 원하는 것에 비하여 그 숫자가 적어야 한다. 한편, 우리의 욕구에 비하여 자원은 언제나 한정되어 있다. 충족시켜야 할 욕구는 많은데 반하여 그 자원(수단)이 부족하다는 사실은 우리로 하여금 무엇인가를 선택하게 한다. 즉, 누구의 어떤 욕구를 무엇으로 얼마만큼 만족시킬 것인지 결정하여야 한다. 이러한 희소성의 원칙이 존재하기 때문에 우리는 항상 선택의 문제에 부딪치게 되고 경제 문제가 발생한다. 즉 희소성은 모든 경제 이론의 출발점이며, 다른 모든 경제 원리나 이론들은 희소성의 개념과 관련되어 있다고 할 수 있다.

힙합 hiphop ■

1980년대부터 미국에서 유행하기 시작한 춤과 음악으로, 역동적인 안무와 비트 강한 음악이 특징이다. 본래 뉴욕 할렘 가의 흑인이나 스페인 계 청소년들의 새로운 문화 운동을 뜻하는 말이었다. 이후 점차 랩의 효과음으로 사용되던 레코드 판을 손으로 앞뒤로 움직여 나오는 잡음을 타악기 소리처럼 사용하는 스크래치, 다채로운 음원(音源)을 교묘한 믹서 조작으로 재구성하는 브레이크 믹스 등의 독특한 음향 효과로 주목을 끌기 시작하였다. 1990년대 이후 힙합은 전 세계 젊은이들에게 지지를 받으며, 보다 자유롭고 열린 감각의 음악 · 댄스 · 패션 · 노래 등으로 재창조되었고, 이에 따라 힙합 스타일이라고 하는 것이 등장하였다. 힙합 문화, 힙합 스타일은 젊은 신세대들의 감각과 의식을 대변하는 하나의 문화 현상으로 풀이한다.

찾아보기

ㅁ

ㅂ

<table>
<tr><td>판 권</td></tr>
<tr><td>본 사</td></tr>
<tr><td>소 유</td></tr>
</table>

Basic
고교생을 위한 사회 용어사전

초판 1 쇄 발행 2002년 2월 25일 | 초판 9 쇄 발행 2016년 8월 30일 |
엮은이 이상수 | 펴낸이 신원영 | 펴낸곳 (주)신원문화사 |
주소 서울시 강서구 금낭화로 135(금강프라자 B1) | 전화 3664-2131~4 |
팩스 3664-2130 | 출판등록 1976년 9월 16일 제5-68호

＊잘못된 책은 바꾸어 드립니다.

ISBN 89-359-1010-4 41300